प्रस्तावना

जेंडर एक सामाजिक संरचना है जो सभी समाजों में लड़कों, लड़कियों और महिलाओं की अभिरुचियों, भूमिकाओं, उत्तरदायित्वों तथा व्यवहार संबंधी स्वरूपों पर प्रभाव डालती है। हालाँकि शिक्षा में जेंडर समता प्राप्त करने के महत्त्व पर अधिकाधिक ध्यान दिया जा रहा है किंतु आज तक के अधिकतम प्रयासों में ध्यान केवल जेंडर की समता अर्थात् शिक्षा तक पहुँच के अवसरों को लड़के और लड़कियों के लिए समान अथवा आनुपातिक बनाने पर दिया गया है। हालाँकि सरल जेंडर समता को मापना आसान हो सकता है किंतु जेंडर समानता एक व्यापक संकल्पना है तथा जेंडर समता इसका एक भाग मात्र है। जेंडर की समानता का क्षेत्र शिक्षा तक पहुँच के क्षेत्र से कहीं आगे तक जाता है तथा इसके अंतर्गत यह अपेक्षा की जाती है कि लड़कों तथा लड़कियों – दोनों को शिक्षा की समान स्तर की गुणवत्ता तथा परिणामों का अनुभव हो। शिक्षा में जेंडर समानता को प्राप्त करने की दिशा में मुख्य बाधा यह है कि इसका समापन शून्य में नहीं किया जा सकता बल्कि शैक्षिक संस्थाएँ ही पूरे समाज में व्याप्त असमानता के उत्पाद हैं। शैक्षिक संस्थाओं को सामाजिक शक्तियों द्वारा आकार प्रदान किया जाता है जो स्वयं जेंडर आधारित भेदभाव को बढ़ावा देती हैं।

जेंडर असमानता की जड़ें बहुत गहरी हैं तथा इस समाज में सभी स्तरों पर व्याप्त भेदभाव और अन्याय को समाप्त किए जाने की आवश्यकता है। इसके लिए न केवल शैक्षणिक दृष्टिकोण की आवश्यकता है बल्कि सिद्धांतों तथा असली जिंदगी के बीच संबंध स्थापित किए जाने की भी जरूरत है ताकि महिलाओं के प्रति सम्मान में वृद्धि करते हुए जेंडर समानता की स्थिति को प्राप्त किया जा सके। जी.पी.एच. की पुस्तक **"जेंडर, विद्यालय और समाज (बी.ई.एस.-129)"** जेंडर असमानता का आलोचनात्मक मूल्यांकन करती है तथा उसे चुनौती भी देती है। साथ ही यह जेंडर समानता लाने के लिए विद्यालय, अध्यापक तथा पूरे समाज की भूमिकाओं की खोज भी करती है।

प्रस्तुत पुस्तक की विषय-सामग्री के विस्तृत एवं जटिल उपबंधों को तर्कपूर्ण एवं संप्रभावी ढंग से संक्षेप में प्रस्तुत किया गया है। पुस्तक की भाषा उपयुक्त, सरल एवं प्रवाहपूर्ण रखने का प्रयत्न किया गया है। पुस्तक के प्रत्येक अध्याय के प्रारंभ में अध्याय की भूमिका दी गई है जिससे छात्रों को अध्याय को समझने में सरलता होगी। इस पुस्तक की सबसे बड़ी और महत्त्वपूर्ण विशेषता यह है कि इसके अंतर्गत आपको गत वर्षों के प्रश्न पत्र हल सहित दिए जाते हैं जो आपकी परीक्षा को न केवल सरल बनाते हैं अपितु आपको परीक्षा में अच्छे अंक प्राप्त करने में भी सहायक होते हैं। पुस्तक में प्रश्न पत्रों के प्रारूप को आपके सामने बिल्कुल उसी प्रकार प्रस्तुत किया गया है जैसा आपके सामने परीक्षा केंद्र में प्रस्तुत होता है, जो आपको अपने आप में एक अलग प्रकार का आत्मविश्वास बढ़ाने में सहायक होगा।

आगामी संस्करण में आपके सुझावों को यथास्थान साभार सम्मिलित किया जाएगा। अत: अपने सुझाव नि:संकोच हमें हमारी **Email : feedback@gullybaba.com** पर या सीधे प्रकाशन के पते पर लिखें और हमें अपने सुझावों से अनुग्रहित करें।

प्रकाशक (GPH) अपने कार्यरत सहायकों व लेखकों का सहृदय आभार प्रकट करता है, जिनके सहयोग और प्रयासों के कारण ही इस पुस्तक का प्रकाशन संभव हो पाया है।

हम आपकी सफलता की कामना करते हैं।

Topics Covered

अध्याय–1 : विद्यालय और समाज में जेंडर मुद्दे
(Gender Issues in School and Society)

1. मूलभूत जेंडर संकल्पनाओं की समझ
   (Understanding Basic Gender Concepts)
2. भारतीय परिप्रेक्ष्य में जेंडर भूमिकाएँ और पितृसत्ता
   (Gender Roles and Patriarchy in Indian Perspective)
3. अन्य सामाजिक संरचनाओं और अस्मिताओं के साथ अंत:क्रिया में पितृसत्ताएँ
   (Patriarchies in Interaction with other Social Structures and Identities)
4. विद्यालय में जेंडर संबंध
   (Gender Relations in School)

अध्याय–2 : जेंडर और शिक्षणशास्त्रीय प्रथाएँ
(Gender and Pedagogic Practices)

5. सक्रियतावाद के रूप में शिक्षण
   (Teaching as Activism)
6. दृष्टिकोण सिद्धांत और ज्ञान की अवस्थिति
   (Standpoint Theory and Knowledge Location)
7. सहभागितापूर्ण कक्षा-कक्ष
   (Participatory Classroom)
8. कक्षा-कक्ष में जेंडर समानता के प्रोत्साहन की रणनीतियाँ
   (Strategies to Promote Gender Equality in the Classroom)

विषय-सूची

1. मूलभूत जेंडर संकल्पनाओं की समझ.................1
   (Understanding Basic Gender Concepts)
2. भारतीय परिप्रेक्ष्य में जेंडर भूमिकाएँ और पितृसत्ता.............17
   (Gender Roles and Patriarchy in Indian Perspective)
3. अन्य सामाजिक संरचनाओं और अस्मिताओं के साथ अंत:क्रिया में पितृसत्ताएँ..................41
   (Patriarchies in Interaction with other Social Structures and Identities)
4. विद्यालय में जेंडर संबंध.....................53
   (Gender Relations in School)
5. सक्रियतावाद के रूप में शिक्षण................65
   (Teaching as Activism)
6. दृष्टिकोण सिद्धांत और ज्ञान की अवस्थिति...........81
   (Standpoint Theory and Knowledge Location)
7. सहभागितापूर्ण कक्षा-कक्ष.....................121
   (Participatory Classroom)
8. कक्षा-कक्ष में जेंडर समानता के प्रोत्साहन की रणनीतियाँ............145
   (Strategies to Promote Gender Equality in the Classroom)

प्रश्न पत्र

(1) जून, 2018 (हल सहित)..................163
(2) दिसम्बर, 2018 167
(3) जून, 2019 (हल सहित)..................169
(4) दिसम्बर, 2019 (हल सहित)...............171
(5) जून, 2020 (हल सहित)..................174
(6) दिसम्बर, 2020 (हल सहित)...............176

जेंडर, विद्यालय और समाज
(Gender, School and Society)

(बी.ई.एस.-129)

शिक्षा में स्नातक उपाधि (बी.एड.) हेतु
For Bachelor of Education [B.Ed.]

विशेष विश्वविद्यालयों के लिए महत्वपूर्ण अध्ययन सामग्री

इंदिरा गाँधी राष्ट्रीय मुक्त विश्वविद्यालय (इग्नू), के.एस.ओ.यू. (कर्नाटका), बिहार विश्वविद्यालय (मुजफ्फरपुर), नालंदा विश्वविद्यालय, सेंटर फॉर डिस्टेंस एंड ओपन लर्निंग, जामिया मिलिया इस्लामिया, वर्धमान महावीर मुक्त विश्वविद्यालय (कोटा), उत्तराखंड मुक्त विश्वविद्यालय, कुरुक्षेत्र विश्वविद्यालय, सेवा सदन कॉलेज ऑफ एजुकेशन (महाराष्ट्र), मिथिला विश्वविद्यालय, आंध्रा विश्वविद्यालय, अन्नामलाई विश्वविद्यालय, बैंगलोर विश्वविद्यालय, भारतीयर विश्वविद्यालय, भारतीदशन विश्वविद्यालय, हिमाचल प्रदेश विश्वविद्यालय, काकाटिया विश्वविद्यालय (आंध्र प्रदेश), के.ओ.यू. (राजस्थान), एम.पी.बी.ओ.यू. (एम.पी.), एम.डी.यू. (हरियाणा), पंजाब विश्वविद्यालय, तमिलनाडु मुक्त विश्वविद्यालय, श्री पद्मावती महिला विश्वविद्यालयम् (आंध्र प्रदेश), जम्मू विश्वविद्यालय, वाई.सी.एम.ओ.यू., राजस्थान विश्वविद्यालय, उत्तर प्रदेश राजर्षि टण्डन मुक्त विश्वविद्यालय, कल्याणी विश्वविद्यालय, बनारस हिंदू विश्वविद्यालय (बी.एच.यू.), और अन्य भारतीय विश्वविद्यालय।

Closer to Nature We use Recycled Paper

GPH BOOK ®

गुल्लीबाबा पब्लिशिंग हाउस प्रा. लि.

आई.एस.ओ. 9001 एवं आई.एस.ओ. 14001 प्रमाणित कं.

Published by:
GullyBaba Publishing House Pvt. Ltd.

Regd. Office:
2525/193, 1st Floor, Onkar Nagar-A,
Tri Nagar, Delhi-110035
(From Kanhaiya Nagar Metro Station Towards Old Bus Stand)
011-27387998, 27384836, 27385249
+919350849407

Branch Office:
1A/2A, 20, Hari Sadan,
Ansari Road, Daryaganj,
New Delhi-110002
Ph. 011-45794768

E-mail: hello@gullybaba.com, **Website:**GullyBaba.com

New Edition

Price:

ISBN: 978-93-88149-46-4
Author: GPH Panel of Experts
Copyright© with Publisher
All rights are reserved. No part of this publication may be reproduced or stored in a retrieval system or transmitted in any form or by any means; electronic, mechanical, photocopying, recording or otherwise, without the written permission of the copyright holder.

Disclaimer: Although the author and publisher have made every effort to ensure that the information in this book is correct, the author and publisher do not assume and hereby disclaim any liability to any party for any loss, damage, or disruption caused by errors or omissions, whether such errors or omissions result from negligence, accident, or any other cause.

If you find any kind of error, please let us know and get reward and or the new book free of cost.

The book is based on IGNOU syllabus. This is only a sample. The book/author/publisher does not impose any guarantee or claim for full marks or to be passed in exam. You are advised only to understand the contents with the help of this book and answer in your words.

All disputes with respect to this publication shall be subject to the jurisdiction of the Courts, Tribunals and Forums of New Delhi, India only.

HOME DELIVERY of GPH Books

You can get GPH books by VPP/COD/Speed Post/Courier.
You can order books by Email/SMS/WhatsApp/Call.
For more details, visit gullybaba.com/faq-books.html
Our packaging department usually dispatches the books within 2 days after receiving your order and it takes nearly 5-6 days in postal/courier services to reach your destination.

Note: Selling this book on any online platform like Amazon, Flipkart, Shopclues, Rediff, etc. without prior written permission of the publisher is prohibited and hence any sales by the SELLER will be termed as ILLEGAL SALE of GPH Books which will attract strict legal action against the offender.

अध्याय
1

मूलभूत जेंडर संकल्पनाओं की समझ (UNDERSTANDING BASIC GENDER CONCEPTS)

भूमिका

जेंडर की संकल्पना से हमारा संदर्भ जेंडर के अकादमिक अध्ययन से है। हालाँकि नारीवादी विचारकों ने लिंग (sex) तथा जेंडर (gender) के बीच अंतर माना है जहाँ लिंग के आधार पर व्यक्ति पुल्लिंग अथवा स्त्रीलिंग हो सकता है वहीं जेंडर की दृष्टि से उसे सांस्कृतिक तथा सामाजिक तौर पर पुरुषवादी तथा नारीवादी के रूप में देखा जाता है।

जेंडर से आशय उन लक्षणों तथा विशिष्टताओं से है जिनकी अपेक्षा उनके पुरुष अथवा नारी होने के नाते तथा उनसे अपेक्षित भूमिकाओं के निर्वाह के रूप में की जाती है। उदाहरण के लिए नारी को स्वाभाविक रूप से एक देखभाल करने वाले तथा पोषण करने वाले व्यक्ति के रूप में देखा जा सकता है जबकि पुरुष को स्वाभाविक रूप से तर्कसंगत तथा युक्तिसंगत व्यक्ति के रूप में देखा जा सकता है। इससे ऐसा विश्वास बनता है कि महिलाएँ स्वाभाविक रूप से नर्स जैसे व्यवसाय के लिए ज्यादा उपयुक्त होती हैं, जबकि पुरुष अच्छे वैज्ञानिक तथा इंजीनियर बन सकते हैं। पुरुषत्व तथा नारीत्व से जुड़े ये लक्षण अलग-अलग संस्कृतियों तथा समाजों में तथा इतिहास में विभिन्न अवधियों में अलग-अलग हो सकते हैं।

जेंडर का अध्ययन उस प्रणाली पर विचार करता है जिसमें पुरुषत्व तथा नारीत्व से जुड़े व्यवहारों के मानदंड तथा स्वरूप जन्म लेते हैं। यह उन मानदंडों तथा स्वरूपों का अध्ययन करता है कि कौन से लक्षणों को पुरुषवादी माना जाए और कौन से को नारीवादी तथा ऐसा क्यों माना जाए? पुरुष एवं नारी के ये रूढ़िवादी प्रतिमान किस प्रकार विकसित होते हैं? कैसे वे समय के साथ-साथ परिवर्तित होते हैं तथा कौन से तत्त्व इन परिवर्तनों का कारण बनते हैं? इसके साथ ही यह जानना भी महत्त्वपूर्ण है कि इन रूढ़िवादी प्रतिमानों का वास्तव में मौजूद पुरुषों तथा महिलाओं पर क्या प्रभाव पड़ता है?

प्रश्न 1. जेंडर और लिंग का अर्थ समझाते हुए इनकी अवधारणा स्पष्ट कीजिए।

अथवा

लिंग और जेंडर में अंतर बताइए।

अथवा

क्या जेंडर की रचना सामाजिक रूप में होती है? एक उदाहरण के साथ वर्णन कीजिए।

अथवा

क्या समाज (जेंडर) एक सामाजिक निर्मिती है? उदाहरणों सहित आलोचनात्मक चर्चा कीजिए। [जून-2018, प्र.सं.-3 (च)]

उत्तर– कुछ व्यक्ति लैंगिक (Gender) शब्द का इस्तेमाल एक व्यक्ति के लिंग के अर्थ के रूप में करते हैं जबकि दोनों शब्दों के अर्थ में कुछ अंतर है। लिंग यह दर्शाता है कि एक व्यक्ति लड़का या लड़की है या स्त्री या पुरुष है। शरीर के इस अंग का अंतर शरीर के विशेष अंग से संबंधित है जो प्रजनन से संबंधित है। उदाहरण के लिए, औरतों की बच्चेदानी होती है। यह उनके शरीर का एक भाग है। इसी तरह पुरुषों की प्रोस्टेट ग्लैंड होता है। यह पुरुष के शरीर का एक हिस्सा है। इस प्रकार स्त्री और पुरुष के शरीर में कुछ अंतर होता है। प्रकृति ने प्रजनन और उससे संबंधित कार्य के लिए इन्हें बनाया है। प्रकृति ने स्त्रियों को गर्भधारण (conceive), बच्चे को जन्म देने व स्तनपान कराने की विशेषताएँ दी हैं। इन सबके लिए विशेष अंग प्रकृति ने दिए हैं। चूँकि इन जैविक क्रियाओं को पुरुषों को प्रकृति ने नहीं दिया है अतः ये अंग पुरुषों में विद्यमान नहीं हैं। हालाँकि पुरुषों को प्रजनन (reproduction) की प्रक्रिया को पूर्ण करने के लिए अलग प्रकार का अंग प्रकृति ने दिया है। ये अंतर प्राकृतिक हैं। इस प्रकार व्यक्ति का लिंग एक लड़का या लड़की, एक पुरुष या एक स्त्री को दर्शाता है। यह अंतर स्त्री और पुरुष के शरीर में प्रकृति प्रदत्त है। यह अंतर जैविक है और प्रायः अपरिवर्तनीय होता है।

लैंगिक एक सामाजिक-सांस्कृतिक संरचना है। लैंगिक (Gender) शब्द इस बात की ओर इशारा करता है कि जैविक भेद के अतिरिक्त जितने भी भेद दिखते हैं, वे प्राकृतिक न होकर समाज द्वारा बनाए गए हैं और इसी में यह बात भी सम्मिलित है कि अगर यह भेद बनाया हुआ है तो दूर भी किया जा सकता है। समाज में स्त्रियों के साथ होने वाले भेदभाव के पीछे पूरी समाजीकरण की प्रक्रिया है, जिसके तहत बचपन से ही बालक-बालिका का अलग-अलग ढंग से पालन-पोषण किया जाता है और यह फर्क कोई भी अपने आस-पास देख सकता है।

हिलेरी एम. लिप्स (2014) का तर्क है कि कुछ मामलों में लिंग और जेंडर आपस में गुँथे होते हैं। उदाहरण के लिए, कुछ मामलों में स्त्रीत्व की सामाजिक स्वीकृति जीव-वैज्ञानिक रचना के कारण रचित होती है। दूसरे शब्दों में, एक स्त्री गर्भ धारण करती है और बच्चे को जन्म देती है। यह एक पुनरुत्पादनमूलक कार्य है जो महिला के शरीर की जीव-वैज्ञानिक धारणा से संबद्ध है। इसलिए लिंग और जेंडर को अलग करना हमेशा संभव नहीं है।

अपनी प्रकृति में जेंडर बहुआयामी होता है। इसका एक आयाम लिंग-पहचान या अस्मिता है, जिसका तात्पर्य व्यक्ति रूप में किसी की पहचान पुरुष या स्त्री के रूप में होने से है। एक अन्य आयाम जेंडर-भूमिका का है। इसका अर्थ यह है कि महिलाएँ और पुरुष उस खास तरीके से अपना कार्य या प्रदर्शन करते हैं, जो सामाजिक या सांस्कृतिक रूप से उपयुक्त हो। तीसरा आयाम लैंगिक अभिमुखीकरण का है: यानी क्या वे अपने ही जेंडर के प्रति आकर्षित होते हैं और/अथवा दूसरे जेंडर के प्रति भी आकर्षित होते हैं (लिप्स)। लिंग-जेंडर बहस के कारण अंतत: जेंडर आधारित लैंगिकता पर प्रचुर अनुसंधान शुरू हुआ और तमाम देशों में ट्रांस-जेंडर अध्ययनों के क्षेत्र का उदय हुआ। 'ट्रांस-जेंडर' एक अत्यंत व्यापक शब्द है। यह ऐसे लोगों का सूचक है जो अपने जीव-वैज्ञानिक लिंग से संबद्ध सांस्कृतिक रूप से परिभाषित पारंपरिक जेंडर भूमिकाओं के अनुरूप खरे नहीं उतरते (लिण्डसे, 2015)। ऐतिहासिक रूप से ट्रांस-सेक्सुअल शब्द का प्रयोग मनोचिकित्सकों द्वारा एक ऐसे समुदाय के लिए किया गया था जो यह अनुभव करता है कि उनका जीव-वैज्ञानिक शरीर उनके स्वयं के अहसास से या उनकी जेंडर पहचान से मेल नहीं खाता। ट्रांस-सेक्सुअल लोग आनुवंशिक रूप से पुरुष या महिला होते हैं लेकिन इनका विश्वास होता है कि ये दूसरे लिंग (सेक्स) के लोग हैं। वे एक गलत शरीर में खुद को 'फँसा हुआ' पाते हैं और इसलिए संभव है कि उन्हें उनकी जेंडर-पहचान के अनुरूप बनाने के लिए लिंग पुनर्रचना की शल्य चिकित्सा (Sex Reassignment Surgery; SRS) से गुजरना पड़े। ट्रांस-जेंडर एक अधिक समावेशी शब्द है। यह उन लोगों का वर्णन करता है जो अपनी जेंडर-पहचानों को अभिव्यक्त या वर्णित करने का एक विशिष्ट तरीका रखते हैं। "ट्रांस-जेंडर शब्द की संकल्पना एक बहुत व्यापक शब्द के रूप में प्रयुक्त की जाती है। यह शब्द ऐसे व्यक्तियों के लिए प्रयुक्त किया जाता है, जिनकी जेंडर-पहचान या जेंडर-अभिव्यक्ति पुरुषत्व या स्त्रीत्व की पारंपरिक उम्मीदों के अनुरूप खरी नहीं उतरती (सैबाटलो, 2011)।" इसलिए ट्रांस-जेंडर शब्द में ट्रांस-सेक्सुअल पहचान के शारीरिक/मनोवैज्ञानिक पहलू शामिल होते हैं और इसमें विभिन्न लैंगिक अभिमुखीकरणों का समावेश होता है। जैसा कि सृजन स्ट्राइकर का इशारा है कि "ट्रांस-जेंडर का तात्पर्य ऐसी सभी पहचानों या व्यवहारों से है जो सामाजिक रूप से निर्मित सेक्स/जेंडर सीमाओं से परे होते हैं, इन सीमाओं को प्रतिच्छेदित करते हैं या इन सीमाओं के बीच किसी विचित्र या अनोखे रूप में होते हैं" (सैबाटेलो, 2011)। ट्रांसजेंडर लोग विभिन्न संस्कृतियों में विशिष्ट सामाजिक संस्कारों और प्रकार्यों को निष्पादित करते हैं। उदाहरण के लिए, भारत में हिजड़ा समुदाय, ओमान के अरब राज्य में जैनिथ (Xanith) और ताहिती के माहूज (Mahus)। भारत में हिजड़ा समुदाय कुछ विशिष्ट सांस्कृतिक भूमिकाओं का निर्वहन करता है और ये लोग स्वयं को प्राय: महिला के रूप में अधिक देखते हैं। हालाँकि भारतीय संस्कृति में हिजड़ों की जेंडर भूमिकाएँ सुपरिभाषित हैं और इससे हिजड़ों को, संस्कारों को निष्पादित करने वाले लोगों के रूप में वैधता भी हासिल होती है, फिर

भी भारत में हिजड़े उन समुदायों में शामिल हैं जो अत्यधिक हाशियाकृत हैं। हिजड़ों को अक्सर प्रताड़ित किया जाता है, उनका उपहास उड़ाया जाता है तथा शिक्षा या रोजगार तक उनकी पहुँच नहीं होती है। भारत में नीतिगत हस्तक्षेप के कारण ट्रांसजेंडर समुदाय के प्रति लोगों का नजरिया धीमे-धीमे बदल रहा है और शिक्षा या सभ्य कहे जाने वाले कामों तक उनकी पहुँच के संबंध में कुछ बदलाव भी दिख रहे हैं।

अन्य सामाजिक श्रेणियों की ही तरह ट्रांसजेंडर समुदाय और उनका जीवन भी बहुत विविध और विजातीय (heterogeneous) होता है। समाजशास्त्र में और जेंडर-अध्ययनों में बहुत सारे विषय ऐसे हैं, जिन्हें ट्रांसजेंडर समुदाय के परिप्रेक्ष्य में पढ़ाया जा सकता है; जैसे-उपसंस्कृतियाँ/प्रतिसंस्कृतियाँ, सामाजिक असमानता, रोजगार में भेदभाव, सामाजिक संस्थाएँ और स्वास्थ्य देखभाल (वेंटलिंग एट. आल 2008)। अध्यापन करने वाले निर्देशक वेबसाइटों, ऑनलाइन फोरमों, व्याख्यानों और ट्रांसजेंडर का समर्थन करने वाले संगठनों का उपयोग कर सकते हैं ताकि ट्रांसजेंडर समुदायों और उनके जीवन के प्रति शिक्षार्थियों की समझ बनने में सुविधा हो सके। इसके अलावा शिक्षण संस्थानों के विद्यार्थियों और शिक्षकों को ट्रांसजेंडर लोगों के प्रति संवेदनशील और जागरूक होने की आवश्यकता है।

यदि सामाजिक संदर्भों में देखने का प्रयास करें तो जेंडर एक सीखा हुआ व्यवहार है, इसलिए इसे जेंडर समाजीकरण का नाम दिया जा सकता है। जेंडर समाजीकरण एक ऐसी प्रक्रिया है जिसमें व्यक्ति कुछ निर्धारित जेंडर मानकों, व्यवहारों और पहचान को सीखता है।

अन्न ओकले ने अपनी पुस्तक 'सेक्स, जेंडर एंड सोसायटी (1972)' में लिंग और जेंडर के बीच स्पष्ट विभेद किया है, जिसके अनुसार-

'सेक्स' (लिंग) का तात्पर्य पुरुषों एवं महिलाओं का जैविकीय विभाजन से है तथा 'लैंगिक' का अर्थ स्त्रीत्व एवं पुरुषत्व के रूप में समानांतर और सामाजिक रूप में असमान विभाजन से है। अत: लैंगिक की अवधारणा महिलाओं और पुरुषों के बीच सामाजिक रूप से निर्मित भिन्नता के पहलुओं पर ध्यान आकर्षित करती है किंतु आजकल 'लैंगिक' का प्रयोग व्यक्तिगत पहचान और व्यक्तित्व को इंगित करने के लिए ही नहीं किया जाता, अपितु प्रतीकात्मक स्तर पर इसका प्रयोग सांस्कृतिक आदर्शों तथा पुरुषत्व एवं स्त्रीत्व संबंधी रूढ़िबद्ध धारणाओं के लिए और संरचनात्मक अर्थों में, संस्थाओं और संगठनों में लैंगिक श्रम विभाजन के रूप में भी किया जाता है।

प्रश्न 2. जेंडर भेदभाव से क्या तात्पर्य है? विस्तार से समझाइए।

उत्तर- लोगों के साथ जेंडर के आधार पर किए जाने वाले व्यवस्थित बहिष्करण और विभेदमूलक वाले व्यवहार को जेंडर भेदभाव कहा जाता है। यह जेंडर पहचानों को आधार बनाते हुए लोगों को उनके अधिकारों और अवसरों से वंचित रखता है। यह संसाधनों और उन पर नियंत्रण तक लोगों की पहुँच से इंकार करता है।

लैंगिक भेदभाव का आधार लिंग है। यह एक व्यक्ति के प्रति असमान व्यवहार है जो उस व्यक्ति के लिंग के ऊपर आधारित है। लैंगिक भेदभाव को कभी-कभी लिंगवाद के रूप में भी निरूपित किया जाता है। लिंगवाद किसी भी सामाजिक स्थिति में, जहाँ पर पूर्वाग्रह आचरण होता है, घटित होता है और यह नहीं होता यदि वे विपरीत लिंग के नहीं होते। कोई भी अन्यायपूर्ण विचार, योजना, वृत्ति या विश्वास जो कि एक स्त्री या पुरुष से असमान रूप से व्यवहार करता है तथा जिसके कारण एक विशेष लिंग से संबंधित व्यक्ति को प्रतिबंधित करता है या चुनाव करने से रोकता है, लैंगिक भेदभाव है। यह एक प्रकार से पूर्वाग्रह से ग्रसित रूप है और कुछ परिस्थितियों में यह अवैधानिक (illegal) है।

स्त्रियों व लड़कियों के विरुद्ध लैंगिक भेदभाव के कई रूप हो सकते हैं। यद्यपि यह एक संस्कृति से दूसरी संस्कृति में भिन्न-भिन्न हो सकता है। लैंगिक भेदभाव कई स्रोतों (sources) से उत्पन्न हो सकता है। यह घर से प्रारंभ होता है और यह विद्यालय, आम स्थानों, कार्यस्थल, नौकरी में नियुक्ति, पुलिस स्टेशन, कोर्ट, राजनैतिक दलों, संसद (Parliament) और विधानसभाओं (legislations) आदि तक फैला हुआ है।

समाज में एक लड़की के जन्म से पहले ही लैंगिक भेदभाव की शुरुआत हो जाती है। भ्रूण हत्या (foeticide) के विरुद्ध सख्त वैधानिक नियम होने के बावजूद बड़े स्तर पर लड़की भ्रूण हत्या हो रही है। इससे इस बात को बल मिलता है कि लैंगिक भेदभाव जन्म से पहले ही प्रारंभ हो जाता है। परिवार में प्रायः लड़कियों की उपेक्षा की जाती है तथा लड़कों को विशेष सुविधाएँ दी जाती हैं। लड़कियों की पौष्टिकता (nutritional) और स्वास्थ्य संबंधी जरूरतों को नजरअंदाज किया जाता है। इसके फलस्वरूप अधिक संख्या में लड़कियों की मौत हो जाती है। शिक्षा के अवसर उपलब्ध न कराना, उनकी पसंद के कोर्स पढ़ने के लिए हतोत्साहित करना, उच्च शिक्षा प्राप्त करने के लिए लड़कियों को हतोत्साहित करना प्रायः सामान्य बात है। नौकरी के क्षेत्र में स्त्रियों की अपेक्षा पुरुषों को पसंद किया जाता है। महिला यदि कुशल हो तो भी उसे असमानता व भेदभाव का सामना करना पड़ता है।

जेंडर आधारित भेदभाव का यह रूप महिलाओं के अधिकारों को प्राथमिक रूप से मानवाधिकार का एक मुद्दा नहीं मानता है। इसलिए सन् 1979 ई. में महिलाओं के विरुद्ध समस्त प्रकार के भेदभावों के उन्मूलन पर सम्मलेन (Convention on the Elimination of All Forms of Discrimination against Women; CEWAD) ने समस्त प्रकार के भेदभावों से मुक्त रहने के महिलाओं के अधिकार के आयाम पर विशेष ध्यान दिया। जेंडर भेदभाव पितृसत्ता और गहरी सामाजिक असमानताओं का अंतिम परिणाम है। इस बात को लेकर बहसें जारी हैं कि महिलाओं की गरीबी को दूर करके समाजों में जेंडर-असमानताओं को किस सीमा तक समाप्त किया जा सकता है? इस प्रश्न का उत्तर बहुत जटिल है क्योंकि महिलाओं की गरीबी में बहुत सारी चीजें शामिल हैं; जैसे–भूमि तक या निर्णय-निर्माण में अभिकरण तक उनकी पहुँच, परिवार

में कानूनी अधिकार, हिंसा के प्रति सुभेद्यता, आत्मसम्मान, अत्यधिक कार्य का बोझ, समय का अभाव, पर-निर्भरता और शक्तिहीनता (जॉनसन-लैथम 2004, चौण्ट, 1997, कबीर, 1997 और सेन, 1997)। महज आय अर्जन करने वाली गतिविधियों के ही जरिए भेदभाव के इन रूपों को खत्म नहीं किया जा सकता, बल्कि इसके लिए पितृसत्तात्मक संरचना और सामाजिक-सांस्कृतिक मानकों के भीतर भी गहराई से देखना होगा। किसी भी राष्ट्र की आर्थिक संवृद्धि और उसके विकास पर जेंडर भेदभाव का बहुत अधिक प्रभाव पड़ता है।

अपनी प्रकृति में जेंडर भेदभाव बहुआयामी हो सकता है और इसके प्रभाव को सिर्फ आय या महिलाओं में गरीबी जैसे किसी एक सूचक मात्र से नहीं मापा जा सकता। नीतियों में जेंडर समानता और जेंडर समता हासिल करके और तृणमूल स्तर पर इन नीतियों के उपयुक्त प्रवर्तन से जेंडर भेदभाव को सम्बोधित किया जा सकता है। जेंडर भेदभाव के बारे में विद्यालयों में बातचीत करने के लिए शिक्षा एक मूलभूत उपकरण है, इससे व्यक्ति के जीवन-चक्र दृष्टिकोण में एक सकारात्मक बदलाव आ सकता है।

आर्थिक संवृद्धि पर जेंडर भेदभाव का प्रभाव

- जेंडर असमानता के निदान और महिला सशक्तिकरण के लिए निवेश करने से उत्पादकता बढ़ सकती है और उच्च सामाजिक विकास हो सकता है।
- संयुक्त राष्ट्र संघ का आंकलन है कि श्रमबल में महिलाओं की सहभागिता के अभाव के कारण अकेले एशियाई क्षेत्र में ही प्रतिवर्ष 47 बिलियन अमेरिकी डॉलर का नुकसान होता है।
- कुछ विशिष्ट व्यवसायों में सहभागिता करने से महिलाओं को रोकने वाली बाधाओं को समाप्त करके उत्पादकता को बढ़ाया जा सकता है। इससे पुरुषों और महिलाओं के बीच के उत्पादकता अंतराल को कम किया जा सकता है और प्रति श्रमिक अंतिम निष्पादन को 3 से 25 प्रतिशत तक बढ़ाया जा सकता है।
- ऐसे राष्ट्रों की आर्थिक संवृद्धि तुलनात्मक रूप से अधिक हो सकती है, जहाँ की महिलाएँ शिक्षित और सशक्तिकृत हों।
- महिलाओं को अधिकारों, अवसरों और अभिकरण से युक्त करने से उनकी अगली पीढ़ी पर बहुत अच्छा प्रभाव पड़ सकता है।
- जब लड़कियों को शिक्षित किया जाता है तो इससे जीवन-चक्र दृष्टिकोण में सकारात्मक परिवर्तन आता है। उदाहरण के लिए, लड़कियों की शिक्षा का परिणाम यह हो सकता है कि उनका विवाह देर से हो और वे देर से माँ बनें, एच.आई.वी. और एड्स के खतरे कम हों, परिवार की आय बढ़े, कम बच्चे पैदा हों, उनका अस्तित्व बेहतर हो, अगली पीढ़ी के लिए स्वास्थ्य और शिक्षा के परिणाम बेहतर हों, घर-परिवार और समुदाय में निर्णय-निर्माण का स्तर ऊँचा उठे तथा जेंडर आधारित हिंसा की दरें कम हों (होम्स एंड जोन्स, 2013)।

- घरेलू संसाधनों और आय पर महिलाओं का नियंत्रण बढ़ने से परिवार के खर्च का प्रतिमान बदल रहा है। इसका उनके बच्चों पर सकारात्मक असर पड़ रहा है। चीन में महिलाओं की आय दस प्रतिशत बढ़ने का परिणाम यह हुआ कि उनके परिवार की औसत आय बढ़ गई और इसका लड़कियों और लड़कों, दोनों के विद्यालय जाने की प्रक्रिया पर बहुत सकारात्मक प्रभाव पड़ा।

प्रश्न 3. जेंडर गतिकी की संकल्पना की विवेचना कीजिए।
अथवा
जेंडर गतिकी क्या है? संक्षेप में बताइए।

उत्तर— जेंडर गतिकी महिलाओं और पुरुषों के मध्य मौजूद शक्ति के अंतर को व्याख्यायित करती है। इसे समझने हेतु एक परिवार का उदाहरण लिया जा सकता है जिसमें पिता/पति/भाई परिवार का मुखिया है। वित्त, संसाधनों के आवंटन और वितरण से जुड़े अधिकांश निर्णय परिवार में पुरुषों द्वारा लिए जाते हैं। दूसरी तरफ, परिवार में महिलाएँ अधीनस्थ वर्गीय स्थिति में होती हैं जहाँ पर वे कार्यों को करने के लिए तो जिम्मेदार हैं लेकिन यह जरूरी नहीं है कि निर्णय-निर्माण प्रक्रिया में भी उनकी भागीदारी हो। जेंडर गतिकी परिवार के भीतर और बाहर जेंडर संबंधों (पुरुषों और महिलाओं के बीच के शक्ति संबंधों) को समझने में हमारी मदद करती है। अब श्रम के लैंगिक विभाजन का एक साधारण-सा उदाहरण लेते हैं। जो परिवार में महिलाओं और पुरुषों के बीच विद्यमान शक्ति की गतिकी की व्याख्या करता है। यह संकल्पना व्याख्या करती है कि परिवार चलाने के लिए महिलाओं और पुरुषों द्वारा जिम्मेदारियाँ उठाने में साफ और दृश्यमान अंतर होता है। यह संकल्पना औद्योगीकरण के दौरान पैदा हुई थी जिसमें परिवार से संबंधित वित्तीय मामलों के प्रबंधन के लिए और मजदूरी कमाने हेतु घर से बाहर काम करने के लिए प्राथमिक रूप से पुरुष जिम्मेदार थे। महिलाएँ घर के भीतर के कामों; जैसे—कपड़े धोना, साफ-सफाई करना, खरीददारी करना, खाना पकाना और बच्चों व वृद्धजनों की देखभाल करना आदि के प्रबंधन के लिए जिम्मेदार थीं। देखभाल संबंधी कामकाज और घरेलू कार्य महिलाएँ बिना किसी मजदूरी के ही करती चली आ रही हैं और यह घरेलू श्रम बिना किसी भुगतान के ही रह जाया करता है। यह कार्य न तो दिखता है और न ही परिवार के भीतर या उसके बाहर भी इसका कोई संज्ञान लिया जाता है।

जेंडर संबंध की संकल्पना की सहायता से भी जेंडर गतिकी की व्याख्या की जा सकती है। जेंडर संबंधों से तात्पर्य महिलाओं और पुरुषों के बीच के सामाजिक संबंधों से है जिनका उद्भव, प्राथमिक रूप से, जीव-वैज्ञानिक रूप से भिन्न-भिन्न लिंगों से होता है। जेंडर संबंध सहयोग, संघर्ष, पारस्परिक समर्थन, प्रतिस्पर्द्धा, अंतर और असमानता के संबंध हो सकते हैं। समाज में महिलाओं और पुरुषों के बीच शक्ति का वितरण किस प्रकार हुआ है, इसे समझने में यह हमारी मदद करता है। इन दोनों लिंगों

में अंतर के कारण महिलाओं, पुरुषों और अन्य जेंडर पहचानों के बीच, उनकी सामाजिक स्थितियों और दशाओं के संबंध में व्यवस्थित असमानता उत्पन्न होती है। उदाहरण के लिए, उपर्युक्त के आधार पर यह कहा जा सकता है कि परिवार के भीतर जेंडर के आधार पर किस प्रकार कुछ विशिष्ट जिम्मेदारियों का आवंटन कर दिया जाता है और इसी तरह किस प्रकार महिलाओं के कार्यों और पुरुषों के कार्यों के साथ-साथ अलग-अलग सामाजिक मूल्य जोड़ दिए जाते हैं। महिलाएँ बच्चों की देखभाल और घरेलू कामकाज के लिए जिम्मेदार होती हैं, जिसे पुनरुत्पादक श्रम कहा जाता है। दूसरी तरफ पुरुष वस्तुओं और सेवाओं के उत्पादन से सम्बद्ध होते हैं, जिसे उत्पादक श्रम कहा जाता है। अब जबकि अधिकाधिक महिलाएँ भुगतान वाले श्रम के क्षेत्र में प्रविष्ट हो चुकी हैं, लेकिन अभी भी श्रम बाजार और घर में गंभीर असमानताएँ विद्यमान हैं। स्वस्ति मिटर (Swasti Mitter) (2002) के अध्ययन से भी पता चलता है कि महिलाओं के कार्य को उपयुक्त तरीके से प्रेम से या प्रेम में किए गए कार्य (Labour of Love) या बिना भुगतान वाले श्रम के रूप में ग्रहण किया जाता है और समाज भी महिलाओं से यही उम्मीद करता है कि वे बिना भुगतान वाले श्रम के कार्य के विचार पर ही अपना कामकाज करती रहें, चाहे यह कामकाज घर से बाहर का ही क्यों न हो। चाहे समाजवादी अर्थव्यवस्था की बात हो या बाजार केंद्रित अर्थव्यवस्था की, भुगतान वाले रोजगार तक महिलाओं की पहुँच के बढ़ने का सहज मतलब ही यह है कि उनके ऊपर दो प्रकार के कामकाज का बोझ डाला जा रहा है।

स्वस्ति मिटर के अध्ययन से यह स्पष्ट होता है कि महिलाओं का सारा कार्य किस प्रकार अनदेखा रह जाया करता है और किस प्रकार उस कार्य का कोई संज्ञान नहीं लिया जाता। साथ ही घर के भीतर महिलाओं द्वारा किया गया तमाम कामकाज आर्थिक गणना के दायरे से किस प्रकार बाहर छूट जाया करता है।

श्रम बाजार में महिलाओं का प्रतिनिधित्व, अधिकांशतः टाइपिस्टों, नर्सों, रिसेप्शनिस्टों, शिक्षकों, घरेलू सहायकों, प्रसूति विशेषज्ञों, कृषि श्रमिकों आदि के रूप में ही होता है। हम अनौपचारिक क्षेत्रों में और भी महिलाओं को देख सकते हैं; जैसे—बीड़ी बनाने के काम में, निर्माण कार्य में, चाय बागानों में, परिधानों के कारखानों में आदि। यहाँ तक कि इन क्षेत्रों के भीतर भी अधिकांश महिलाएँ अकुशल हैं और अनौपचारिक किस्म के कामों में लगी हुई हैं। किसी निर्माण वाले स्थल पर राजमिस्त्री के काम को हमेशा एक पुरुष का काम माना जाता रहा है और निर्माण स्थलों पर बहुत सारी महिलाएँ आकस्मिक श्रमिक के रूप में कार्य करती हैं और अपने सिर पर बहुत भारी बोझ को ढोती हैं। ये उदाहरण हमें बताते हैं कि जेंडर गतिकी या जेंडर संबंध किस प्रकार शिक्षा, कानून, नीतियों, विज्ञान और स्वास्थ्य जैसे प्रत्येक क्षेत्र में व्याप्त हैं। जेंडर और विकास अध्ययनों के समर्थकों का तर्क है कि जेंडर की दृष्टि से अधिक न्यायसंगत विकास को हासिल करने योग्य होने के लिए जेंडर गतिकी पर अधिक ध्यान दिए जाने की आवश्यकता है। जेंडर गतिकी सुभेद्यता, खतरों और आघातों (shocks) को बहुत तरीकों से प्रभावित करती है।

- घर में और समुदाय में महिलाएँ और पुरुष आघातों का अनुभव अलग-अलग करते हैं। उदाहरण के लिए, खराब स्वास्थ्य महिलाओं को अधिक दुष्प्रभावित करता है क्योंकि वे सिर्फ अपने ही स्वास्थ्य से प्रभावित नहीं होतीं, बल्कि परिवार के अन्य सदस्यों की देखभाल भी करती हैं।
- आघातों को झेलने की योग्यता महिलाओं और पुरुषों में अलग-अलग होती है। सिंचाई, कृषि के प्रशिक्षण और जल-संचयन की प्रविधियों तक महिलाओं की पहुँच बहुत कम होती है।
- कुछ ऐसे आघात भी होते हैं जो महिलाओं को ही विशिष्ट रूप से प्रभावित कर सकते हैं। उदाहरण के लिए तलाक की स्थिति में या पति की मृत्यु की दशा में महिलाएँ अपनी सारी संपत्तियाँ खो देती हैं, खासकर तब जब विवाह पर प्रथाओं-परंपराओं के नियम लागू हो रहे हों।
- आघातों से निबटने के लिए महिलाएँ और पुरुष अलग-अलग रणनीतियों का सहारा लेते हैं। महिलाओं की संपत्तियाँ अचानक तब दिखती हैं और खर्च भी हो जाती हैं, जब परिवार में कोई सदस्य बीमार पड़ता है जबकि पुरुषों की संपत्तियाँ शादी-विवाह के खर्च और दहेज आदि में खर्च होती हैं।

प्रश्न 4. जेंडर आवश्यकताओं से आप क्या समझते हैं? विस्तार से समझाइए।

उत्तर– जेंडर आवश्यकताओं को जेंडर और विकास के दृष्टिकोण के संदर्भ में एक अवधारणा के रूप में समझा जाता है। दो नीतिगत परिप्रेक्ष्य/दृष्टिकोण हैं—पहला, विकास में महिलाएँ (WID) और दूसरा है, जेंडर और विकास (GAD) जो महिलाओं को विकास से संबंधित करता है। डब्ल्यू.आई.डी. दृष्टिकोण विकास कार्यक्रमों के लाभार्थियों के रूप में महिलाओं को विकास प्रक्रिया में शामिल करने तथा किसी देश के आर्थिक विकास के साथ महिलाओं को एकीकृत करने पर लक्षित है। दूसरी तरफ जी.ए.डी. दृष्टिकोण महिलाओं और पुरुषों के बीच विद्यमान असमानताओं को संबोधित करने पर लक्षित है। ये असमानताएँ महिलाओं और पुरुषों की सामाजिक भूमिकाओं, संबंधों, दशाओं, संगठनों और संस्कृतियों में मौजूद होती हैं। विकास संबंधी नीतियों के संदर्भ में इस दृष्टिकोण का परिवर्तन हुआ। डब्ल्यू.आई.डी. दृष्टिकोण की जगह अब जी.ए.डी. दृष्टिकोण आया और इसके कारण जेंडर आवश्यकताओं और जेंडर संबंधों जैसी नवीन संकल्पनाओं का उदय हुआ (एल्सटन 1995; कबीर 1994; सी.एफ. मार्च एट आल 1999)। समाज अपनी प्रकृति में पितृसत्तात्मक होता है; इसलिए संगठन की संस्कृति, संरचना और कार्य-व्यवहार पुरुषकेंद्रित मूल्यों और अभिवृत्तियों पर आधारित होते हैं। ये संस्थाएँ संगठन में महिलाओं के योगदान का संज्ञान लेने में असफल रह जाती हैं। फलतः संगठन, विकास प्रक्रिया और समाज में महिलाओं की आवश्यकताएँ और उनकी रुचियाँ अनदेखी रह जाया करती हैं। संगठनों में मौजूद पुरुषकेंद्रित पूर्वाग्रह, व्यापक स्तर पर विश्व और समाजों में जेंडर असमानताओं और श्रेणीतंत्रों का पुनर्सृजन

करते हैं। जी.ए.डी. दृष्टिकोण का तर्क है कि विकास प्रक्रिया को और अधिक जेंडर-संवेदी या जेंडर-समावेशी बनाने के लिए जेंडर आवश्यकताओं पर ध्यान दिया जाना महत्त्वपूर्ण है।

महिलाओं और पुरुषों के लिए ये जेंडर आवश्यकताएँ अलग-अलग होती हैं। जेंडर आवश्यकताएँ दो प्रकार की आवश्यकताओं में विभाजित हैं—व्यावहारिक जेंडर आवश्यकताएँ (Practical Gender Needs; PGNs) और रणनीतिक जेंडर आवश्यकताएँ (Strategic Gender Needs; SGNs)। पी.जी.एन.एस. और एस.जी.एन.एस. शब्द सन् 1985 ई. में मैक्सिन मॉलीन्यूक्स द्वारा दिए गए थे। बाद में एक उपकरण के रूप में इन दोनों संकल्पनाओं का विकास कैरोलिन मोजर ने किया ताकि महिलाओं की स्थितियों में सुधार किया जा सके। व्यावहारिक जेंडर आवश्यकताओं का लक्ष्य, महिलाओं के जीवन को उन्नत बनाने के लिए, महिलाओं और पुरुषों की तात्कालिक आवश्यकताओं को सम्बोधित करना है। इन आवश्यकताओं में शिक्षा, स्वास्थ्य, रोजगार, पेयजल और स्वच्छता तक महिलाओं की पहुँच संभव करना शामिल हैं। नीतिगत स्तर पर राष्ट्र यदि महिलाओं की इन व्यावहारिक जेंडर आवश्यकताओं को सम्बोधित करता है तो महिलाओं की जीवन-स्थितियों पर इसका व्यापक प्रभाव पड़ेगा। रणनीतिक जेंडर आवश्यकताएँ ऐसी आवश्यकताएँ हैं जो महिलाओं और पुरुषों के बीच विद्यमान असमान शक्ति संबंधों को रूपांतरित करने में सहायता करती हैं। ये आवश्यकताएँ श्रम के जेंडरीकृत विभाजन, शक्ति की असमान भागीदारी तथा संपत्ति तक असमान पहुँच और उस पर असमान नियंत्रण जैसी संकल्पनाओं से जुड़ी हैं। महिलाओं की रणनीतिक जेंडर आवश्यकताओं के उदाहरणों में शामिल हैं—कानूनी अधिकार, घरेलू हिंसा, समान मजदूरी तथा अपने शरीर पर महिलाओं का नियंत्रण। इन आवश्यकताओं/हितों को चुनौती देना आसान नहीं है लेकिन समाज में अपनी सामाजिक स्थिति के सुधार के लिए महिलाएँ अपनी इन आवश्यकताओं को अभिव्यक्त और स्पष्ट कर सकती हैं। अपनी सामूहिक चेतना के उन्नयन के लिए किसी भिन्न जाति, वर्ग, धर्म या जनजाति की महिलाएँ इन रणनीतिक आवश्यकताओं को साझा कर सकती हैं और इन्हें सुन-समझ सकती हैं। पुरुषों की भी रणनीतिक जेंडर आवश्यकताएँ होंगी; जैसे—बच्चों की देखभाल करने में सहभागिता करके परिवार में अपनी भूमिकाओं का रूपांतरण करना या कुछ घरेलू कामों की जिम्मेदारी लेना (मार्च एट आल, 1999)। जेंडर-समावेशी नीतियों के निर्माण के लिए ये दोनों प्रकार की आवश्यकताएँ महत्त्वपूर्ण हैं। आवश्यकताओं के इन दोनों प्रकारों को एक-दूसरे से पृथक् नहीं किया जा सकता।

प्रश्न 5. जेंडर विश्लेषण क्या है? जेंडर संबंधी अनुसंधान को संपन्न करने में यह किस प्रकार सहायता कर सकता है?

अथवा

जेंडर विश्लेषण के विभिन्न ढाँचों पर संक्षेप में चर्चा कीजिए।

अथवा

जेंडर विश्लेषण क्या है? इसकी विभिन्न रूपरेखाओं की संक्षिप्त चर्चा कीजिए। [जून-2018, प्र.सं.-3 (ग)]

उत्तर— जेंडर विश्लेषण जेंडर असमानताओं को नीतिगत और सामाजिक कार्य दोनों स्तरों पर कम करने का एक उपकरण या ढाँचा है। इन ढाँचों को सामाजिक अनुसंधान और नीति नियोजन में जेंडर विश्लेषण को एकीकृत करने के लिए अभिकल्पित किया गया है। मुद्दों, भूमिकाओं, संबंधों और सामाजिक स्थितियाँ – जो कि महिलाओं और पुरुषों के जीवन को अलग-अलग तरीके से प्रभावित करते हैं – को समझने के लिए इसे एक व्यावहारिक मार्ग-निर्देशक के रूप में जाना जाता है। उदाहरण के लिए, उत्पादक भूमिकाओं में पुरुषों/लड़कों की संलग्नता की तुलना में कृषि, आय-उत्पादक और अन्य गतिविधियों जैसे उत्पादक भूमिकाओं में महिलाओं/लड़कियों की संलग्नता। इस उदाहरण में आय-उत्पादक गतिविधियों के संदर्भ में हम जेंडर भूमिकाओं के बीच अंतर को खोज सकते हैं। इससे जेंडर-संवेदी तरीके से किसी कार्यक्रम को अभिकल्पित करने में व्यक्तियों या संस्थाओं को मदद मिलेगी। जेंडर विश्लेषण ढाँचा जिन मुद्दों पर विचार करता है, वे हैं–कार्य, संसाधनों तक पहुँच और उन पर नियंत्रण, प्रस्थिति और भूमिका तथा महिलाओं और पुरुषों की दशा या स्थिति। इन मुद्दों को कुछ साधारण उदाहरणों की सहायता से समझा जा सकता है–

- **कार्य—**कौन किस तरीके से कार्य को करता है?
- **संसाधनों तक पहुँच—**उत्पादक संसाधनों; जैसे–सम्पदा, साख और कृषि भूमि तक किसकी पहुँच है?
- **संसाधनों पर नियंत्रण—**संसाधनों के वितरण के बारे में निर्णय लेने की शक्ति किसको है और संसाधनों तक पहुँच किसकी है? उदाहरण के लिए, कृषि के लिए खेत तक महिलाओं की पहुँच पारिवारिक श्रमिक के रूप में तो हो सकती है, लेकिन हो सकता है कि भूमि या कृषि उपज पर उनका नियंत्रण न हो।
- **प्रस्थिति और भूमिका—**पुरुषों के कार्य के सामने महिलाओं के कार्य को क्या मूल्य प्रदान किया जाता है?
- **दशा और स्थिति—**दशा का अर्थ उस तात्कालिक भौतिक स्थिति से होता है, जिसमें महिलाएँ और पुरुष रहते हैं। उदाहरण के लिए, शिक्षा तक किसी बालिका की पहुँच किस प्रकार होगी? राष्ट्र और राज्य सकारात्मक नीतियाँ निर्मित करते हैं; जैसे–शिक्षा तक बालिकाओं की पहुँच संभव बनाने के लिए संघ सरकार का कार्यक्रम 'बेटी बचाओ बेटी पढ़ाओ', दिल्ली सरकार की नीति 'लाडली योजना'। जेंडर-संवेदी नीतियों को लागू करने से महिलाओं और लड़कियों को अपनी भौतिक दशाएँ सुधारने में सहायता मिलती हैं।
- **स्थिति—**यह इस बात का वर्णन करती है कि समाज में महिलाओं और पुरुषों के साथ किस प्रकार भिन्न-भिन्न मूल्य संलग्न कर दिए जाते हैं। उदाहरण के

लिए, महिलाओं का कार्य द्वितीयक है, अदृश्य है, निम्न कोटि का है, पुरुषों की तुलना में कोमल प्रकृति का है।

जेंडर विश्लेषण ढाँचा–जेंडर विशेषज्ञों ने जेंडर संबंधी अनुसंधान को संपन्न करने के लिए जेंडर विश्लेषण के विभिन्न ढाँचे विकसित किए गए हैं। इनमें से कुछ ढाँचे निम्नलिखित हैं–

- **हार्वर्ड विश्लेषणात्मक ढाँचा और जन-अभिमुख योजना**–इस ढाँचे को जेंडर भूमिकाओं के ढाँचे के रूप में भी जाना जाता है। इसका प्रकाशन सन् 1985 ई. में हुआ था। इसका विकास यू.एस.ए.आई.डी. (USAID) के डब्ल्यू.आई.डी. (WID) कार्यालय के साथ मिलकर हार्वर्ड इन्स्टीट्यूट ऑफ इंटरनेशनल डेवेलपमेंट, यू.एस.ए. के अनुसंधानकर्त्ताओं द्वारा किया गया था। इसका उद्देश्य नीति नियोजकों की मदद करना है जिससे वे दक्ष कार्यक्रमों का अभिकल्पन महिलाओं और पुरुषों द्वारा धारित किए जाने वाले उत्पादक संसाधनों के आधार पर तथा घर-परिवार और समुदाय में महिलाओं और पुरुषों द्वारा किए जाने वाले कार्यों के प्रकार के आधार पर कर सकें। इस ढाँचे में जो घटक शामिल हैं, वे हैं–गतिविधि रूपरेखा, पहुँच और नियंत्रण रूपरेखा, प्रभाव डालने वाले कारक और विश्लेषण के लिए आवश्यक सूचियाँ।
- **जन-उन्मुख नियोजन ढाँचा**–इस ढाँचे का विकास शरणार्थी स्थिति के विश्लेषण के लिए किया गया है। इसका विकास शरणार्थी महिलाओं हेतु संयुक्त राष्ट्र उच्चायोग (UNHCRW) के लिए मैरी बी. एण्डरसन और एम. होवार्थ द्वारा किया गया था। इस ढाँचे का उद्देश्य समुदायों के बीच संसाधनों और सेवाओं के न्यायसंगत (equitable) वितरण को प्रोत्साहित करना है। 'जन-उन्मुख नियोजन ढाँचा' परिवर्तन, सहभागिता तथा विश्लेषण का महत्त्व जैसे कुछ महत्त्वपूर्ण कारकों पर बहुत जोर देता है।
- **मोजर ढाँचा**–इस ढाँचे का विकास लंदन विश्वविद्यालय के विकास नियोजन एकक में कैरोलिन मोजर द्वारा जेंडर विश्लेषण के एक उपकरण के तौर पर किया गया था। इसका उद्देश्य विभिन्न स्तरों (राष्ट्रीय, प्रांतीय या क्षेत्रीय) पर एक अलग गतिविधि के रूप में जेंडर योजना की शुरुआत करना था। जेंडर योजना का लक्ष्य जीवन के प्रत्येक क्षेत्र में महिलाओं के लिए समानता, समता और सशक्तिकरण हासिल करना था।

प्रश्न 6. जेंडर समानता क्या है? जेंडर समता से यह किस प्रकार भिन्न है? साथ ही जेंडर ढाँचे में नीति का वर्गीकरण पर भी चर्चा कीजिए।

अथवा

जेंडर समानता और समता के मध्य अंतर स्पष्ट कीजिए।

उत्तर– जेंडर समानता एक महत्त्वपूर्ण मानवाधिकार है। जेंडर समानता के संदर्भ में समानता को उस अवस्था या दशा के रूप में परिभाषित किया जाता है, जो सामाजिक

प्रस्थिति, राजनीतिक और कानूनी अधिकारों के संदर्भ में महिलाओं और पुरुषों के साथ एक जैसा व्यवहार करती है। ऐतिहासिक रूप से सभी समाजों में पुरुषों ने महिलाओं की तुलना में उच्चतर सामाजिक प्रस्थिति का आनंद लिया है। ब्रिटेन में उन्नीसवीं शताब्दी के अंत और बीसवीं शताब्दी के प्रारंभ में नारीवादियों ने शिक्षा, रोजगार, संपत्ति और मताधिकार के संदर्भ में महिलाओं के लिए समान अधिकार हेतु अभियान शुरू किया। बीसवीं शताब्दी के अंत तक ब्रिटेन में जेंडर समानता को प्रोत्साहित करने के उद्देश्य से अनेक कानून बनाए गए; जैसे–लैंगिक भेदभाव अधिनियम और समान वेतन अधिनियम। समानता की बहस का तर्क है कि समस्त महिलाओं के साथ समस्त पुरुषों जैसा ही व्यवहार किया जाए, चाहे उनकी जाति, वर्ग, धर्म, नृजातीयता और अन्य पहचानों में अंतर ही क्यों न हो। भारत में शासन, स्वास्थ्य, शिक्षा, रोजगार, संपत्ति और कानून के क्षेत्रों में जेंडर समानता को हासिल करने के लिए कुछ निर्धारित नीतियाँ मौजूद हैं। इनमें शामिल हैं–स्थानीय सरकार में महिलाओं के लिए 33 प्रतिशत आरक्षण का प्रावधान, मातृत्व लाभ अधिनियम, उत्तराधिकार अधिनियम 2005, प्रजननमूलक और बाल स्वास्थ्य देखभाल नीति, घरेलू हिंसा अधिनियम, यौन उत्पीड़न अधिनियम, 2013 आदि। भारत में जेंडर अंतराल को भरने के लिए ये नीतिगत पहलें और अधिनियम अत्यावश्यक हैं।

जेंडर समता नियोजन प्रक्रिया को जेंडर के परिप्रेक्ष्य से समझने में सहायता करती है। उदाहरण के लिए, महिलाओं की वास्तविक आवश्यकताओं का उनकी स्थानीय स्थिति में मूल्यांकन देश या राज्य में जेंडर समता लाने में सहायता करेगा। जेंडर विश्लेषण, जेंडर नियोजन, जेंडर-अनुक्रियात्मक बजट-निर्माण और जेंडर-ऑडिट जैसे उपकरण महिलाओं और पुरुषों दोनों की जेंडर आवश्यकताओं का मूल्यांकन करके स्वयं नियोजन प्रक्रिया में जेंडर समता लाने में सहायक होते हैं।

जेंडर ढाँचे में नीति का वर्गीकरण–नाइला कबीर (1992) ने यह निर्धारित करने के लिए कि कोई नीति या परियोजना जेंडर-समानता और महिला सशक्तिकरण की दिशा में किस सीमा तक सामाजिक रूपांतरण लाने में सक्षम है, नीतियों या परियोजनाओं का एक वर्गीकरण प्रस्तुत किया है। जेंडर ढाँचे में नीति का श्रेणीकरण निम्नलिखित प्रकार से है–

- **जेंडर निरपेक्ष नीति**–इस प्रकार की नीति लिंगों के बीच के किसी विभेद पर ध्यान नहीं देती। यह अपने ढाँचे से महिलाओं और अन्य जेंडरों को बहिष्कृत करने का प्रयास करती है, उदाहरण के लिए, राष्ट्रीय जनसंख्या नीति और जलवायु नीति, एकीकृत ग्रामीण विकास कार्यक्रम।
- **जेंडर जागरूक नीति**–यह नीति स्वीकार करती है कि विकास की प्रक्रिया में महिलाएँ सक्रिय या निष्क्रिय कर्त्ता हैं। इसलिए विकास प्रक्रिया में महिलाओं की भूमिका का निर्धारण विद्यमान जेंडर संबंधों से होता है। इस प्रक्रिया में इस बात की संभावना रहती है कि विकास जेंडर-पूर्वाग्रह को और

जेंडर-असमान संबंधों को और अधिक बल प्रदान कर सकता है। उदाहरण के लिए, जवाहरलाल नेहरू राष्ट्रीय शहरी नवीनीकरण मिशन (जे.एन.एन.यू.आर.एम.)।

- **जेंडर निष्पक्ष नीति**—यह नीति किसी विकास परियोजना में पूर्वाग्रह को समाप्त करने हेतु प्रत्येक समाज में महिलाओं की प्रस्थिति और जेंडर अंतरों को स्वीकार करती है। इसका उद्देश्य महिलाओं और पुरुषों दोनों को विकास के लाभ उपलब्ध कराना होता है। राष्ट्रीय ग्रामीण स्वास्थ्य मिशन, सर्वशिक्षा अभियान, शिक्षा का अधिकार अधिनियम जेंडर निष्पक्ष नीति के कुछ प्रमुख उदाहरण हैं।

- **जेंडर विशिष्ट नीतियाँ**—जेंडर-विशिष्ट नीतियाँ किसी दिए गए संदर्भ में जेंडर अंतरों का संज्ञान लेती हैं और इनका उद्देश्य महिलाओं और पुरुषों दोनों की व्यावहारिक जेंडर आवश्यकताओं के प्रति अनुक्रिया करना होता है। उदाहरण के लिए, जननी सुरक्षा योजना, बेटी बचाओ बेटी पढ़ाओ, कार्यस्थल पर यौन उत्पीड़न अधिनियम, 2013, महिलाओं की घटक योजना (डब्ल्यू.सी.पी.)।

- **जेंडर पुनर्वितरणात्मक नीति**—यह नीति महिलाओं और पुरुषों दोनों की रणनीतिक जेंडर आवश्यकताओं को सम्बोधित करते हुए महिलाओं और पुरुषों के बीच शक्ति-असंतुलनों को रूपांतरित करने पर जोर देती है। यह समाज में जेंडर शक्ति संबंधों को चुनौती देने जैसा है; उदाहरणार्थ—वर्मा समिति के प्रतिवेदन को लागू करना, घरेलू हिंसा अधिनियम, मताधिकार, प्रजनन के अधिकार की बहसें, स्वास्थ्य का अधिकार और काम पाने का अधिकार।

प्रश्न 7. नारीवाद क्या है? नारीवाद की धाराओं पर प्रकाश डालिए।

उत्तर— नारीवाद, महिलाओं के हित में किया जा रहा एक ऐसा आंदोलन है जो विभिन्न कारणों को लेकर विश्वभर में फैल चुका है। पूरे विश्व में महिलाओं के समस्त आंदोलनों में नारीवाद केंद्रीय भूमिका में रहा है। साधारण शब्दों में नारीवाद को एक विचार, विचारधारा या सिद्धांत, व्यवहार संगठन और आंदोलन के रूप में परिभाषित किया जा सकता है।

नारीवादी अवधारणा कई प्रश्नों से गुथी हुई है। विभिन्न विचारकों ने अलग-अलग कोण से नारीवादी विचारधारा को तराशने का प्रयास किया है, पर इस तराशने की प्रक्रिया में बहुत-सी चीजें समानांतर चलती हैं। किसी एक चीज या तथ्य को लेकर नारीवादी विचारधारा को एक फ्रेम में नहीं जड़ा जा सकता है। नारीवादी विचारधारा में भी स्त्री ही केंद्र में है और उसके चारों ओर जो घेरा बन गया है उसके आधार पर उसे पुरुष की तुलना में कहीं छोटा ठहराया गया है। यह शिद्दत के साथ उछाला जाता है कि प्रकृति ने ही जेंडर के आधार पर स्त्री और पुरुष को अलग-अलग बनाया है। दोनों की

शारीरिक विशेषताएँ एक-दूसरे से भिन्न हैं। पुरुष बाह्य संसार में शक्तिशाली है। अपनी शक्ति से विजय पताका फहराता आया है। नारी तो गृहशोभा है। घर के कार्य में निपुण है, श्रेष्ठ है। इस दृष्टि से दोनों असमान हैं, क्योंकि दोनों की क्षमताएँ, शक्ति और बौद्धिक योग्यता में भी अंतर है। इस जेंडर विभेद को लेकर अनेक विचार प्रकट किए जाते रहे हैं।

अनामिका नारीवाद की तीन मूल प्रवृत्तियों की ओर ध्यान आकर्षित करते हुए कहती हैं "....फेमिनिज्म की तीन मूल प्रवृत्तियाँ हैं–(1) जेंडर एक सामाजिक कन्स्ट्रक्ट है, (2) पितृसत्तात्मक व्यवस्था में आचार संहिताएँ चूँकि पुरुषों की बनाई हुई होती हैं, इसलिए स्त्रियों की तुलना में पुरुषों के प्रति इनका रवैया पक्षपातपूर्ण होता है – स्त्रियों को विकास के समान अवसर भी 'कृपापूर्वक' ही दिए जाते हैं, (3) भविष्य का जो जेंडर शोषण मुक्त समाज होगा, उसे गढ़ने में स्त्रियों के कार्यक्षेत्र, प्रेम, प्रजननादि का अनुभव मूलक वृतांत और उनकी भाषा तथा शिल्प के स्वतंत्र व्यक्तित्व का विकास बहुत निर्णायक सिद्ध होंगे। इस प्रकार फेमिनिज्म के दो दायित्व हो जाते हैं – पहला, जेंडर स्टीरियोटाइप पर प्रहार तथा दूसरा, स्त्री मन और शरीर की सही समझ का विकास"।

कैथरीन रेडफर्न और क्रिस्टीन ऑन (2010) द्वारा किए गए कार्य में नारीवाद पर निम्नलिखित तरीके से चर्चा की गई है–

"मेरे लिए नारीवाद का मतलब यह है कि महिलाओं के जीवन में उन्नति हो, लोगों के समस्त समूहों (जैसे–लेस्बियन, गे, बाइसेक्सुअल और ट्रांसजेंडर) के लिए समानता आए। यह अंतरों को लेकर उत्सव मनाने जैसा है और यह प्रदर्शित करने जैसा है कि कोई एक ही चीज सबके लिए उपयुक्त नहीं हो सकती।"

एक आंदोलन के रूप में नारीवाद का जन्म कब और कैसे हुआ, इस संबंध में निश्चितता नहीं है लेकिन यह एक ऐतिहासिक आंदोलन है जिसने महिलाओं के जीवन के प्रत्येक क्षेत्र में अनेक परिवर्तन उत्पन्न किए हैं; जैसे–मताधिकार, जीवन का अधिकार, काम पाने का अधिकार, शिक्षा का अधिकार और श्रम बाजार में समान वेतन पाने का अधिकार।

नारीवाद की पहली लहर का मूल उन्नीसवीं शताब्दी के यूरोप में है, जिसने महिलाओं और समाज के उन हाशियाकृत समूहों को आवाज प्रदान की, जिनके लिए सामूहिक नारीवादी कार्यवाहियाँ समय बीतने के साथ भी समाज में सक्रिय रहीं। नारीवाद की पहली लहर का संबंध महिलाओं के आंदोलन को एक संगठित सामूहिक कार्यवाही के विचार के रूप में पहचानने से है। नारीवाद की पहली लहर का उद्देश्य बीसवीं शताब्दी के प्रारंभिक वर्षों में महिलाओं के लिए समान अधिकारों को प्राप्त करना था। इस आंदोलन को मताधिकार आंदोलन तथा महिलाओं के लिए व्यावसायिक अधिकारों को हासिल करने वाला आंदोलन कहा जा सकता है।

नारीवाद की दूसरी लहर का संबंध 1960 के दशक में नारीवादी चेतना के उभार से है। "दूसरी लहर" शीर्षक का सर्वप्रथम प्रयोग मार्शा लियर द्वारा किया गया था।

इसकी जड़ें दूसरे विश्व युद्ध के बाद प्रभावी रही संस्कृति में निहित हैं, जब इस विचार में संशोधन किया जा रहा था कि महिलाओं की जगह उनके घर तक ही सीमित है। नारीवाद की दूसरी लहर में दो मुख्य स्थितियाँ शामिल थीं। पहली स्थिति का उद्देश्य महिलाओं और पुरुषों के लिए समान अवसरों को हासिल करना था तथा दूसरी स्थिति ने ज्ञान और कौशल के कुछ प्रकारों के संबंध में महिलाओं और पुरुषों के बीच के अंतरों पर खासा जोर दिया था। महिलाओं और पुरुषों को समान अवसर दिए जाने वाली धारा में महिलाओं के प्रति कुछ सकारात्मक भेदभाव किया जाना शामिल था और इसका जोर इस पर था कि महिलाएँ और पुरुष एक समान हैं और बराबर हैं। दूसरी लहर के रूपक ने शक्ति की उस अभिव्यक्ति का प्रतिनिधित्व किया, जो जाति, वर्ग, प्रजाति, नृजातीयता, अर्थव्यवस्था, शिक्षा, राजनीति आदि अनेक संस्थाओं में मौजूद हो सकती थी। इसकी आलोचना इन आधारों पर की गई है; जैसे–इस विचार का प्रतिपादन श्वेत महिलाओं द्वारा और श्वेत महिलाओं के लिए ही किया गया था; इसकी संकल्पनाओं को विकासशील देशों की महिलाओं पर लागू नहीं किया जा सकता और सशक्त आलोचना उत्तर आधुनिकतावाद और उत्तर-संरचनावाद की तरफ से आई कि नारीवादी की दूसरी लहर ने पितृसत्ता या महिलाओं के दमन का निश्चयवादी (Essentialist) और सार्वभौमिक लेखा-जोखा प्रस्तुत कर दिया है। इस प्रकार, नारीवादी आंदोलन की इस लहर ने ही वास्तव में आधुनिक नारी मुक्ति आंदोलन की नींव रखी।

नारीवाद की तीसरी लहर नारीवाद और प्रजातिवाद के प्रतिच्छेदनों पर लिखी गई चीजों के जरिए 1980 के दशक के मध्य में दिखाई दी (किन्सेर, 2004)। इस तीसरी लहर ने नारीवाद को पश्चिमी विश्व की श्वेत महिलाओं के उच्च वर्ग की शक्ति और कल्पना से परे जाकर समझने का प्रयास किया। तीसरी लहर के नारीवादियों का तर्क है कि रंग के आधार पर महिलाओं के लिए स्थान सृजित किए जाएँ। तीसरी लहर के नारीवादियों की पहचान दूसरी लहर के नारीवादियों की पीढ़ी से भिन्न तरीके से की जा सकती है क्योंकि इन्होंने महिलाओं की वैयक्तिक स्थिति और उनके व्यक्तिगत सशक्तिकरण पर अपना ध्यान केंद्रित किया। वैयक्तिक अभिकरण और चयन पर इनका अधिक जोर रहता है। ये वैयक्तिक स्थितियों के सैद्धांतीकरण को बहुत महत्त्वपूर्ण मानते हैं और ये समस्त जेंडरों के लिए अधिकारों और उनकी स्वीकार्यताओं का जोरदार दावा करते हैं। नारीवाद को विभिन्न सैद्धांतिक स्थितियों के नजरिए से भी समझा गया है, जिनमें सांस्कृतिक नारीवाद, आमूल परिवर्तनवादी नारीवाद यानी उत्कट नारीवाद, पर्यावरणवादी नारीवाद, वैश्विक नारीवाद, नव-नारीवाद और समाजवादी नारीवाद सम्मिलित हैं। जी.पी.एच. की पुस्तकों का मुख्य उद्देश्य ज्ञान के साथ-साथ अच्छे नम्बर दिलाना है।

अध्याय
2

भारतीय परिप्रेक्ष्य में जेंडर भूमिकाएँ और पितृसत्ता
(GENDER ROLES AND PATRIARCHY IN INDIAN PERSPECTIVE)

भूमिका

पितृसत्ता का शाब्दिक अर्थ है "पिता का शासन"। आज इस शब्द का संदर्भ उस सामाजिक व्यवस्था से है जहाँ शक्ति वयस्क पुरुषों के हाथों में केंद्रित रहती है। इस प्रकार की व्यवस्था में नारी, बच्चों तथा संपत्ति पर पुरुष का अधिकार रहता है जिससे महिला की पुरुष के अधीन होने की स्थिति बन जाती है। पितृसत्ता का एक मुख्य लक्षण पारंपरिक जेंडर भूमिका की धारणा है जिसमें पुरुषों को मजबूत, निर्णायक, तर्कसंगत तथा सुरक्षा प्रदान करने वाले के रूप में दर्शाया गया है जबकि नारी को भावनात्मक, अतार्किक, कमजोर, पोषण करने वाली तथा विनम्रता की मूर्ति के रूप में देखा जाता है। ये जेंडर भूमिकाएँ पुरुष तथा नारी दोनों के लिए प्रतिबंधात्मक होती हैं क्योंकि अगर पुरुष में महिला वाले गुण हों तो उसे अपमानजनक माना जाता है और अगर महिला में पुरुष वाले गुण हों तो उसे भी अपमानजनक माना जाता है।

जेंडर भूमिकाएँ एक प्रकार की सामाजिक तथा स्वभाव संबंधी धारणाएँ हैं जिन्हें एक विशिष्ट संस्कृति में लिंग विशिष्ट के लिए व्यापक तौर पर सामाजिक रूप से उचित माना जाता है। जेंडर भूमिका की अवधारणा में उस संस्कृति में जेंडर विशेष से जुड़ी अभिवृत्तियाँ, कार्य तथा निजी विशेषताएँ सम्मिलित हैं। जेंडर की भूमिका पर मुख्य रूप से परिवार के संदर्भ में तथा सामान्य रूप से समाज के संदर्भ में विचार किया जाता है और संयुक्त रूप से उन्हें जेंडर रूढ़िवाद के रूप में संदर्भित किया जा सकता है जो एक सांस्कृतिक संदर्भ के भीतर समाजीकरण के प्रवाह के दौरान सदस्यों में अंतरित हो जाते हैं। समाजीकरण की प्रक्रिया एक स्थायी प्रक्रिया होती है तथा कई कारक यथा–परिवार, मित्र, विद्यालय आदि उस पर समाजीकरण तत्त्वों के रूप में प्रभाव डाल सकते हैं। अतः यह देखा गया है कि नारी तथा पुरुष के उचित जेंडर व्यवहार, जो समाजीकरण के दौरान सीखे जाते हैं मुख्यतः जेंडर के उन रूढ़िवादी विश्वासों के साथ जुड़े होते हैं जिनकी जड़ें पितृसत्तात्मक समाज में होती हैं तथा समाजीकरण के माध्यम से वे अगली पीढ़ी में अंतरित हो जाते हैं।

प्रश्न 1. जेंडर भूमिकाओं से संबद्ध संकल्पनाओं को समझाइए।

अथवा

'जेंडर भूमिका' शब्द से आप क्या समझते हैं? इसके विभिन्न प्रकारों की भी विवेचना कीजिए।

अथवा

क्या जेंडर की रचना सामाजिक रूप से होती है? एक उदाहरण के साथ स्पष्ट कीजिए।

अथवा

नारीवादी परिप्रेक्ष्य से जेंडर भूमिकाओं की संकल्पना को समझाइए।

उत्तर– जेंडर एक सामाजिक संवर्ग कोटि है जो कि जैविक नहीं है। समाज ने व्यक्ति के लिए मुखौटों के रूप में लिंग आधारित कुछ विशेष कार्य सौंप दिए हैं जैसे एक महिला या पुरुष को समाज में कैसा व्यवहार करना है। जिसके कारण यह विशिष्ट वर्गों में विभाजित है अन्यथा यह जैविक वर्ग ही रहता। जेंडर का संबंध एक ओर पहचान से है तो दूसरी ओर सामाजिक विकास की प्रक्रिया के तहत स्त्री-पुरुष की भूमिका से। जहाँ मनुष्य और मनुष्य के बीच अंतर किया गया और एक को स्त्री और दूसरे को पुरुष कहा गया।

दैनिक जीवन में जेंडर शब्द का तात्पर्य आमतौर पर घर-परिवार, समुदाय, बाजार और राज्य की संस्थाओं में मौजूद जेंडर संबंधों (पुरुषों और महिलाओं के बीच के संबंधों) से होता है। इसका संबंध इस चीज का विश्लेषण करने से भी होता है कि सामाजिक नियम, मानक और प्रथाएँ पुरुषों और महिलाओं के बीच संसाधनों और जिम्मेदारियों के बँटवारे को किस तरीके से निर्धारित करती हैं। संयुक्त राष्ट्र संघ (2001) जेंडर को पुरुषों और महिलाओं द्वारा की जाने वाली भूमिकाओं और व्यवहारों की ऐसी अपेक्षाओं के रूप में परिभाषित करता है जो संस्कृति पर आधारित होती हैं। संयुक्त राष्ट्र संघ जेंडर को एक सामाजिक रचना मानते हुए इसे पुरुष और महिला के जीव-वैज्ञानिक रूप से निर्धारित पहलुओं से अलग रखता है। लिंग के जीव-विज्ञान के विपरीत, जेंडर भूमिकाओं और व्यवहारों में ऐतिहासिक रूप से परिवर्तन हो सकता है और कभी-कभी यह परिवर्तन तुलनात्मक रूप से बहुत तीव्र गति से हो सकता है चाहे इन जेंडर भूमिकाओं के पहलुओं की उत्पत्ति लिंगों के बीच के जीव-वैज्ञानिक अंतरों से ही क्यों न हुई हो। पुरुषों और महिलाओं की अलग-अलग भूमिकाओं और उनसे अपेक्षित व्यवहारों को परिभाषित करने वाले और उनका औचित्य-स्थापन करने वाले धार्मिक और सांस्कृतिक अंतरों का दृढ़तापूर्वक पक्षपोषण किया जाता है और सामाजिक रूप से उन्हें लागू किया जाता है।

जेंडर की संकल्पना नारीवादी लेखन और अन्य समाजशास्त्रीय विमर्शों में 1970 के दशक की शुरुआत में लोकप्रिय हुई। समाजशास्त्रीय अध्ययनों में जेंडर शब्द का प्रयोग पुरुषों और महिलाओं के व्यवहार में अंतरों का वर्णन करने के लिए भी किया जाता

है। इन अंतरों का वर्णन 'पुरुषवाचक (Masculine)' और 'स्त्रीवाचक (Feminine)' के रूप में किया जाता है। इसलिए जेंडर एक विश्लेषणात्मक श्रेणी है, जिसकी रचना पुरुषों और महिलाओं के बीच के जीव-वैज्ञानिक अंतर का विभेद करने के लिए सामाजिक रूप से की गई है। नारीवादी लेखन इस पहलू पर अपना ध्यान विशेष रूप से केंद्रित करता है और दावा करता है कि ये अंतर जीव-वैज्ञानिक रूप से नहीं होते, बल्कि ये पितृसत्तात्मक समाज की सामाजिक रचनाएँ हैं। सीमोन द बोउवार (1949) की एक प्रसिद्ध पंक्ति है "स्त्री पैदा नहीं होती, बल्कि बनाई जाती हैं।" वास्तव में नारीवादी विचारधारा ने उन समस्त चीजों का पर्दाफाश किया जिनके द्वारा पुरुष स्त्री पर अनादिकाल से एकाधिकार जमाए हुए थे।

लैंगिक एक सामाजिक-सांस्कृतिक संरचना है। लैंगिक से उस तरीके का पता चलता है जिससे स्त्री या पुरुष की सामाजिक और सांस्कृतिक अपेक्षाओं का निर्माण होता है। यह स्त्री या पुरुष होने से जुड़ी विशेषताओं और अवसरों का तथा महिलाओं और पुरुषों के बीच सामाजिक अंतर्क्रिया और संबंधों का भेद है। यह इस बात का निर्धारण करता है कि प्रदत्त संदर्भ में महिला अथवा पुरुष से क्या अपेक्षित है, उन्हें क्या स्वीकृत है और उनके लिए कौन से मूल्य हैं।

'जेंडर' समाज में 'पुरुषों' और 'महिलाओं' के कार्यों और व्यवहारों को परिभाषित करता है, जबकि 'सेक्स' शब्द 'आदमी' और 'औरत' को परिभाषित करता है जो एक जैविक और शारीरिक घटना है। सेक्स एक जैविक शब्दावली है जो स्त्री और पुरुष में जैविक भेद को प्रदर्शित करती है, वहीं जेंडर शब्द स्त्री और पुरुष के बीच सामाजिक भेदभाव को प्रदर्शित करता है। जेंडर शब्द इस बात की ओर इशारा करता है कि जैविक भेद के अतिरिक्त जितने भी भेद दिखते हैं, वे प्राकृतिक न होकर समाज द्वारा निर्धारित किए गए हैं और इसी में यह बात भी सम्मिलित है कि अगर यह भेद बनाया हुआ है तो दूर भी किया जा सकता है। समाज में स्त्रियों के साथ होने वाले भेदभाव के पीछे पूरी समाजीकरण की प्रक्रिया है, जिसके तहत बचपन से ही बालक-बालिका का अलग-अलग ढंग से पालन-पोषण किया जाता है और यह फर्क सामान्यतः सभी जगह देखा जा सकता है।

विश्व विकास प्रतिवेदन (WRD, 2012) जेंडर को सामाजिक रूप से निर्मित ऐसे मानकों और विचारधाराओं के रूप में परिभाषित करता है जो पुरुषों और महिलाओं के व्यवहार और उनके कार्यों का निर्धारण करते हैं। संसाधनों तक व्यक्तियों की पहुँच; संसाधनों के वितरण; निर्णय लेने की योग्यता; राजनीतिक प्रक्रियाओं और सामाजिक विकास द्वारा महिलाओं और पुरुषों, बालकों और बालिकाओं के प्रभावित होने के तरीकों आदि को समझने के लिए इन जेंडर संबंधों और इनके पीछे की शक्ति-गतिकी को भली-भाँति समझना एक पूर्व-शर्त है। जेंडर का वर्णन ऐसे मानकों के एक अर्जित या निर्मित समुच्चय के रूप में किया जा सकता है, जिन्हें पुरुषों और महिलाओं के लिए उपयुक्त माना जाता है। इन मानकों में निर्मित भूमिकाएँ, व्यवहार, गतिविधियाँ और गुण

शामिल हो सकते हैं। समाज पर निर्भर होने के कारण ये निर्मित भूमिकाएँ परिवर्तित होती रहती हैं और यह अपेक्षा की जाती है कि समाज के दायरों में रहते हुए इन निर्मित भूमिकाओं का निष्पादन और पालन किया जाएगा। जीवनचक्र बीतने के साथ-साथ जेंडर-गतिकी और जेंडर-संबंधों में परिवर्तन आता रहता है। अक्सर उम्र, विवाह, बच्चों की संख्या, निर्योग्यता, आर्थिक संसाधनों और अर्जित किए गए शैक्षिक स्तर आदि से घर-परिवार में प्रस्थिति का निर्धारण होता है।

हालिया अनुसंधान बताता है कि किशोरावस्था की लड़कियाँ जेंडर-आधारित भेदभावों के प्रति विशिष्ट रूप से सुभेद्य (Vulnerable) और सुग्राही (Susceptible) होती हैं। इन भेदभावों में शामिल हैं–यौन हिंसा, जबरदस्ती और कम उम्र में ही कर दिए जाने वाले विवाह, विद्यालय छुड़वा देना और बच्चे को जन्म देते समय होने वाली मृत्यु। कम उम्र में विवाह और गर्भधारण का लड़कियों के स्वास्थ्य पर बुरा असर पड़ सकता है। इससे शिक्षा या नौकरी के अवसरों का लाभ लेने की लड़कियों की योग्यता में बाधा पड़ सकती है। बहुओं और अविवाहित महिलाओं, विधवाओं और अपने पति द्वारा परित्यक्त की जा चुकी महिलाओं को अनेक संस्कृतियों में समान प्रस्थिति नहीं मिल पाती क्योंकि वे उनके लिए बनाए गए विनिर्मित पहचानों के खाँचों के लिए उपयुक्त सिद्ध नहीं हो पातीं।

भूमिकाएँ किस प्रकार सीखी जाती हैं–जेंडर भूमिका एक सामाजिक तत्त्व है। जेंडर भूमिकाएँ ऐसी भूमिकाएँ हैं, जिनकी अपेक्षा पुरुषों और महिलाओं से उनके लिंग के आधार की जाती है। जेंडर भूमिकाएँ पीढ़ियों से चली आ रही हैं। तीन साल की उम्र से बच्चे इस योग्य हो जाते हैं कि वे लड़कियों और लड़कों के बीच के अंतरों को जानना शुरू कर सकें। इन अंतरों का एहसास वे माता-पिता द्वारा किए गए कार्यों और अपने वातावरण के स्वभाव के आधार पर करते हैं। पारंपरिक रूप से अनेक समाजों की यह मान्यता थी कि पालन-पोषण करने में महिलाएँ पुरुषों से बेहतर होती हैं। इसलिए महिलाओं की जेंडर भूमिका के प्रति पारंपरिक दृष्टिकोण बताता है कि महिलाओं को उस तरीके से व्यवहार करना चाहिए जो पालन-पोषण करने वाला हो। अपनी पारंपरिक जेंडर भूमिका में किसी महिला के संलग्न होने का एक तरीका यह हो सकता है कि वह घर से बाहर जाकर नौकरी करने के बजाय पूरे समय घर में ही रहकर कामकाज करे और अपने परिवार का पालन-पोषण करे। दूसरी तरफ, जेंडर भूमिकाओं के पारंपरिक दृष्टिकोण के मुताबिक पुरुषों से यह उम्मीद की जाती है कि आगे चलकर वे नेता बनें। इसलिए, पुरुषों के संबंध में, जेंडर भूमिकाओं का पारंपरिक दृष्टिकोण सुझाता है कि घर में वित्तीय संसाधन उपलब्ध कराते हुए पुरुषों को अपने घर का मुखिया होना चाहिए और महत्त्वपूर्ण पारिवारिक निर्णय पुरुषों द्वारा लिए जाने चाहिए। हालाँकि समाज के अनेक क्षेत्रों में यही दृष्टिकोण अभी भी प्रभावी है, यद्यपि इक्कीसवीं शताब्दी में जेंडर भूमिकाओं के बारे में पारंपरिक मान्यताओं के एक वैकल्पिक परिप्रेक्ष्य को लगातार और व्यापक समर्थन मिला है।

विभिन्न ज्ञानानुशास्त्रों ने जेंडर भूमिकाओं पर अनेक परिप्रेक्ष्य उपलब्ध कराए हैं। जेंडर भूमिकाओं पर पारिस्थितिकीय परिप्रेक्ष्य सुझाता है कि जेंडर भूमिकाओं की रचना व्यक्तियों, समुदायों और उनके वातावरणों के बीच अंतर्क्रियाओं से हुई है। दूसरे शब्दों में, जबकि व्यक्ति जेंडर भूमिकाओं को निर्मित करने में अपनी भूमिका निभा रहा होता है, तो इसी प्रकार ऐसे भौतिक और सामाजिक पर्यावरण भी अपनी-अपनी भूमिकाएँ निभा रहे होते हैं, जिनके भीतर लोग क्रियाकलाप करते हैं। जेंडर भूमिकाओं पर जीव-वैज्ञानिक परिप्रेक्ष्य सुझाता है कि स्त्रीवाचक जेंडर भूमिकाओं के प्रति महिलाओं में एक सहज आकर्षण होता है तथा पुरुषवाचक जेंडर भूमिकाओं के प्रति पुरुषों में एक सहज आकर्षण होता है। हालाँकि जीव-वैज्ञानिक परिप्रेक्ष्य यह सुझाव नहीं देता कि किसी भूमिका का महत्त्व या मूल्य किसी दूसरी भूमिका के महत्त्व या मूल्य से अधिक है। जेंडर भूमिकाओं के प्रति समाजशास्त्रीय परिप्रेक्ष्य यह सुझाव नहीं देता कि पुरुषवाचक और स्त्रीवाचक भूमिकाएँ सीखी जाती हैं तथा यह जरूरी नहीं है कि इन पुरुषवाचक और स्त्रीवाचक भूमिकाओं का संबंध नर (male) और मादा के जीव-वैज्ञानिक लक्षणों से हो ही। समाजशास्त्री उन विभिन्न अर्थों और मूल्यों का अध्ययन करते हैं जिन्हें समाज में पुरुषवाचक और स्त्रीवाचक जेंडर भूमिकाओं द्वारा धारित किया जाता है।

समाजशास्त्रीय परिप्रेक्ष्य से संबंधित जेंडर भूमिकाओं का नारीवादी परिप्रेक्ष्य इस बात पर जोर दे सकता है कि चूँकि जेंडर भूमिकाएँ सीखी जाती हैं, इसलिए इन्हें भुलाया भी जा सकता है तथा नवीन और विशिष्ट भूमिकाओं का सृजन भी किया जा सकता है। जेंडर भूमिकाओं के प्रति नारीवादी परिप्रेक्ष्य इशारा करता है कि जेंडर भूमिकाएँ नरों और मादाओं के लिए उपयुक्त बताए जाने वाले व्यवहार के विचार भर ही नहीं हैं, बल्कि ये भूमिकाएँ उस शक्ति के अलग-अलग स्तरों से भी जुड़ी हुई हैं, जो समाज में नरों और मादाओं के पास होती है।

इन उदाहरणों से यह स्पष्ट होता है कि जेंडर भूमिकाएँ जेंडर से जुड़ी रूढ़ियों के आधार पर सृजित की जाती हैं। जेंडर रूढ़ियाँ नरों और मादाओं और उनके बीच के अंतरों की अति-सरलीकृत समझ है। कभी-कभी लोग उपयुक्त जेंडर भूमिकाओं के बारे में जेंडर रूढ़ियों के आधार पर अपनी धारणा बना लेते हैं। जेंडर रूढ़ियों की प्रवृत्ति होती है कि यह नरों और मादाओं के स्वभाव के बारे में अतिरंजित या अशुद्ध कथनों को अपने भीतर समाविष्ट कर लेते हैं। उदाहरण के लिए, नरों के बारे में एक प्रचलित जेंडर रूढ़िवादिता यह है कि वे भावुक नहीं होते। दूसरी तरफ, मादाओं को आमतौर पर अतार्किक या अत्यधिक भावुक होने के रूप में रूढ़िकृत कर दिया जाता है। इस प्रकार, नर और मादा में भेद का एक कारण जेंडर रूढ़ियों को माना जाता है।

जेंडर भूमिकाओं के प्रकार–मोजर (1993) के अनुसार आमतौर पर महिलाओं को तीन भूमिकाओं का निर्वहन करना होता है–(1) पुनरुत्पादक या प्रजननमूलक; (2) उत्पादक; (3) सामुदायिक प्रबंधन गतिविधियाँ। जबकि पुरुषों को प्राथमिक तौर पर दो ही भूमिकाओं का निर्वहन करना होता है यानी उत्पादक और सामुदायिक राजनीतिक गतिविधियाँ।

पुनरुत्पादक या प्रजननमूलक भूमिका	बच्चे पैदा करना/पालन-पोषण की जिम्मेदारियाँ और महिलाओं द्वारा किए गए घरेलू कामकाज, कार्यबल के रख-रखाव और पुनरुत्पादन की सुनिश्चितता के लिए आवश्यक है। इसमें न केवल जीव-वैज्ञानिक पुनरुत्पादन शामिल है, बल्कि कार्यबल (साथी पुरुष और कार्यशील बच्चे) और भविष्य के कार्यबल (नवजात शिशु और विद्यालय जाने वाले बच्चे) की देखभाल और उसका रख-रखाव भी सम्मिलित है।
उत्पादक भूमिका	नकद या किसी अन्य रूप में वेतन पाने के लिए पुरुषों और महिलाओं दोनों द्वारा किया गया कार्य। इसमें विनिमय मूल्य के साथ किया जाने वाला बाजार-उत्पादन तथा वास्तविक उपयोगिता मूल्य के साथ किया जाने वाला निर्वाह/घरेलू उत्पादन दोनों शामिल हैं। इसमें वह कार्य भी शामिल है जिसमें विनिमय मूल्य पाने की संभावना होती है। कृषि उत्पादन में महिलाओं के संदर्भ में इसमें स्वतंत्र किसान के रूप में, किसान की पत्नी के रूप में और दिहाड़ी मजदूर के रूप में किया गया कार्य सम्मिलित है।
सामुदायिक प्रबंधन भूमिका	सामुदायिक स्तर पर प्राथमिक रूप से महिलाओं द्वारा की जाने वाली गतिविधियाँ, यह महिलाओं की पुनरुत्पादक भूमिका के विस्तार के रूप में होता है। सामूहिक उपभोग के लिए मूल्यांकन दुर्लभ संसाधनों, जैसे—जल, स्वास्थ्य-देखभाल, शिक्षा का प्रावधान सुनिश्चित करना और रख-रखाव करना। यह स्वैच्छिक कार्य है, जिसके लिए कोई वेतन या भुगतान नहीं मिलता, यह खाली समय में किया जाता है।
सामुदायिक राजनीतिक भूमिका	सामुदायिक स्तर पर प्राथमिक रूप से पुरुषों द्वारा की जाने वाली गतिविधियाँ, औपचारिक राजनीतिक स्तर पर लोगों को संगठित करना, जो प्रायः राष्ट्रीय राजनीति की रूपरेखा के दायरे के भीतर होता है। आमतौर पर यह ऐसा काम है, जिसके लिए भुगतान मिलता है चाहे वह भुगतान प्रत्यक्ष रूप से मिले या परोक्ष रूप से, चाहे यह प्रस्थिति के रूप में मिले या शक्ति के रूप में।

चूँकि पुरुष और महिला अलग-अलग भूमिकाओं का निर्वहन करते हैं इसलिए उन्हें बहुत अलग-अलग प्रकार के सांस्कृतिक, संस्थागत, भौतिक और आर्थिक प्रतिबंधों का सामना करना पड़ता है। जी.पी.एच. की पुस्तकों का मुख्य उद्देश्य ज्ञान के साथ-साथ अच्छे नम्बर दिलाना है।

प्रश्न 2. पितृसत्ता और मातृसत्ता की संकल्पना का वर्णन कीजिए।

अथवा

मातृसत्ता और पितृसत्ता शब्दों की व्याख्या कीजिए और परिभाषित कीजिए कि सामाजिक संगठनों के ये दोनों रूप किस प्रकार एक-दूसरे से भिन्न हैं।

अथवा

पुरुषत्व और स्त्रीत्व की धारणाएँ किस प्रकार निर्मित की जाती हैं? स्पष्ट कीजिए।

अथवा

पितृसत्तात्मक व्यवस्था को पुरुष के प्रभुत्व वाली व्यवस्था के रूप में परिभाषित किया जाता है। कैसे? संक्षिप्त व्याख्या कीजिए।

अथवा

पितृसत्ता एवं मातृसत्ता संप्रत्ययों का वर्णन कीजिए।

[जून-2018, प्र.सं.-1]

उत्तर— पितृसत्ता एक सामाजिक व्यवस्था है जिसमें पुरुषों की प्राथमिक सत्ता होती है। जिन समाजों में परिवारों की पीढ़ियाँ पिता के वंश के आधार पर एक दूसरे से जुड़ी होती हैं, उन समाजों को पितृसत्तात्मक स्वरूप का कहा जाता है। ऐसे समाजों को पितृवंशीय (patrilineal) समाज भी कहा जाता है। दूसरी तरफ, जिन समाजों में पीढ़ियाँ माता के वंश के आधार पर एक दूसरे से जुड़ी होती हैं, उन्हें मातृसत्तात्मक स्वरूप का समाज कहा जाता है और उन्हें मातृवंशीय (matrilineal) समाज की संज्ञा दी जाती है।

पितृसत्ता— पितृसत्ता (Patriarchy) शब्द प्राचीन यूनानी (Greek) शब्द Patriarches से लिया गया है। एक पितृसत्ता वह समाज होता है, जहाँ शक्ति वरिष्ठ पुरुषों में निहित रहती है और इन्हीं वरिष्ठ पुरुषों के माध्यम से ही शक्ति का हस्तांतरण आगे संपन्न किया जाता है। ऑक्सफोर्ड डिक्शनरी में दी गई परिभाषा के अनुसार पितृसत्ता समाज या सरकार की ऐसी व्यवस्था है जिसमें पिता या वरिष्ठतम पुरुष परिवार का मुखिया होता है और वंशक्रम की गणना पुरुष के वंश के अनुसार की जाती है। पितृसत्ता शब्द का प्रयोग उस समाज को वर्णित करने के लिए किया जाता है, जिसमें हम वर्तमान में रहते हैं। इस समाज की विशेषता महिलाओं और पुरुषों के बीच असमान शक्ति संबंधों की विद्यमानता है। ये असमान शक्ति संबंध वर्तमान में भी मौजूद हैं और ऐतिहासिक रूप से पहले भी विद्यमान थे। इन असमान शक्ति संबंधों द्वारा महिलाओं को व्यवस्थित रूप से वंचित रखा गया है और उनका दमन किया गया है। ऐसा जीवन के लगभग सभी

क्षेत्रों में कार्यबल, निर्णय-निर्माण वाले पदों पर और सरकारी संस्थानों में महिलाओं के अल्प-प्रतिनिधित्व के रूप में घटित होता है।

चित्र 2.1: पितृसत्तात्मक प्रणाली

महिलाओं के विरुद्ध पुरुषों द्वारा की जाने वाली हिंसा भी पितृसत्ता का एक मुख्य अभिलक्षण है। अल्पसंख्यक समूहों की महिलाओं को इस समाज में दमन के अनेकानेक रूपों का सामना करना पड़ता है क्योंकि प्रजाति, वर्ग और लैंगिकता (सेक्सुअलिटी) सेक्सिजम (Sexism) को प्रतिच्छेदित करते हैं। उदाहरण के लिए, युद्ध और संघर्ष के दौरान महिलाओं का शरीर दाँव पर लगा हुआ होता है, क्योंकि वहाँ ऐसी पितृसत्तात्मक दमनकारी विचारधाराओं का व्यवहार किया जाता है; जैसे–सामूहिक बलात्कार। पितृसत्ता की जो संकल्पना नारीवादी लेखन के भीतर विकसित की गई है, वह कोई अकेली या सरल संकल्पना नहीं है, बल्कि इसके विभिन्न अर्थों के बहुत सारे प्रकार भी इसमें शामिल हैं। बहुत सामान्य स्तर पर, पितृसत्ता शब्द का उपयोग पुरुषों के प्रभुत्व को इंगित करने के लिए तथा उन शक्ति-संबंधों को इंगित करने के लिए किया जाता है, जिनके माध्यम से पुरुष महिलाओं पर अपना वर्चस्व स्थापित करते हैं और उनका शोषण व उत्पीड़न करते हैं।

मातृसत्ता–मूलरूप से मातृसत्ता का तात्पर्य एक ऐसे समाज से है, जहाँ शक्ति परिवार की महिलाओं में निहित रहती है और आगे शक्ति का हस्तांतरण परिवार की महिला सदस्यों को किया जाता है – व्यक्तिगत स्तर पर भी और सामाजिक स्तर पर भी। मातृसत्तात्मक समाज में शक्ति प्राथमिक रूप से महिलाओं के पास होती हैं; रोजगार में, निर्णय-निर्माण समाज में और संपत्ति पर नियंत्रण के क्षेत्रों में महिलाएँ प्रभावी होती हैं।

सांस्कृतिक नृ-विज्ञान के शैक्षिकशास्त्र के दायरे में, ऑक्सफोर्ड इंग्लिश डिक्शनरी (ओ.ई.डी.) के अनुसार, मातृसत्ता "एक संस्कृति या समुदाय है जहाँ पर ऐसी व्यवस्था प्रभावी रहती है" अथवा एक "ऐसा परिवार, समाज, संगठन आदि है, जिसमें एक

महिला या अनेक महिलाओं का प्रभुत्व रहता है।" ऑक्सफोर्ड इंग्लिश डिक्शनरी (ओ.ई.डी.) के अनुसार मातृसत्ता सामाजिक संगठन का ऐसा रूप है जिसमें माता या वरिष्ठतम महिला परिवार की मुखिया होती है तथा वंशक्रम और संबंध की गणना महिला के वंश के हिसाब से की जाती है; एक महिला या अनेक महिलाओं की सरकार या उनका शासन।

कई अध्ययनों से पता चलता है कि मातृवंशीय वंशक्रम (matrilineal descent) वाले समाजों में भी शक्ति संरचना या तो समतामूलक (Egalitarian) होती है या फिर औपचारिक रूप से उस पर पिता या किसी अन्य पुरुष का प्रभुत्व रहता है। किसी सामाजिक व्यवस्था को मातृसत्ता मानने के लिए यह जरूरी है कि उसके पास एक ऐसी संस्कृति हो जो किसी महिला या महिलाओं को सत्तायुक्त स्थिति में रखकर उसे परिभाषित करती हो तथा महिलाओं के प्रभुत्व को आवश्यक और वैध माना जाता हो। व्यापक रूप से कहा जाए तो संपूर्ण विश्व में जीवन के एक तरीके के रूप में पितृसत्ता ने पुरुषों को भी उतना ही प्रभावित किया है, जितना महिलाओं को। अधिकांश राष्ट्रों की प्रकृति पितृसत्तात्मक होने के कारण पुरुषों पर यह बाध्यता आ जाती है कि वे परिवार चलाने के लिए कमाई करके लाएँ, जबकि महिलाएँ देखभाल करने वाले कामों में लगी रहती हैं। जेंडरीकृत भूमिकाओं के मुद्दों पर अनुसंधान किए गए हैं और विभिन्न समयों में अध्येताओं द्वारा इस पर चर्चा की गई है। यदि जेंडर भूमिकाओं को उलटना है तो इसका तात्पर्य यह होगा कि इन पारंपरिक भूमिकाओं की अदला-बदली की जाए यानी पुरुषों को परिवार में देखभाल का कामकाज सौंपा जाए और महिलाओं को कमाई करने वाला बनाया जाए। लेकिन तब यहाँ सर्वाधिक महत्त्वपूर्ण प्रश्न यह उठता है कि पितृसत्ता के मानकों को चुनौती देने के लिए इतना करना ही पर्याप्त होगा? क्या जेंडर-समानता हासिल करने के लिए इतना करना ही काफी होगा? जिन जोड़ों (couples) की जेंडर भूमिकाएँ उलट दी गई हैं, समानता प्राप्त करने के लिए उन्हें अपनी अंतरंगता और पहचान के बोध में संतुलन स्थापित करने हेतु प्रयास करने पड़ेंगे।

कार्यस्थल की संस्कृतियों में अभी भी पारंपरिक जेंडरीकृत रूढ़िवादियाँ भीतर तक जड़ें जमाए हुए हैं। जब कोई पुरुष अपने परिवार में देखभाल करने वाले की भूमिका निभाता है तो उसके चरित्र और 'मर्दानगी' पर अक्सर सवाल खड़े कर दिए जाते हैं और ऐसे पुरुषों को अपनी निगाह नीचे झुकानी पड़ती है। देखभाल करने वाले की भूमिका में महिलाओं पर भी सवाल खड़े किए जाते हैं, अगर वे नेतृत्वकारी पदों पर हों तथा वे अपनी भूमिकाओं को लेकर कार्यस्थल और घर के बीच बँटी हुई हों। संगठनों में नेतृत्व के ऊँचे पदों पर विराजमान महत्त्वाकांक्षी महिलाओं को अक्सर 'खराब माँ' के रूप में अभिहित किया जाता है और उनकी मातृत्वपरक भावनाओं पर सवाल उठाए जाते हैं। आधुनिकीकृत हो रहे एक समाज में, रूढ़ भूमिकाओं का निष्पादन समझौतावादी होने की तरफ अग्रसर हो रहा है, तब भी, जब अर्जन की कमी और बाहरी प्रभाव के कारण ऐसी भूमिकाएँ स्वाभाविक और नवाचारी होती हों। इसलिए, पितृसत्ता को सम्बोधित

करने के लिए जेंडर भूमिकाओं का उत्क्रमण (reversal) कोई समाधान नहीं है, बल्कि जिस चीज की आवश्यकता है वह है जेंडरीकृत भूमिकाओं और रूढ़िवादिता से मुक्ति, ताकि पुरुष और महिलाएँ अपनी पसंद के व्यवसायों और कामों को करने के लिए सशक्तीकृत हो सकें और मूलभूत मूल्यों और सद्गुणों को बनाए रख सकें। बदलते परिवेश में यह आवश्यक है कि समाज महिलाओं के प्रति अपने पूर्वाग्रह एवं नकारात्मक रवैये में बदलाव लाए।

प्रश्न 3. भारतीय संदर्भ में पितृसत्ता के सिद्धांतों और अभिलक्षणों का वर्णन कीजिए।

अथवा

भारतीय पितृसत्ता की विशेषताओं की विवेचना कीजिए।

उत्तर– 'पितृसत्ता' हजारों साल से चली आ रही ऐसी व्यवस्था है, जिसमें स्त्री की अधीनता सर्वमान्य है। यह एक लचीली परिघटना है; जिसकी विशेषताएँ सभी समाजों में एक जैसी ही बनी रहती हैं। अलग-अलग समाजों में पितृसत्ता जिस तरीके से अपने हितों को लागू करती है और जिस तरीके से उन हितों की रक्षा करती है, वे तरीके संस्कृति और धर्म जैसे बहुत सारे कारकों पर निर्भर होते हैं। पितृसत्ता फिल्मों, टेलीविजन, राजनीति और राजनीतिक अर्थव्यवस्था जैसे अनेक उपकरणों की सहायता से अपने अस्तित्व का पुनरुत्पादन करती है। पितृसत्ता की विशेषताएँ (अभिलक्षण) निम्न हैं–

- **पुरुष का प्रभुत्व–**किसी पितृसत्तात्मक प्रणाली में, पुरुष व्यक्तिगत और साथ-ही-साथ सामाजिक स्तर पर सभी निर्णय लेते हैं। शक्ति और सत्ता के सभी पदों पर पुरुष ही विराजमान होते हैं, उन्हें महिलाओं की तुलना में मानसिक और शारीरिक रूप से श्रेष्ठ माना जाता है। पुरुषों को कुछ खास पहचान के साथ संलग्न कर दिया जाता है, जिनमें सम्मिलित हैं–नियंत्रण के गुण, शक्ति, ताकतवर होना, तार्किकता, कठोर परिश्रमी, नैतिक और प्रतिसर्द्धामूलक। इनमें से प्रत्येक गुण किसी पितृसत्तात्मक व्यवस्था में पुरुष की पहचान में योगदान देता है। ऐसी रूढ़ियाँ पुरुषों को महिलाओं के प्रति एक पारंपरिक और पूर्वाग्रहयुक्त मुद्रा अपनाने और उसे बनाए रखने की तरफ अग्रसर करती हैं और इस प्रकार महिलाओं के विरुद्ध की जाने वाली हिंसा या उनके साथ किए जाने वाले भेदभावों का औचित्य-स्थापन किया जाता है।
- **पुरुषों की सत्ता की रक्षा करना–**भारत जैसा पितृसत्तात्मक समाज पितृसत्ता के हितों (परिवार के पुरुष मुखिया) की रक्षा करने की दिशा में कार्यरत है। एक अर्थ में पितृसत्ता पुरुषों को सार्वजनिक क्षेत्र और निजी क्षेत्र में भी शक्ति और सत्ता प्रदान करती है। सार्वजनिक क्षेत्र में महिलाओं की तुलना में पुरुष अधिक मुखर होते हैं और उनके पास रोजगार के अवसर अधिक होते हैं। अपने पुरुषत्व के हिस्से के रूप में पुरुष अधिक बुद्धिमान, विचारवान और

कम भावुक होते हैं। ऐसे गुण निजी और सार्वजनिक दोनों क्षेत्रों में पितृसत्तात्मक मुद्दों को आगे भी प्रोत्साहित करते हैं और उन्हें वैधता प्रदान करते हैं। भारत में महिलाओं के विरुद्ध किए जाने वाले ऐसे अपराधों के उदाहरण लिंगवाद, नकारात्मक अभिवृत्तियाँ, घरेलू हिंसा, कन्या भ्रूण हत्या और कन्या शिशु हत्या हैं।

- **महिलाओं के विरुद्ध भेदभाव**—पितृसत्तात्मक समाज की सबसे प्रमुख विशेषताओं में से एक महिलाओं के विरुद्ध किया जाने वाला भेदभाव है। पुरुषों के प्रभुत्व और इसके परिणामस्वरूप पुरुषों की सत्ता की रक्षा किए जाने के कारण महिलाएँ स्वाभाविक ही पुरुषों के अधीन हो जाती हैं और इसीलिए महिलाओं के विरुद्ध भेदभाव किया जाने लगता है। परिवार के भीतर और बाहर महिलाओं पर तमाम आर्थिक, राजनीतिक और सामाजिक प्रतिबंध लगे होते हैं। पुरुष शिशु को वरीयता देना, कम उम्र में विवाह कर देना, नौकरियों की कमी, घरेलू हिंसा, आर्थिक और सामाजिक स्वतंत्रता ऐसे भेदभाव के कुछ ज्वलंत उदाहरण हैं। आमतौर पर जिन व्यवसायों और नौकरियों में जाने की महिलाओं को छूट है, वे पुरुषों के व्यवसायों और नौकरियों से हीन स्थिति में होती हैं। "अच्छी" नौकरियों तक पहुँचे बिना महिलाओं की हालत यही रहेगी कि अपने पुरुष साथी या पति पर आर्थिक रूप से उनका निर्भर होना लगातार जारी रहेगा। आर्थिक पर-निर्भरता उन कारकों में से एक कारक है, जिनके कारण दबी-कुचली महिलाएँ अपने हिंसक पति के साथ निर्वाह करने के लिए मजबूर हो जाया करती हैं। आत्मविश्वास और आर्थिक स्वतंत्रता की कमी के कारण अलगाव अथवा तलाक का मतलब किसी स्त्री के लिए यही होता है कि वह गरीबी की दशा में धकेल दी जाएगी।

- **समाज में महिलाओं की भूमिकाओं के संबंध में पारंपरिक मान्यताएँ तथा रूढ़ियाँ**—अभी भी कई देशों में बालिकाओं को शिक्षा प्राप्त करने के अधिकार से वंचित रखा जाता है। इसका कारण समाज की एक संस्था के रूप में परिवार में उनके द्वारा निभाई जाने वाली भूमिकाओं की उम्मीदों के संबंध में पारंपरिक मान्यताएँ हैं। पढ़ाई-लिखाई के दौरान बीच में ही विद्यालय छोड़ देने वाली लड़कियों की संख्या लड़कों की संख्या से बहुत अधिक है क्योंकि लड़कियों से यह उम्मीद की जाती है कि वे घरेलू कामकाज में मदद करेंगी — चाहे यह घरेलू कामकाज कपड़े धोने और भोजन पकाने का हो या फिर छोटे भाई-बहनों की देखभाल करने का हो। चूँकि घरेलू कर्त्तव्य और कामकाज करने में लड़कियाँ बहुत अधिक समय खर्च करती हैं, इसलिए इससे भारत के ग्रामीण अंचलों में महिलाओं और पुरुषों के बीच की समानता का अंतराल बढ़ता ही चला जाता है। इससे इस मिथक को बढ़ावा मिलता है कि शिक्षा-दीक्षा लड़कियों के किसी काम की नहीं है क्योंकि अंतत: उन्हें

प्राथमिक रूप से घरेलू कामकाज ही देखना है, शीघ्र ही उनका विवाह करना है, उन्हें बच्चे पैदा करने हैं और फिर उन बच्चों को बड़ा करना है। ऐसी मान्यताएँ और रूढ़ियाँ परिवारों में विवाह के बाद भी दिखती हैं। एक पत्नी और एक माँ की अपरिहार्य भूमिका को 'एक महिला होने' का सहज-स्वाभाविक गुण माना जाता है। उनसे यह अपेक्षा की जाती है कि वे अपनी जिम्मेदारी का पालन ईमानदारी से करें।

- समाज में यह एक आम धारणा बन गई है कि पुरुष, स्त्री से अनेक मामलों में श्रेष्ठ है। आमतौर पर पितृसत्तात्मक समाज एक पत्नी के रूप में अपनी भूमिकाओं की उपेक्षा करने वाली महिलाओं की तुलना में एक पति के रूप में अपनी भूमिका की उपेक्षा करने वाले पुरुषों के प्रति अधिक सहिष्णु और उदार होते हैं। इसके अलावा, एक पुरुष के लिए कुँवारा या तलाकशुदा होने का लांछन उतना गहरा नहीं होता जितना उस महिला का होता है जो अविवाहिता हो और अपने बच्चों के साथ अकेली रहती हो। ऐसी महिलाओं के बारे में माना जाता है कि वे एक पत्नी, एक माँ और एक औरत के रूप में पारंपरिक उम्मीदों पर खरी उतरने में असफल सिद्ध हो चुकी हैं।
- **पुरुषत्व और स्त्रीत्व की धारणाओं को निर्मित करना**—सेन (2012) के अनुसार जेंडर की संकल्पना में अभिवृत्तियों के बारे में अपेक्षाएँ तथा पुरुषों और महिलाओं दोनों की विशेषताएँ और संभावित व्यवहार सम्मिलित होते हैं जिन्हें पुरुषत्व और स्त्रीत्व कहा जाता है। यह समाज को संगठित करने वाला मूलभूत सिद्धांत है जो इन चीजों को आकार प्रदान करता है कि लोग अपने बारे में किस तरह सोचते हैं और दूसरों के साथ अंतक्रिया करते समय लोग खुद को किस प्रकार मार्गनिर्देशित करते हैं। ये लोग समय के साथ परिवर्तित होते हैं और अलग-अलग समाजों और संस्कृतियों में ये भिन्न-भिन्न होते हैं। "जेंडर एक वास्तविकता है, एक ऐसा अनुभव जो जीवन के प्रत्येक कदम से संबंधित है" (रेगे, 2003)। इसलिए नर या मादा होना उनके परिभाषित लिंग को स्वीकार करना है। दूसरी तरफ 'पुरुषत्व' या 'स्त्रीत्व' निर्मित जेंडर भूमिकाएँ हैं। ओकले के अनुसार, जेंडर नर और मादा के रूप में जीव-वैज्ञानिक विभाजन के समानांतर होता है, किंतु फिर भी इसमें पुरुषत्व और स्त्रीत्व का विभाजन और इनका सामाजिक मूल्यांकन शामिल होता है। दूसरे शब्दों में, जेंडर एक ऐसी संकल्पना है, जिसे मनुष्य एक-दूसरे के साथ और अपने वातावरणों के साथ अंत:क्रिया के माध्यम से सामाजिक रूप से निर्मित करता है। तब भी, यह नर और मादा के बीच के जीव-वैज्ञानिक अंतरों पर बहुत अधिक निर्भर करता है। चूँकि जेंडर की संकल्पना की रचना मनुष्य सामाजिक रूप से करते हैं, इसलिए जेंडर को एक सामाजिक रचना के रूप में माना जाता है। जेंडर की सामाजिक रचना को इस तथ्य के आधार पर प्रदर्शित किया जा

सकता है कि व्यक्ति, समूह और समाज व्यक्तियों में गुणों, प्रस्थितियों और मूल्यों का आरोपण शुद्ध रूप से उनके लिंग के आधार पर ही करते हैं यद्यपि यह आरोपण एक समाज या संस्कृति से दूसरे समाज या संस्कृति में जाने पर बदल जाया करता है। साथ ही यह आरोपण उसी समाज में एक समय से दूसरे समय में जाने पर भी बदल जाया करता है।

पुरुषों और महिलाओं के लिए 'उपयुक्त' मानी जाने वाली विशेषताओं, गुणों और गतिविधियों को 'जेंडर रूढ़िवादिता' कहा जा सकता है। ऐसी गतिविधियों की प्रवृत्ति, पुरुषत्व और स्त्रीत्व की परिभाषा करते हुए, पुरुषों और महिलाओं को तयशुदा दृढ़ ढाँचे में बंद करके उन्हें खाँचाबद्ध करना होता है। परिवार, विद्यालय और मित्र आदि समाज की संस्थाएँ जेंडर जैसे संवेदनशील किसी पहलू के प्रति बच्चे की समझ का विकास करने में सहायता करती हैं। इस तरीके का समाजीकरण बहुत प्रारंभिक अवस्था से ही किसी की विचारधारा को प्रभावित करने की तरफ अग्रसर होता है। एक बच्चा ऐसे पहलुओं को किताबों, खिलौनों, माता-पिता और शिक्षकों से सीख सकता है। ऐसी रूढ़ियाँ उन लड़कों पर अनाधिकृत दबाव डाल देती हैं, जिन लड़कों को पढ़ना पसंद है, जिन्हें लड़ने-भिड़ने से घृणा है या जिन्हें खेलकूद और यांत्रिकी पसंद नहीं है। इसी तरह यह उन लड़कियों को चोट पहुँचाती है जो अपने शरीर की छवि से संघर्ष कर रही हैं और जो खेलकूद में उम्दा प्रदर्शन करना चाहती हैं। जेंडर समानता से लड़कों और लड़कियों दोनों को लाभ मिलता है। जेंडर समानता की दिशा में कार्य करने से लड़के और लड़कियाँ कठोर जेंडर भूमिकाओं से बँध जाने के बजाय वे वह होने में सक्षम हो सकेंगे, जो वे होना चाहते हैं। हालाँकि अब स्थिति में थोड़ा सुधार आया है पर हर जगह नहीं हर स्तर पर नहीं।

प्रश्न 4. लिंग, जाति, वर्ग और निःशक्तताओं के संदर्भ में दमन और हिंसा की चर्चा कीजिए।

उत्तर– किसी भी पितृसत्तात्मक व्यवस्था में शक्ति एक रेखांकित करने योग्य महत्त्वपूर्ण अभिलक्षण होती है तथा यह शक्ति पितृसत्ता के हितों की रक्षा करने के लिए अत्यंत महत्त्वपूर्ण भूमिका निभाती है। परिवार में शक्ति माँ के पास भी हो सकती है और यहाँ तक कि वह अपने बच्चों या अपनी बहुओं का वित्तीय या शारीरिक स्वतंत्रता या दहेज के संदर्भ में, दमन भी कर सकती है। इस तरीके के शक्ति संबंध पितृसत्ता के प्रभुत्व को पुनरुत्पादित करते हैं, जो जेंडर-आधारित हिंसा की दिशा में अपना योगदान देते हैं। ऐसा प्रभुत्व और हिंसा आगे भी दमन के हिंसा जैसे क्रूर रूपों और कानून जैसे गूढ़ रूपों को कायम रखते हुए शक्ति की यथास्थिति को बनाए रखते हैं ताकि असमानता चिरस्थायी तरीके से बनी रहे। पितृसत्ता एक संरचनात्मक बल है जो

शक्ति संबंधों को प्रभावित करती है – चाहे वे भौतिक रूप से कष्टदायक हों या न हों।

पितृसत्तात्मक भारतीय समाज में पुरुष एवं महिलाओं की शक्तियों के बँटवारे में पुरुषों के पास महिलाओं की अपेक्षा अधिक शक्ति रही है। अत: व्यवहार में भारतीय समाज पुरुष आधिपत्य प्रधान समाज रहा है, जहाँ अपने दैनिक जीवन में महिलाएँ शारीरिक और मानसिक अत्याचारों के अधीन रही हैं। सार्वजनिक परिवहन सेवाओं में महिलाओं से छेड़खानी, उनका यौन शोषण, उन्हें लूटना या उनके साथ बलात्कार महिलाओं के जीवन का प्रचलित यथार्थ बन चुके हैं। किसी राष्ट्र की संवृद्धि का मूल्यांकन केवल आर्थिक और सांख्यिकीय कारकों के रूप में ही नहीं किया जाता, बल्कि यह संवृद्धि सामाजिक क्षेत्र में अपराध की दरों पर भी एक बड़ी सीमा तक निर्भर करती है। महिलाओं के विरुद्ध हिंसा में वृद्धि के कारण देश की सामाजिक, आर्थिक, राजनीतिक और सांस्कृतिक प्रगति में बाधा पड़ रही है। बलात्कार, जघन्य हत्याएँ, शोषण, हमले और महिलाओं के गले के आभूषण आदि चुराकर भाग जाना जैसी चीजें आधुनिक भारतीय समाज के दैनिक जीवन की आम घटनाएँ बन चुकी हैं। दहेज से जुड़ी मृत्यु, हत्या, दुल्हन को जला देने आदि के कारण देश में महिलाओं के विरुद्ध हिंसा में बढ़ोतरी हुई है।

संयुक्त राष्ट्र (1993) ने महिलाओं के विरुद्ध हिंसा को इस रूप में परिभाषित किया है–"जेंडर-आधारित हिंसा का कोई ऐसा कार्य जिसका परिणाम या संभावित परिणाम महिलाओं की शारीरिक, यौनिक या मनोवैज्ञानिक क्षति हो अथवा महिलाओं को समस्याएँ उठानी पड़ें, जिनमें ऐसे कार्य करने के साथ-साथ इन्हें करने की धमकियाँ भी शामिल हैं, बलपूर्वक या स्वेच्छाचारिता का प्रयोग करते हुए महिलाओं को उनकी स्वतंत्रता से वंचित करना, चाहे ये घटनाएँ सार्वजनिक रूप से की गई हों या निजी जीवन में।"

18 दिसम्बर 1979 को संयुक्त राष्ट्र संघ की महासभा ने महिलाओं के एक अधिकार-पत्र के रूप में महिलाओं के विरुद्ध भेदभाव के उन्मूलन पर सम्मेलन को अंगीकार किया था ताकि महिलाओं के पूर्ण विकास और उन्नति के लिए समस्त उपयुक्त उपाय सुनिश्चित किए जा सकें। इसका उद्देश्य महिलाओं को इस बात की गारंटी देना था कि वे पुरुषों के साथ बराबरी के आधार पर मानवाधिकार और मौलिक स्वतंत्रताएँ हासिल कर सकेंगी और उनका आनंद ले सकेंगी। यह सम्मेलन सन् 1981 में प्रवर्तन में आया और 100 से अधिक देशों ने इसका अनुसमर्थन कर दिया है। भारत ने इसका अनुसमर्थन सन् 1993 में किया था। यह सम्मेलन (CEDAW) जेंडर आधारित हिंसा को इस रूप में परिभाषित करता है–"ऐसी हिंसा जिसकी दिशा किसी महिला के विरुद्ध इसलिए होती है क्योंकि वह एक महिला है या ऐसी हिंसा जो महिलाओं को गैर-आनुपातिक तरीके से प्रभावित करती है।" इसमें ऐसे कार्य शामिल हैं जो महिलाओं को शारीरिक, मानसिक या लैंगिक या यौनिक (Sexual) नुकसान या पीड़ा पहुँचाते हैं

या ऐसा करने की धमकी देते हैं या उन पर बल प्रयोग करते हैं या उनकी स्वतंत्रताएँ किसी और रूप में छीनते हैं। "जेंडर-आधारित हिंसा" शब्दों का प्रयोग "लैंगिक हिंसा" और "महिलाओं के विरुद्ध हिंसा" के साथ अदल-बदलकर किया जाता है। इसका तात्पर्य यह नहीं है कि किसी महिला के विरुद्ध किए गए समस्त कार्य जेंडर-आधारित हिंसा ही हैं और न ही इसका अर्थ यह है कि लैंगिक हिंसा से पीड़ित सारे लोगों में सिर्फ महिलाएँ ही शामिल हैं। परिवेश की परिस्थितियाँ ऐसी भी हो सकती हैं जहाँ लैंगिक हिंसा के शिकार पुरुष होते हैं। इस परिस्थिति में किसी पुरुष पर इस कारण अत्याचार किया जाना, उसका पीटा जाना या उसे जान से मार दिया जाना भी संभव हो सकता है क्योंकि वह समाज द्वारा स्वीकृत पुरुषत्व की कसौटियों के हिसाब से कार्य नहीं कर रहा है। इस सम्मेलन (CEDAW) की घोषणा महिलाओं के विरुद्ध हिंसा की श्रेणी में आने वाले अपराधों या दुर्व्यवहारों की सूची बनाती है, जो कि निम्नलिखित है–

- परिवार और समुदाय में घटित होने वाली शारीरिक, लैंगिक और मनोवैज्ञानिक हिंसा जिसमें शामिल हैं–महिलाओं का बारम्बार पीटा जाना, बच्चियों के साथ यौन-दुर्व्यवहार, दहेज संबंधी हिंसा, वैवाहिक बलात्कार, महिलाओं में प्रजननमूलक अंगच्छेदन तथा महिलाओं के लिए हानिकारक अन्य पारंपरिक प्रथाएँ;
- गैर-दाम्पत्यमूलक हिंसा;
- शोषण से संबंधित हिंसा;
- कार्यस्थल, शैक्षिक संस्थानों में या अन्य जगहों पर यौन-उत्पीड़न और अभित्रास (धमकी);
- महिलाओं का दुर्व्यापार (तस्करी);
- बलपूर्वक कराई जाने वाली वेश्यावृत्ति; और
- राज्य द्वारा गलती या उपेक्षा से की जाने वाली हिंसा।

कार्यस्थल पर महिलाओं का यौन उत्पीड़न उनकी गरिमा तथा जीविका कमाने के अधिकार और उनके मौलिक तथा मूलभूत मानवाधिकार का उल्लंघन है। सन् 1979 में बीजिंग में हुए, "International Convention on the Elimination of all forms of Discrimination Against Women (CEDAW)", जिसे भारत सरकार ने भी हस्ताक्षर कर अपनाया, में कार्यस्थल पर महिलाओं के समान अधिकारों को जगह दी गई तथा घोषणा की कि महिलाएँ यौन उत्पीड़न का शिकार नहीं होनी चाहिए। कार्यस्थल पर महिलाओं के यौन उत्पीड़न से निवारण के लिए भारत की संसद ने 2013 में एक कानून पास किया जिसका नाम महिलाओं का कार्यस्थल पर लैंगिक उत्पीड़न अधिनियम, 2013 है। इस अधिनियम के अनुसार "यह कानून कार्यस्थल पर महिलाओं को यौन उत्पीड़न से संरक्षण देने, रोकथाम व शिकायत निवारण के लिए बना है। यौन उत्पीड़न के कारण महिला के संविधान में निहित समानता के अधिकार (धारा 14, 15) व जीवन की रक्षा व सम्मान से जीने के अधिकार (धारा 21) व व्यवसाय करने

की आजादी के लिए तथा कार्यस्थल पर सुरक्षित वातावरण के न होने से उसके कार्य करने में बाधा को रोकने के लिए यह कानून है।"

इस अधिनियम के अनुसार यौनिक प्रताड़ना के तहत निम्न में से कोई एक या अनेक स्वीकार्य कार्य या व्यवहार शामिल हैं चाहे वे प्रत्यक्ष रूप से हों या निहित हों।

- शारीरिक संपर्क या उसका प्रयास करना
- यौनिक रिश्ते बनाने का प्रयास या उसकी माँग

आक्रमण और हिंसा पुरुषत्व की सामाजिक रूप से स्वीकृत विशेषताएँ हैं जो पितृसत्ता में शक्ति को लागू करती हैं। समाज में लगातार जारी दहेज की प्रथा यह सिद्ध करती है कि महिलाओं के विरुद्ध हिंसा एक विचारधारात्मक मुद्दा है और इसलिए इसे बहुत संतुलित तरीके से सम्बोधित करने की आवश्यकता है। यह एक बहुत जटिल परिघटना है जिसके अंतर्गत हिंसा के अनेक आयाम शामिल रहते हैं। भारत में दहेज के लिए प्रतिदिन लगभग 22 महिलाएँ जान से मार दी जाती हैं। पिछले तीन वर्षों में संपूर्ण देश में दहेज से जुड़ी 24,771 मौतें दर्ज की गईं हैं तथा उत्तर प्रदेश, बिहार और मध्य प्रदेश में दहेज हत्या की घटनाएँ सर्वाधिक होती हैं। राष्ट्रीय अपराध रिकॉर्ड ब्यूरो के आँकड़ों के मुताबिक देश में 3.48 लाख मामले ऐसे दर्ज किए गए हैं, जहाँ पतियों या उनके रिश्तेदारों ने महिलाओं पर क्रूरतापूर्ण अत्याचार किया है। ऐसे दुःखद मामलों में पश्चिम बंगाल शीर्ष स्थान पर है जहाँ पिछले तीन सालों में इस तरीके की 61,259 घटनाएँ दर्ज की गईं। इसके बाद 44,311 घटनाओं के साथ राजस्थान दूसरे और 34,835 घटनाओं के साथ आंध्र प्रदेश तीसरे स्थान पर आता है (द पायनियर, 2015)। 2015 की अपराध ब्यूरो की रिपोर्ट यह रेखांकित करती है कि लड़कियों और महिलाओं के अपहरण या उन्हें बहला-फुसलाकर और बलपूर्वक भगा ले जाने के 59,277 मामले (आई.पी.सी. के तहत किए गए कुल आपराधिक मामलों का 2.01 प्रतिशत); छेड़खानी के 82,422 मामले (आई.पी.सी. के तहत किए गए कुल आपराधिक मामलों का 2.79 प्रतिशत); यौन-उत्पीड़न के 24,041 मामले (आई.पी.सी. के तहत किए गए कुल आपराधिक मामलों का 0.82 प्रतिशत); बलात्कार के 34,771 मामले (आई.पी.सी. के तहत किए गए कुल आपराधिक मामलों का 1.18 प्रतिशत) तथा घरेलू हिंसा से महिलाओं की रक्षा के लिए बनाए गए सन् 2005 के कानून (PWDVA) के बावजूद पतियों और उनके रिश्तेदारों द्वारा किए गए क्रूर अत्याचारों के 1,13,403 मामले (आई.पी.सी. के तहत किए गए कुल आपराधिक मामलों का 3.85 प्रतिशत) दर्ज किए गए। इस प्रकार की हिंसा लड़कियों के जीवन को, शिक्षा तक उनकी पहुँच को और विद्यालयों में उनके द्वारा बेहतर प्रदर्शन किए जाने को नकारात्मक रूप से प्रभावित करती है।

एक व्यक्ति के खिलाफ किसी भी जगह पर घटित होने वाले अपराध की दर उन प्राथमिक सूचकों में से एक होती है जो उस जगह पर प्रचलित सामाजिक-आर्थिक स्थिति और वहाँ की न्याय प्रणाली की कुशलता को प्रतिबिम्बित करते हैं। जिन

महिलाओं के साथ बलात्कार किया जाता है या जिन पर यौनिक आक्रमण किया जाता है, उनमें से अधिकांश महिलाएँ बहुत सारे मामलों में इन अपराधों की शिकायत पुलिस में दर्ज नहीं कराती क्योंकि उन्हें इस बात का बहुत कम भरोसा होता है कि अपराधी को सजा मिलेगी। देश में महिलाओं के विरुद्ध अपराधों को दर्ज न कराने के लिए कई कारण उत्तरदायी हैं, जिनमें से कुछ निम्नलिखित हैं–

- **महिलाओं से संबंधित अपराधों से जुड़ा सामाजिक लांछन**–भारत जैसे पुरुष प्रधान समाज में महिलाओं के प्रति किए जाने वाले अपराधों को अधिक महत्त्व नहीं दिया जाता क्योंकि महिलाएँ इतनी आत्मनिर्भर नहीं होतीं कि वे अपने निर्णय खुद ले सकें और इसलिए वे अपने माता-पिता, सास-ससुर या परिवार के अन्य पुरुष सदस्यों की दया पर निर्भर होती हैं। परिवार में होने वाले अपराधों को दर्ज न कराने के पीछे जो कारण मौजूद हैं, उनमें यह सर्वप्रमुख कारण है। इसके अलावा, लज्जा और झंझट तथा अपने ऊपर होने वाले हमलों को निजी मामला मानने की इच्छा भी ऐसे कारण हैं जिनकी वजह से महिलाएँ अपने विरुद्ध होने वाले अपराधों को दर्ज नहीं करा पातीं।
- **तिरस्कार या अपराधी का डर या अन्य वैयक्तिक धारणाएँ**–महिलाओं के विरुद्ध होने वाले बहुत सारे अपराध इसलिए भी नहीं दर्ज हो पाते क्योंकि अपराधी उन्हें या उनके परिवार को और अधिक नुकसान पहुँचाने की धमकी देते हैं। इसके अलावा, तिरस्कार का डर और अन्य वैयक्तिक धारणाओं के कारण भी महिलाओं से संबंधित सारे अपराध दर्ज नहीं हो पाते।
- **आपराधिक न्याय प्रणाली में विश्वास का अभाव**–न्याय प्रणाली की धीमी गति, जैसा कि भारत में है, भी उन मुख्य कारणों में शामिल है, जिनके कारण महिलाएँ और यहाँ तक कि साक्षर महिलाएँ भी अपने विरुद्ध होने वाले अपराधों को दर्ज नहीं करा पातीं।

महिलाओं के खिलाफ होने वाली हिंसा जेंडर दमन की संरचनाओं को बनाए रखती है; चाहे यह हिंसा सार्वजनिक क्षेत्र में सांस्थानिक ताकतों द्वारा की गई हो या फिर निजी क्षेत्र में व्यक्तियों द्वारा की गई हो। जाति और जेंडर के सामाजिक संबंध बल के उपयोग के माध्यम से शक्ति के प्रयोग पर भी आधारित होते हैं।

पितृसत्तात्मक व्यवस्था में शक्ति का नियंत्रण समाज में पुरुष के हाथों सौंप दिया गया है। शक्ति पितृसत्ता के लिए उद्देश्य तय करती है। किंतु, दुर्व्यवहार या पुरुषत्व के साथ इसे सम्मिश्रित कर देना समस्यामूलक हो जाता है। ऐसे में, शक्ति और नियंत्रण की नियंत्रित व्याख्याओं के और भी अधिक जटिल विश्लेषण की आवश्यकता पड़ती है।

दोहरा दमन : निःशक्त महिलाओं के विरुद्ध हिंसा–निःशक्त लोग जनसंख्या के कुछ उन लोगों में से होते हैं, जो बहुत हाशियाकृत (marginalised) होते हैं और जिनके साथ भेदभाव किया जाता है। इस बात की बहुत संभावना होती है कि ऐसे लोग

निम्नतर सामाजिक-आर्थिक पृष्ठभूमि से हों। कार्य और उच्चतर शिक्षा तक पहुँच रखने की संभावना ऐसे लोगों के मामले में बहुत कम होती है और इनके जीवन का दायरा तुलनात्मक रूप से छोटा होता है। नारीवाद ने तर्क दिया कि घरेलू हिंसा सिर्फ व्यक्तिगत मुद्दा नहीं है, बल्कि यह एक सामाजिक समस्या है। इस तर्क के आधार पर नारीवाद ने घरेलू हिंसा के मुद्दे को घर के दायरे से बाहर निकालकर सार्वजनिक क्षेत्र में लाने का प्रयास किया। वर्तमान में लोग समझते हैं कि जेंडर-आधारित हिंसा एक राजनीतिक मुद्दा भी है और समाज में इसका जारी रहना पितृसत्ता के कारण संभव होता है क्योंकि पितृसत्ता महिलाओं के जीवन पर शक्ति और नियंत्रण को व्यक्त करते हुए खुद को लागू करती है। निर्योग्यता वाली महिलाओं और लड़कियों तथा हिंसा पर अपने बेहद महत्त्वपूर्ण अध्ययन से बारबरा फाए वैक्समैन फिडूकिया ने कहा है–"निःशक्तता महिलाएँ आयु-वर्गों, प्रजातीय, नृजातीय, धार्मिक और सामाजिक-आर्थिक पृष्ठभूमियों और लैंगिक अभिमुखीकरणों से आती हैं; जो ग्रामीण, नगरीय या उप-नगरीय समुदायों में रहती हैं। निःशक्त महिलाएँ और लड़कियाँ निःशक्तता और स्त्रीत्व के किसी कोने में दो तरीके की अल्पसंख्यक पहचानों के साथ पड़ी रहती हैं, इन्हें भेदभाव और रूढ़ियों की दोहरी मार झेलनी पड़ती है, अपने जीवन के लक्ष्यों को हासिल करने में इन्हें अनेकानेक बाधाओं का सामना करना पड़ता है। जबकि बहुत सारी निःशक्त महिलाएँ अपनी विविध पहचानों से अत्यधिक शक्ति, लचीलापन और सृजनात्मकता हासिल करती हैं, उन्हें भी भेदभाव के तमाम दुष्परिणाम भोगने पड़ते हैं। तब भी, निःशक्त महिलाओं द्वारा स्व-परिभाषित आवश्यकताएँ सामाजिक न्याय के आंदोलनों में हाशिए पर पड़ी रहती हैं। इन आंदोलनों को निःशक्त महिलाओं की आवश्यकताओं का – नारीवादी आंदोलनों का, निर्योग्यता-अधिकार आंदोलनों का और नागरिक अधिकार आंदोलनों का – प्रतिनिधित्व करना चाहिए क्योंकि ऐसा न करने से समस्त प्रकार की पृष्ठभूमियों की निःशक्त महिलाएँ और लड़कियाँ अनिवार्यतः अदृश्य हो जाती हैं।"

निःशक्त महिलाओं के खिलाफ की जाने वाली हिंसा कई तरीकों से प्रायः उस हिंसा के समान हो सकती है जो सक्षम महिलाओं के विरुद्ध की जाती है। यद्यपि निर्योग्यता वाली महिलाएँ दुर्व्यवहार के दूसरे रूपों के प्रति भी सुभेद्य होती हैं। उदाहरण के लिए, सहायताओं या अनुकूलनों को इन महिलाओं से दूर कर दिया जाना; इन सहायताओं का उपयोग महिलाओं को शारीरिक क्षति पहुँचाने के लिए करना; उसको आवश्यकता से अधिक या कम दवाइयाँ देना; सहायता प्रदान करने से मना करना या विलंब करना; उसकी मदद करते हुए उसके साथ खराब व्यवहार करना; सहायताओं का उपयोग करते हुए महिला पर लैंगिक रूप से हमला करना; इत्यादि।

प्रश्न 5. राजनीतिक अर्थव्यवस्था क्या है? यह पितृसत्ता से कैसे संबंधित है?

उत्तर– राजनीतिक अर्थव्यवस्था व्यक्तियों और समाज तथा बाजार और राज्य के बीच के संबंधों का अध्ययन है। राजनीतिक अर्थव्यवस्था (Political Economy) शब्द

दो ग्रीक शब्दों "Polis" और "city" से मिलकर बना है, जहाँ "Polis" का अर्थ "नगर (city)" या "राज्य (State)" है तथा oikonomos का तात्पर्य राज्य या परिवार का प्रबंधन करने वाले से है। सार्वजनिक घर-परिवार किस प्रकार शासित होते हैं, इसका अध्ययन करने में राजनीतिक अर्थव्यवस्था राजनीतिक और आर्थिक दोनों प्रकार के कारकों पर विचार करती है। राज्य की संकल्पना समाज में शक्ति, सत्ता और प्रभावी संस्थाओं के प्रयोजन का संधि-स्थल है। किसी पितृसत्तात्मक समाज में सार्वजनिक क्षेत्र में महिलाओं के ऊपर प्रभुत्व, प्रभुत्व का एक अधिक सूक्ष्म और दीर्घस्थायी प्रकार होता है। यह प्रभुत्व स्पष्ट तौर पर खुलकर जाहिर नहीं होता, बल्कि यह बनाए गए कानूनों में, विधानमंडल में, कल्याणकारी नीतियों में और सामाजिक संस्थानों में बहुत अधिक सूक्ष्म रूप से व्याप्त रहता है, जो कि वास्तव में पितृसत्ता के अपरिष्कृत रूप हैं और जिनका लक्ष्य पितृसत्ता के लक्ष्य को मजबूत बनाना होता है। दुनिया के बहुत सारे देशों की ही तरह, भारत में भी पितृसत्ता ने राजनीतिक अर्थव्यवस्था में महिलाओं की हाशियाकृत और अनुचित स्थिति को तथा महिलाओं के योगदान को वैध बनाया है। वैध बनाने की यह प्रक्रिया पितृसत्ता का एक स्वाभाविक गुण है। भारत में संगठित और असंगठित क्षेत्र में महिलाओं के योगदान पर नारीवादी अध्येताओं द्वारा भली-भाँति अनुसंधान किया गया है और इसे भली-भाँति दस्तावेजीकृत किया गया है। घर के बाहर महिलाओं द्वारा मजदूरी के लिए किए गए कार्य के अतिरिक्त इस कार्य में अपने निजी जीवन के क्षेत्र में महिलाओं द्वारा किए गए कार्य को भी शामिल किया जाना चाहिए; जैसे—परिवार की मदद करने में किया गया कार्य, जिसमें सम्मिलित हैं—बच्चों के पालन-पोषण हेतु किया गया कामकाज, खाना पकाना और तमाम अन्य घरेलू कामकाज। ये कार्य ऐसे होते हैं जिन्हें महिलाओं को करना ही पड़ता है।

नेली स्ट्रॉमक्विस्ट, जिन्होंने भारत में शैक्षिक कार्यक्रमों और नीतियों का विश्लेषण किया है, का मानना है कि भारत द्वारा सन् 1988 में, राष्ट्रीय साक्षरता मिशन के एक अंग के रूप में, महिलाओं के लिए शुरू किए गए साक्षरता कार्यक्रमों का औचित्य व्याख्यात्मक है। यह महिलाओं की साक्षरता के कारण मिलने वाले निम्नलिखित लाभों की पहचान करता है—प्राथमिक शिक्षा में बच्चों की बढ़ी हुई सहभागिता, घटी हुई शिशु मृत्यु दर, बच्चों की देखभाल और उनके टीकाकरण के मामलों में अत्यधिक सफलता, प्रजनन दरों में कमी, महिलाओं में अधिक आत्मविश्वास और अपनी छवि को लेकर उनके बीच उत्साह तथा अपने सामाजिक और कानूनी अधिकारों को लेकर महिलाओं में अधिक जागरूकता (रामदास, 1990 में उल्लिखित)। इनमें से आखिरी वाले दो लाभों को छोड़कर, जो कि महिलाओं को वैयक्तिक रूप से संबोधित करते हैं, बाकी सारे लाभ महिलाओं की मातृत्वपरक भूमिकाओं पर केंद्रित हैं।

भारतीय साक्षरता कार्यक्रमों में प्रयुक्त की गई प्रारंभिक निर्देश देने वाली वर्णमाला पुस्तकों का विषयवस्तु विश्लेषण यह स्पष्ट करता है कि इसमें माताओं के रूप में महिलाओं की भूमिकाओं को मजबूत करने के लिए उनके कौशलों और ज्ञान को

समुन्नत किए जाने पर अत्यधिक जोर दिया गया था (पटेल, 1989)। दूसरे शब्दों में, महिलाओं के लिए साक्षरता की भूमिका पितृसत्तात्मक संस्कृति में उन्हें अनुकूलित करना था, न कि पितृसत्तात्मक संरचना पर प्रश्न उठाना (स्ट्रॉमक्विस्ट, 1991)। इसी प्रकार, किसी पितृसत्तात्मक समाज का उत्पादन उद्योग भी एक ऐसी सार्थक श्रेणी है, जिसका इस उद्देश्य के लिए विश्लेषण किया जा सकता है (रेगे, 2003)। हिमाचल प्रदेश के कृषि उत्पादकों के संबंध में लिखे गए अपने लेख में राज मोहिनी सेठी (1989) कृषि-कार्य में महिलाओं की सहभागिता की अत्यधिक ऊँची दरों का विश्लेषण करती हैं। महिलाओं की इस अत्यधिक ऊँची सहभागिता दर के बावजूद महिलाओं की समग्र प्रस्थिति अपरिवर्तित बनी रहती है। "राजनीतिक, विचारधारात्मक और सांस्कृतिक कारकों के कारण घर के खेतों के कामकाज में ऊँची सहभागिता के बावजूद हाशियाकृत महिलाओं की संख्या बढ़ती जाती है। उत्पादन और वितरण से जुड़ी निर्णय-निर्माण प्रक्रिया में महिलाओं की सहभागिता तथा गाँव की विकास गतिविधियों में महिलाओं का प्रतिनिधित्व परिवर्तित नहीं हुआ है। महिलाओं को जानवरों की तरह महज एक बोझ ही माना जाता है जबकि घर-परिवार की खेती-किसानी के कामकाज का 75 प्रतिशत हिस्सा महिलाएँ ही करती हैं और मवेशियों की देख-रेख, घर-परिवार के कामकाज और छोटे बच्चों के समाजीकरण से जुड़े कामकाज का यदि समस्त नहीं, तो अधिकांश हिस्सा महिलाओं के द्वारा ही किया जाता है। पुरुष केवल उत्पादक कृषि कार्यों और गैर-कृषि कार्यों को निष्पादित करते हैं और जब वे बेरोजगार होते हैं, तब घर के कामकाज में हिस्सा बँटाने के बजाय वे आराम करना पसंद करते हैं। हिमाचल प्रदेश में भूमि का स्वामित्व और नियंत्रण पुरुषों के पास ही रहता है। कृषक समुदायों में पितृसत्तात्मक मूल्यों की पकड़ इतनी मजबूत है कि पैतृक संपत्ति (सेठी एण्ड सिबिया, 1987) में महिलाओं के लिए समान अधिकार उपलब्ध कराने वाले हिन्दू उत्तराधिकार अधिनियम, 1956 के प्रावधान सिर्फ कागज पर ही बने रहते हैं (सेठी, 1989)।" इसलिए, यहाँ तक कि कुछ मामलों में उत्पादक क्षेत्र में महिलाओं के प्रभुत्व की दशा में भी उन्हें विभिन्न शैक्षणिक और रोजगार अवसरों से दूर ही रखा जाता है। इससे समाज में उनके हाशियाकरण को और भी अधिक बढ़ावा मिलता है।

प्रश्न 6. 'घरेलू श्रम और इसका उत्पीड़न' पर संक्षिप्त टिप्पणी लिखिए।

उत्तर– एक कहावत है कि पुरुष सूर्योदय से सूर्यास्त तक कार्य कर सकते हैं लेकिन महिलाओं का काम तो कभी खत्म ही नहीं होता। ऐतिहासिक रूप से देखा जाए, तो महिलाएँ सदैव कार्य करती रही हैं लेकिन फिर भी घर में उनके द्वारा किया गया कामकाज हमेशा से अदृश्य ही रहा है। तीव्र औद्योगीकरण के परिणामस्वरूप घर-परिवार के दायरे से बाहर जाकर किए गए कार्य को अधिक वरीयता दी गई।

पितृसत्ता की शिकार केवल महिलाएँ ही नहीं हैं बल्कि पुरुष भी पितृसत्ता के शिकार होते हैं। पुरुषों को प्रभुत्व, आक्रामक और बुद्धिमान होने के रूप में स्वीकार कर

लिए जाने से उन्हें रोजगार के अधिक अवसर मिले हैं और इसलिए पुरुषों को परिवार में कमाई करने वाला बना दिया गया है। दूसरी तरफ, हालाँकि कामकाजी वर्ग की महिलाएँ अक्सर अपने घरेलू कौशलों को बेचकर पैसा कमाने के योग्य होती हैं, लेकिन तब भी घर लौटने पर इन महिलाओं को अपने परिवारों की देखभाल करने के लिए घर पर भी कामकाज करना होता है। यहाँ तक कि उन महिलाओं के लिए भी अपने घर-परिवार की देखभाल करना जरूरी होता है जो नौकरी पाने और वित्तीय रूप से आत्मनिर्भर होने के लिए आर्थिक रूप से स्वतंत्र हैं। यह दोहरा काम या दोहरी नौकरी (घर पर भी और वेतन के लिए बाहर भी) महिलाओं को पुरुषों की तुलना में अलाभकारी स्थिति में रख देती है। विभिन्न अध्येताओं ने कार्य के इस दोहरेपन की संभावित व्याख्याओं का विश्लेषण किया है और इस पर चर्चा की है। श्रम के लैंगिक विभाजन को पितृसत्ता और पूँजीवाद का सीधा परिणाम माना जाता है। यद्यपि अनेक मार्क्सवादी नारीवादियों का तर्क है कि पूँजीवाद बाजार में महिलाओं के दमन की आवश्यकता को निर्धारित करता है, लेकिन इस बात पर महत्त्वपूर्ण असहमतियाँ रही हैं कि क्या घरेलू कामकाज अतिरिक्त मूल्य में अपना योगदान देता है अथवा नहीं।

एलिस एबेल केम्प अपने लेख 'पितृसत्तात्मक परिवार में घरेलू श्रम (1994)' में घरेलू श्रम के चार घटकों का वर्णन करती हैं–घर का काम, सहायतामूलक कार्य, प्रस्थिति के उत्पादन हेतु किया गया काम और बच्चों की देखभाल।

हालाँकि आज के समय में भुगतान वाले कार्य करने के लिए महिलाएँ और पुरुष दोनों घर से बाहर जाते हैं, लेकिन फिर भी महिलाओं को ही घर पर बिना भुगतान वाले अधिकांश कार्य करने पड़ते हैं। इसे 'एक दूसरी नौकरी' करना कहा जाता है। यह ठीक है कि अधिकाधिक ऐसे पुरुष सामने आ रहे हैं, जो घरेलू कामकाज में अपनी पत्नी की मदद करते हैं, लेकिन अभी भी एक समतामूलक या समानता-आधारित समाज को हासिल करना अभी शेष ही है।

प्रश्न 7. राष्ट्रीय संपदा में महिलाओं के योगदान का क्या मूल्य है? स्पष्टीकरण दीजिए।

अथवा

प्रस्थिति उत्पाद और सहायतामूलक कार्य की अवधारणा की व्याख्या कीजिए।

उत्तर– हन्ना पापानेक (1979) प्रस्थिति के उत्पादन को परिवार या घर के अन्य सदस्यों द्वारा की जाने वाली आय-अर्जक गतिविधियों की माँगों से उत्पन्न सहायतामूलक कार्य के रूप में वर्णित करती हैं। सहायतामूलक कार्य में बच्चों को प्रशिक्षित करना भी शामिल हो सकता है। इसमें शामिल हो सकते हैं–शारीरिक कल्याण, भाषा, शिक्षा, स्वास्थ्य, स्वास्थ्य-विज्ञान और आत्म प्रस्तुतीकरण। सहायतामूलक कार्य का क्षेत्र किसी पालतू जानवर के मर जाने पर बच्चे को दिलासा देने से लेकर किसी व्यक्ति के पति

या पत्नी द्वारा अपने सहकर्मी के साथ किए गए घृणित व्यवहार की शिकायतें सुनने तक कुछ भी हो सकता है। यह भी श्रम का एक ऐसा प्रकार है जिसकी यह निर्धारित करने का प्रयास करते समय अक्सर उपेक्षा कर दी जाती है कि कोई व्यक्ति कितना "कार्य" करता है। इस प्रकार के सहायतामूलक कार्य के निम्नलिखित अभिलक्षण होते हैं–

- सहायतामूलक कार्य करने वाले व्यक्ति और आय-अर्जन करने वाली वास्तविक गतिविधि या उस संस्थान में कोई सीधा संबंध नहीं होता, जहाँ यह गतिविधि संपन्न की जाती है;
- सहायतामूलक कार्य के प्रतिफल अप्रत्यक्ष होते हैं। अक्सर ये प्रतिफल ओहदे के कारण प्राप्त होने वाली अतिरिक्त चीजों के जरिए होते हैं; जैसे–आय-अर्जन करने वाले सदस्य के नियोक्ता द्वारा आवास या चिकित्सकीय देखभाल तक उपलब्ध कराई गई पहुँच;
- सहायतामूलक कार्य के प्रत्यक्ष प्रतिफलों के अनेक आर्थिक और गैर-आर्थिक रूप होते हैं;
- सहायतामूलक कार्य की स्थितियों के बारे में आय-अर्जन करने वाले सदस्य से बातचीत की जाती है और ये स्थितियाँ तमाम परिवर्तनों के अधीन होती हैं (पापानेक, 1979)।

यह संभव है कि महिलाओं के लिए नौकरी पाना पहले जितना कठिन न रह गया हो लेकिन इसके बाद उन्हें जिस मार्ग पर चलना होता है, वह निश्चय ही एक कठिन मार्ग होता है। कार्य के क्षेत्र में महिलाओं की सहभागिता बढ़ने के साथ-साथ उनके सामने आने वाली अभिवृत्तिमूलक बाधाएँ भी बढ़ी हैं। शेष विश्व की ही तरह भारत में भी कार्यस्थल पर महिलाओं का यौन-उत्पीड़न एक महत्त्वपूर्ण मुद्दा है। इंडियन नेशनल बार एसोसिएशन ने एक अध्ययन आयोजित कराया था और उसे प्रस्तुत किया था। इसमें महिलाओं और पुरुषों को मिलाकर कुल 6,047 प्रतिभागियों पर सर्वेक्षण किया गया था। इस सर्वेक्षण में 38 प्रतिशत लोगों ने बताया कि उन्होंने कार्यस्थल पर यौन-उत्पीड़न झेला है। ऐसा उत्पीड़न झेलने वाले लोगों में से 69 प्रतिशत ने इस संबंध में कोई शिकायत दर्ज नहीं कराई। केवल कुछ ही लोग हमला करने वाले लोगों के खिलाफ न्यायालय में गए लेकिन वे भी लंबी न्यायिक प्रक्रियाओं में उलझकर रह गए।

सालों से चली आ रही पारंपरिक जेंडर प्रथाओं और अपेक्षाओं का परिणाम यह हुआ कि श्रमबल के प्रमुख क्षेत्रकों में नेतृत्वकारी भूमिकाओं में महिलाओं का प्रतिनिधित्व बहुत कम बना हुआ है। महिलाओं के बारे में कहा जाता है कि वे अपने पेशे या व्यवसाय के चुनाव में अधिक मर्दाना होती जा रही हैं। एक अच्छे नेतृत्वकर्त्ता के लिहाज से सत्ता, प्रतिस्पर्द्धात्मकता और प्रभुत्व के जिन गुणों को पुरुषों के लिए जरूरी विशेषताएँ माना जाता है, उन्हीं गुणों को महिलाओं के लिए अवांछनीय माना जाता है। पुरुषों के लिए इन गुणों को उन्हें प्रभावशाली बनाने वाला माना जाता है, लेकिन महिलाओं के लिए ये गुण उन्हें कर्कश बनाने वाले माने जाते हैं।

प्रगति के इस युग में भी महिलाओं को घर-परिवार बनाने वाली और बच्चों का पालन-पोषण करने वाली पारंपरिक और पितृसत्ता-प्रेरित भूमिकाओं के दायरे में ही देखा जाता है; इसीलिए इन महिलाओं को अब घर-परिवार और कार्यस्थल, दोनों जगहों, की जिम्मेदारियों का निर्वहन करना पड़ता है। यहाँ तक कि नेतृत्वकारी स्थितियों में विराजमान महिलाओं को प्रायः रोब दिखाने वाली माना जाता है, जिसे अपनी प्रकृति में 'गैर-स्त्रीवाचक' कहा गया है। अतः उन जेंडरीकृत भूमिकाओं में अभिवृत्तिमूलक परिवर्तन की, जो पितृसत्तात्मक क्षेत्र में बहुत लंबे समय से लागू होते चले आ रहे हैं, की आवश्यकता है।

> इंसान जिंदगी में गलतियाँ करके उतना दुखी नहीं होता है, जितना कि वह बार-बार उन गलतियों के बारे में सोच कर होता है।

Gullybaba Publishing House (P) Ltd.
ISO 9001 & ISO 14001 Certified Co.

Feedback

यद्यपि हम पूरी कोशिश करते हैं कि जी.पी.एच. की पुस्तकों में किसी भी प्रकार की कोई गलती न रहे। फिर भी यदि आप हमारी पुस्तकों में किसी भी प्रकार की कोई गलती या सुझाव बताना चाहते हैं, तो कृपया हमें जरूर सूचित करें, ताकि हम अपनी भूल को जल्दी से जल्दी सुधार सकें। आपका बताना, दूसरे छात्रों को उलझनों में समय गवाने से बचा सकता है। साथ ही साथ छात्रों को उच्च गुणवत्ता वाली अध्ययन सामग्री प्राप्त करने में आप उनकी मदद कर सकते हैं।

गलतियाँ बताने पर आपको नई edition की book और ₹500 के voucher/letter of contribution दिया जाएगा।

Visit: Gullybaba.com/feedback.html

feedback@gullybaba.com

You deserve nothing less than Best

अध्याय
3

अन्य सामाजिक संरचनाओं और अस्मिताओं के साथ अंत:क्रिया में पितृसत्ताएँ (PATRIARCHIES IN INTERACTION WITH OTHER SOCIAL STRUCTURES AND IDENTITIES)

भूमिका

पितृसत्ता एक सामाजिक व्यवस्था है जिसमें मुख्य शक्ति पुरुष के पास होती है तथा मुख्य रूप से राजनीतिक नेतृत्व, नैतिक प्राधिकार, सामाजिक विशेषाधिकार और संपत्ति के नियंत्रण पर उसी का अधिकार रहता है। कुछ पितृसत्तात्मक समाज पितृवंशीय होते हैं जिसका अर्थ है कि संपत्ति तथा अधिकार आनुवांशिक रूप से पुरुषों को ही प्राप्त होते हैं।

पितृसत्ता का संबंध ऐसे विचारों के समुच्चय तथा ऐसी पितृसत्तात्मक विचारधारा से है जो इसका संबंध पुरुष तथा नारी के बीच के प्राकृतिक अंतरों से जोड़ते हुए पुरुषों के प्रभुत्व का औचित्य सिद्ध करती है।

समाजशास्त्रियों का मानना है कि पितृसत्ता लिंगों के बीच का जन्मजात अंतर न होकर एक सामाजिक उत्पाद है और वे इस बात पर भी ध्यान केंद्रित करते हैं कि एक समाज में जेंडर की भूमिकाएँ किस प्रकार पुरुष तथा नारियों के बीच शक्ति की भिन्नताओं को प्रभावित करती हैं।

प्रश्न 1. परिवार से आप क्या समझते हैं? संक्षेप में बताइए।

उत्तर— परिवार मानव विकास क्रम की आवश्यक शर्त है जिसके बिना मानव का अस्तित्व संभव नहीं हुआ होता। मानव शिशु असहाय पैदा होता है। उसमें शारीरिक व मानसिक विकास की अंत: क्षमता होती है। परंतु उसे पूर्ण परिपक्व होने में वर्षों लगते हैं। पशुओं के शिशु जन्म लेने के कुछ समय पश्चात् ही अपनी देख-रेख करने योग्य हो जाते हैं। परंतु मनुष्यों में लंबा गर्भकाल और शिशु की लंबे समय तक असहाय अवस्था के कारण उसे लंबे समय तक माता-पिता और परिवार के सदस्यों के साथ रहना आवश्यक होता है। इसके परिणामस्वरूप परिवार की संरचना हुई।

चित्र 3.1: परिवार

जहाँ तक परिवार की परिभाषा का प्रश्न है, **मैकाइवर** एवं **पेज** ने कहा है कि "परिवार एक ऐसा समूह है जो स्त्री-पुरुष के यौन संबंध पर आधारित है और यह समूह इतना सुनिश्चित और टिकाऊ होता है कि इसके माध्यम से प्रजनन-क्रिया और बच्चों के पालन-पोषण की समुचित व्यवस्था होती है।"

बर्जिस और **लॉक** ने यह कहा है कि "परिवार व्यक्तियों का ऐसा समूह है जो विवाह, रक्त अथवा गोद (दत्तक प्रथा) के संबंधों पर आधारित होता है, यह समूह एक गृहस्थी का निर्माण करता है जिसके अंतर्गत परिवार के सदस्यगण पति-पत्नी, माता-पिता, भाई-बहन की विभिन्न भूमिकाएँ अदा करते हुए एक-दूसरे से अंत:क्रिया करते हैं, एक-दूसरे से भावों और विचारों का आदान-प्रदान करते हैं और इस प्रकार परिवार के लिए एक सामान्य संस्कृति का निर्माण करते हैं।" **कांकलिन** ने बहुत ही सरल और संक्षिप्त ढंग से कहा है कि "परिवार कम-से-कम दो व्यक्तियों के बीच सामाजिक रूप में परिभाषित संबंध है जो जन्म, विवाह या दत्तक-ग्रहण की प्रक्रिया से जुड़ा होता है।"

अरनेस्ट डब्ल्यू. बरगेस और **हार्वे जे. लॉक** के अनुसार, परिवार की विशेषताएँ निम्न हैं—

- परिवार विवाह के द्वारा, रक्त अथवा गोद लेकर बनाया गया व्यक्तियों का समूह है। पति-पत्नी के बीच अनुबंध ही विवाह है और माता-पिता व बच्चों के बीच संबंध साधारणतया रक्त का होता है और कभी-कभी दत्तक ग्रहण (adoption) का संबंध होता है।
- परिवार के सदस्य एक छत के नीचे विशेष रूप से एक साथ रहते हैं और एक घर-परिवार का निर्माण करते हैं। कई बार जैसा कि प्राचीन काल में होता था, घर इतना विशाल होता था कि उसमें तीन या चार या पाँच पीढ़ियाँ एक साथ रहती थीं। आज के समय में घर छोटे होते हैं जिससे पति-पत्नी एक दो बच्चों के साथ अथवा बच्चों के बिना रहते हैं।
- परिवार, व्यक्तियों के बीच पारस्परिक क्रिया और अंतर्संप्रेषण का संबंध है। वे पति और पत्नी, माता-पिता, बेटा-बेटी, भाई-बहन की भूमिकाएँ निभाते हैं। ये भूमिकाएँ समुदाय द्वारा परिभाषित की गई हैं।
- परिवार एक आम संस्कृति का पोषण करते हैं जो सामान्य संस्कृति से ही उत्पन्न होते हैं। अक्सर यह संस्कृति पति-पत्नी की दो संस्कृतियों के मिलन से ही उत्पन्न होती है।

उपर्युक्त विशेषताओं के आधार पर परिवार को इस प्रकार से परिभाषित किया जा सकता है–

"परिवार विवाह के द्वारा, रक्त अथवा गोद लेकर बनाया गया व्यक्तियों का समूह है जो एक घर का निर्माण करते हैं। एक-दूसरे से पति-पत्नी, माता-पिता, बेटा-बेटी, भाई-बहन की सामाजिक भूमिकाओं के रूप में पारस्परिक क्रियाएँ और अंतर्संप्रेषण करते हैं तथा एक समान संस्कृति की रचना व उसका पालन करते हैं।"

प्रश्न 2. परिवार, जाति, वर्ग और समुदाय जैसी सामाजिक संस्थाओं को समकालीन नारीवादी परिप्रेक्ष्य से परिभाषित कीजिए।

अथवा

स्वजातीय (एंडोगेमी) क्या है?

अथवा

ब्राह्मणवादी पितृसत्ता से आप क्या समझते हैं? स्पष्ट कीजिए।

उत्तर– परिवार सामान्य रूप से प्रचलित शब्द है तथा अपने साधारण अर्थों में इसे अच्छी तरह समझा भी जाता है। यह द्योतक है एक सार्वभौमिक, स्थायी तथा व्यापक संस्था का जिसकी विशेषता है सामाजिक दृष्टि से अनुमत यौन संबंध तथा प्रजनन, समान घर, आवास और घरेलू सेवाएँ तथा आर्थिक सहयोग आदि। लेवी स्ट्रॉस (1971) ने परिवार और इसकी संरचनाओं और प्रकार्यों का वर्णन इस तरीके से किया है–"विवाह से उत्पन्न एक सामाजिक समूह जिसमें पति, पत्नी और इनके सहवास से पैदा हुए बच्चे शामिल होते हैं (यद्यपि परिवार के कुछ रूपों में अन्य संबंधियों को भी सम्मिलित किया

जाता है); ये सदस्यों को कानूनी, आर्थिक और धार्मिक बंधनों के साथ-साथ कर्त्तव्यों और विशेषाधिकारों के जरिए बाँधते हैं; ये लैंगिक विशेषाधिकार और निषेध उपलब्ध कराते हैं तथा यहाँ प्रेम, आदर और लगाव की अलग-अलग कोटियाँ विद्यमान होती हैं।"
परिवार से संबंधित मुख्यधारा के अध्ययन परिवार की व्याख्या एक ऐसी इकाई के रूप में करते हैं "जहाँ विपरीत लिंगों के कम से कम दो वयस्क लोग एक साथ रहते हैं; वे श्रम के विभाजन के किसी न किसी रूप से संलग्न होते हैं; वे आर्थिक और सामाजिक विनिमयों के अनेक प्रकारों में संलग्न रहते हैं; अर्थात् वे चीजों को एक-दूसरे के लिए करते हैं; वे उभयनिष्ठ रूप से बहुत सारी चीजों की साझेदारी करते हैं, जैसे—भोजन, सहवास, आवास तथा दोनों चीजें यानी वस्तुएँ और सामाजिक गतिविधियाँ; वयस्कों का अपने बच्चों से संबंध माता-पिता का होता है और इसी तरह बच्चों का इन वयस्कों से संबंध संतान का होता है; अपने बच्चों पर माता-पिता का कुछ प्राधिकार होता है जिसमें माता और पिता दोनों की साझेदारी होती है और यह साझेदारी सुरक्षा, सहयोग और पोषण के लिए कुछ दायित्व सँभालने के संबंध में भी होती है; स्वयं बच्चों में भी सहोदर होने के संबंध मौजूद होते हैं तथा इसके साथ एक बार फिर सुरक्षा के लिए और एक-दूसरे की सहायता करने के लिए साझा किए जाने वाले दायित्वों की एक परास मौजूद होती है। जब ये सारी परिस्थितियाँ विद्यमान होती हैं, तब बहुत कम ही लोग इस बात से इंकार करेंगे कि यह इकाई एक परिवार है।"

नारी के महत्त्व की ओर ध्यान आकर्षित करने वाले विद्वानों का मानना है कि संयुक्त परिवार पर केंद्रित इन सभी मुख्यधारा के अध्ययनों में और संयुक्त परिवार की एकता का महिमामंडन करने की प्रक्रिया में परिवार की एकता को बनाए रखने में महिलाओं की भूमिका की उपेक्षा की गई है। इसके साथ ही परिवार के भीतर महिलाओं के अलग-अलग तरीके के और कठिन अनुभवों की भी उपेक्षा की गई है। उन्होंने तर्क दिया कि नातेदारी और परिवार के संदर्भ में सौदेबाजी की शक्ति और समझौता करने की योग्यता की धारणा (notion) महत्त्वपूर्ण है। हालाँकि पितृवंशीय और पितृ-प्रभुत्वयुक्त नातेदारी के दायरे के भीतर रहने वाली अधिकांश महिलाओं के पास संसाधनों पर बहुत सीमित अधिकार होता है और असल में परिवार और घर (household) के भीतर इन महिलाओं के पास उत्तराधिकार संबंधी कोई अधिकार नहीं होता और निर्णय-निर्माण की कोई शक्ति भी नहीं होती। महिलाएँ हाशियाकृत होती हैं, उन्हें पराधीन माना जाता है और उनकी स्वायत्तता को पुरुषों द्वारा नियंत्रित किया जाता है। इसलिए इन पितृवंशीय परिवारों में महिलाओं के पास शायद ही चयन का कोई विकल्प या संविदा की कोई शक्ति होती हो। नातेदारी और परिवार की संरचनाओं पर प्रकाश डालने की कोशिश नारीवादियों ने तो अपने अध्ययन में की है किंतु इन संरचनाओं का अध्ययन करने वाली मुख्यधारा में इन तथ्यों को कोई महत्त्व नहीं दिया गया है।

(1) **परिवार और महिलाओं की अधीनस्थता की प्रकृति**—परिवार की पवित्रता और समुदाय के भीतर प्रतिष्ठा के नाम पर परिवार और नातेदारी ने महिलाओं को

अधीनस्थ बना दिए जाने वाले प्रतिमानों की तरफ नारीवादी अध्ययनों में इशारा किया है। महिलाओं के हाशियाकरण के सर्वाधिक स्पष्ट रूप उनकी गतिशीलता पर प्रतिबंध थोपकर प्रतिष्ठा के नाम पर उनके विरुद्ध की जाने वाली हिंसा को चिरस्थायी बनाना, जेंडर समाजीकरण को चिरस्थायी बनाना, श्रम के जेंडरीकृत विभाजन के मानक को कठोर करना, प्रजनन के संबंध में महिलाओं के शरीर पर नियंत्रण स्थापित रखना और अंतत: महिलाओं को परिवार में लगातार हाशिए पर बनाए रखना है। "अध्येताओं ने परिवार की प्रतिष्ठा के नाम पर महिलाओं के साथ की जाने वाली आपराधिक हिंसा पर अपना ध्यान केंद्रित किया है और दर्शाया है कि परिवार की प्रतिष्ठा का तर्क किस प्रकार महिलाओं को अधीनस्थ बना देता है और पुरुषों को यह शक्ति प्रदान कर देता है कि वे महिलाओं के आत्मा और शरीर पर अपना नियंत्रण स्थापित करें (दास, 1996)।"

इस संदर्भ में नारीवादी अध्ययनों ने जाति की विचारधारा और परिवार की विचारधारा के प्रतिच्छेदन पर चर्चा की है और दर्शाया है कि महिलाओं के ऊपर नियंत्रण स्थापित करने के लिए किस प्रकार ये दोनों विचारधाराएँ अपना काम एक साथ मिलकर करती हैं। "परिवार की प्रतिष्ठा और जाति की शुचिता को महिलाओं की यौनिकता की शुद्धता और इस यौनिकता के नियंत्रण पर निर्भर माना जाता है। जाति की संरचना की शुद्धता को बनाए रखने के लिए जाति व्यवस्था सीमाओं को बनाए रखने (यानी सिर्फ अपनी जाति के भीतर ही विवाह करने) पर बहुत जोर देती है। सीमाओं को बनाए रखने का यह भार जीव-वैज्ञानिक प्रजनन में महिलाओं की विशिष्ट भूमिका के कारण उन पर ही गिरता है (रे, 2014)।" शुचिता और प्रतिष्ठा के विचार को बनाए रखने में परिवार सामाजिक संस्था के एक रूप की शक्ल में अपनी महत्त्वपूर्ण भूमिका निभाता है। ऐसा करने के लिए परिवार अपने सदस्यों और खासकर महिलाओं को इस प्रकार समाजीकृत करता है कि वे अपनी यौनिकता पर नियंत्रण कायम रखें।

जिन अन्य रूपों में सामाजिक क्रियाविधियाँ शामिल हैं उनमें गतिशीलता पर प्रतिबंध, अलगाव को कायम रखना, एक पवित्र स्त्री के विचार पर जोर, पुत्रों को वरीयता प्रदान करने वाली संस्कृति और कम उम्र में ही लड़कियों का विवाह करना, जिसके जरिए परिवार जाति की सीमाओं को बनाए रखने में सक्रिय रूप से अपना योगदान देता है तथा जाति की शुद्धता और प्रतिष्ठा को बनाए रखना आदि है। परिवार और जाति की प्रतिष्ठा की सुरक्षा का दायित्व समुदाय के पुरुष सदस्यों को सौंपा जाता है, इसलिए पुरुष महिलाओं के ऊपर शक्ति का प्रयोग करते हैं। "परिणामस्वरूप पुरुष महिलाओं के व्यवहार और जीवन के प्रत्येक पहलू को नियंत्रित करते हैं। इन मानकों से परे जाकर काम करने वाली किसी महिला को पथभ्रष्ट कहा जाता है और दंड देकर सुधारने के एक तरीके के रूप में अक्सर ऐसी महिला को हिंसा का सामना करना पड़ता है (रे, 2014)।"

(2) वर्ग और जेंडर का प्रतिच्छेदन–वर्ग के विश्लेषण के साथ नारीवादी संलग्नता विभिन्न देशों में 1960 और 1970 के दशकों में प्रारंभ हुई। महिलाओं और

वर्ग के बीच प्रतिच्छेदन पर अलग-अलग नारीवादी दृष्टिकोणों से चर्चा की गई है। उदाहरणार्थ, संयुक्त राज्य अमेरिका में आमूल-परिवर्तनवादी (radical) नारीवादियों ने पितृसत्ता को "उत्पादन की सभी प्रणालियों के अंतर्गत निर्धारक सामाजिक संबंध" के रूप में देखा (कस्टर्स, 2014)। उन्होंने तर्क दिया कि शक्ति केवल पुरुषों के पास ही होती है और सामाजिक व्यवस्था महिलाओं पर पुरुषों के प्रभुत्व द्वारा पहचानी जाती है। आमूल-परिवर्तनवादी नारीवादी दृष्टिकोण के अनुसार, उत्पादन के साधनों के साथ महिलाओं का संबंध, इन साधनों के साथ पुरुषों के संबंध से भिन्न है क्योंकि महिलाओं के श्रम को पुरुष नियंत्रित करते हैं। इसलिए इसके बाद महिलाओं के अदृश्य कार्य और उनके घरेलू कामकाज जैसे कुछ मुद्दों का नारीवादियों ने अध्ययन किया।

1970 के दशक के पूर्वार्द्ध में महिलाओं और वर्ग पर वाद-विवाद घरेलू कामकाज के संकल्पनाबद्धीकरण पर केंद्रित रहा। इस संदर्भ में अमेरिकी लेखिका मार्ग्रेट बेन्स्टन और इतालवी नारीवादी मारिया रोजा डाला कोस्टा ने कुछ बहुत रोचक योगदान दिए। जब नारीवाद की दूसरी लहर उभर रही थी, तब मार्ग्रेट बेन्स्टन (1969) ने एक निबंध 'महिलाओं की मुक्ति की राजनीतिक अर्थव्यवस्था' लिखा, जिसमें उन्होंने तर्क दिया कि महिलाओं की दोयम दर्जे की प्रस्थिति का मूल कारण अपनी प्रकृति में आर्थिक है और एक समूह के रूप में महिलाएँ उत्पादन के साधनों के साथ एक निश्चयात्मक संबंध साझा करती हैं।

प्रजनन और वर्ग का संबंध बहुत जटिल है। इसलिए प्रजनन के क्षेत्र में महिलाओं की भूमिका की सार्वभौमिक स्वीकृति महिलाओं और पुरुषों के बीच वर्ग संरचना को उत्पन्न करने का आधार बन गई। परिणाम यह हुआ कि श्रम बाजार में और परिवार में महिलाओं द्वारा किया गया कार्य या तो अदृश्य हो गया या उसका संज्ञान नहीं लिया गया। उदाहरण के लिए, उन्नीसवीं शताब्दी में महिलाओं को उनके पहले बच्चे के जन्म के बाद कार्य से हटा लिया जाता था। युगों-युगों से महिलाओं ने अपनी प्रजननमूलक जिम्मेदारियों के इर्द-गिर्द ही अपने कार्य को आकार दिया है और इसके साथ-साथ उन्होंने आर्थिक योगदान भी दिए हैं।

अध्ययन बताते हैं कि जहाँ महिलाओं को अपने बच्चे साथ रखते हुए कार्य करने की अनुमति दी गई, वहाँ कार्य में उनकी सहभागिता की दर बढ़ी उदाहरण के लिए, न्यूयॉर्क में खाद्य पदार्थों को डिब्बों में रखने वाले कारखानों में काम करने वाली इतावली माताएँ, न्यू इंग्लैंड की कपड़ा मिलों और सूती कपड़ों के अंग्रेजी कारखानों में काम करने वाली अप्रवासी माताएँ। ऐसे कई अध्ययन मौजूद हैं, जिन्होंने यह दर्शाया है कि चूँकि समाज में महिलाओं को कभी भी कमाने वाली प्राथमिक मजदूर नहीं माना गया, इसलिए उनका अधिकांश प्रतिनिधित्व कुछ विशिष्ट व्यवसायों; जैसे–परिचारिकाओं (nurses), शिक्षकों और कृषि श्रमिकों तक ही सीमित मिलता है। वर्ग और जेंडर के बीच के इस संबंध के गहरे निहितार्थ महिलाओं की स्कूलिंग तथा शिक्षा तक उनकी पहुँच से भी संबंधित हैं।

(3) जाति और जेंडर की अंत:क्रिया—सामाजिक संस्थाओं के रूप में जाति, वर्ग और जेंडर आपस में जुड़े हुए हैं और एक-दूसरे को आकार प्रदान करते हैं। एक विशालतर सामाजिक संरचना के हिस्से के रूप में ये संस्थाएँ शिक्षा, स्वास्थ्य, राजनीति और बाजार जैसे अन्य क्षेत्रों के साथ लगातार संलग्न रहती हैं।

जाति व्यवस्था का आधार विवाह, लैंगिकता और प्रजनन की संरचना को पीढ़ी-दर-पीढ़ी बनाए रखना है। यह समाज के भीतर जेंडर और अन्य सामाजिक जाति समूहों के संबंध में असमानताओं को बनाए रखने का मौलिक आधार है। "लुईस ड्यूमोंट (1972) जाति व्यवस्था को सहमति-आधारित मूल्यों की एक व्यवस्था के रूप में परिभाषित करते हैं यानी एक ऐसी व्यवस्था जिसमें मूल्यों का एक समुच्चय प्रभुत्व जताने वाले और प्रभुत्व स्वीकार करने वाले दोनों लोगों द्वारा स्वीकार किया जाता है।" इतिहासकार उमा चक्रवर्ती का तर्क है कि यह परिभाषा इसलिए लोकप्रिय है क्योंकि यह उच्च जातियों के लिए सुविधाजनक है। यह परिभाषा सुविधाजनक इसलिए है क्योंकि यह पदसोपानीय संरचना में अपनी स्थिति को बनाए रखने में उच्च जातियों की मदद करती है। अम्बेडकर जाति व्यवस्था को एक 'श्रेणीबद्ध असमानता' की एक व्यवस्था के रूप में परिभाषित करते हैं जिसमें शक्ति के श्रेणीतंत्र हमेशा जाति व्यवस्था की प्रभुत्वशाली विचारधारा में निहित रहते हैं। इस प्रकार, महिलाओं और दलित समुदायों को अनेकानेक हाशियाकरणों का सामना शिक्षा, स्वास्थ्य और आर्थिक सशक्तिकरण तक पहुँच के मामले में करना पड़ता है।

स्वजातीय विवाह (endogamy) की संकल्पना के जरिए भी जेंडर और जाति के प्रतिच्छेदन (intersection) को समझा जा सकता है। "एंडोगेमी अपनी ही जाति में विवाह करने की प्रथा है और यह उन महत्त्वपूर्ण तरीकों में से एक है जिनके माध्यम से जाति के श्रेणीतंत्र को कायम रखा जाता है और उसे व्यवहार में लाया जाता है। एंडोगेमी की कठोर प्रथा के माध्यम से सांस्कृतिक नियमावलियों को लागू करने का परिणाम भारत में अत्यधिक जेंडरीकृत हिंसा के रूप में सामने आया है" (बिंदुलक्ष्मी 2014)। समाचार पत्रों में भी भारत में बड़े पैमाने पर की जाने वाली जेंडरीकृत हिंसा के बारे में पढ़ने को मिलता है, जो प्रतिष्ठा की विचारधारा के नाम पर की जाती है। प्रतिष्ठा की धारणा से पुरुष और महिला अलग-अलग तरीकों से संबद्ध रहते हैं तथा जाति/समुदाय के मानकों को लाँघने के विषय में भी पुरुषों और महिलाओं के लिए सामाजिक प्रतिबंध की क्रियाविधि अलग-अलग तरीके की होती है। उदाहरण के लिए, भारत के विभिन्न राज्यों में प्रतिष्ठा के नाम पर की जाने वाली हत्या (honour killings) की बढ़ती घटनाएँ जातिगत एंडोगेमी और हिंसा के बीच के गहरे संपर्क को समझने में हमारी मदद करती हैं। खाप पंचायतें जाति व्यवस्था, समुदाय के मानकों और गोत्र के मानक की कठोर सीमाओं का उल्लंघन करने वाले युवा जोड़ों के विरुद्ध हिंसा को चिरस्थायी बना रही हैं। उमा चक्रवर्ती (1993) का तर्क है कि महिलाओं को विवाह और प्रजनन की संरचना के दायरे में जाति व्यवस्था का प्रवेशद्वार माना जाता है।

महिलाओं को जाति की प्रतिष्ठा के एक भंडार-गृह के रूप में देखा जाता है और इसलिए वे पितृसत्तात्मक संरक्षण, नैतिक निगरानी, नियंत्रण और हिंसा के अधीन हो जाती हैं। महिलाओं के विरुद्ध हिंसा का औचित्य समुदाय की प्रतिष्ठा और जातिगत शुद्धता के इसी स्वरूप के कारण स्थापित किया जाता है।

उमा चक्रवर्ती सवर्ण पितृसत्ता के संबंध में लिखती हैं, "ब्राह्मणवादी पितृसत्ता नियमों और संस्थाओं का एक ऐसा समूह है जिसमें जाति और जेंडर एक-दूसरे से संबंधित हैं और परस्पर एक-दूसरे को आकार प्रदान करते हैं और जहाँ जातियों के बीच की सीमाएँ बनाए रखने के लिए महिलाओं की भूमिका महत्त्वपूर्ण हैं। इस ढाँचे के पितृसत्तात्मक नियम सुनिश्चित करते हैं कि जाति व्यवस्था को बंद सजातीय यौन-विवाह संबंधों के जातिक्रम का उल्लंघन किए बिना बनाए रखा जा सकता है। महिलाओं के लिए ब्राह्मणवादी पितृसत्तात्मक कानून उनके जातीय समूहों के अनुरूप एक-दूसरे से भिन्न होते हैं, जिसमें महिलाओं की यौनिकता पर सबसे कठोर नियंत्रण ऊँची जातियों में पाया जाता है। ब्राह्मणवादी पितृसत्ता के कायदे-कानून अक्सर शास्त्रों से लिए जाते हैं। ये विशेषकर उच्च जातियों को वैचारिक आधार प्रदान करते हैं, लेकिन कई बार उन्हें निचली जातियों द्वारा भी आत्मसात कर लिया जाता है।" वास्तव में यदि समाज के उच्च शिक्षित सवर्ण महिलाओं के पारिवारिक ढाँचे तथा महिलाओं के क्रियाकलापों का विश्लेषण किया जाए तो इन परिवारों की स्त्रियाँ अनेक प्रकार की बंदिशों से बंधी होती हैं। वे धनी होते हुए भी आर्थिक रूप से पति पर निर्भर रहती हैं। धर्म के कठोर नियमों का लबादा इतना भारी होता है कि उतार फेंकने का साहस जल्दी नहीं होता।

प्रश्न 3. सामाजिक यथार्थों के एक लघु-स्वरूप के रूप में विद्यालय की व्याख्या कीजिए।

अथवा

परिवार के भीतर जेंडर आधारित भेदभाव क्या है? व्याख्या कीजिए।

अथवा

पाठ्यक्रम और पाठ्यपुस्तकों में जेंडर पूर्वाग्रहों की प्रकृति पर चर्चा कीजिए।

उत्तर– विद्यालय प्रणाली विचारधारा, सामाजिक मानकों, उदार मूल्यों और प्रगतिशील विचारों के बीच संघर्ष का अनुभव करने के लिए एक उपयुक्त जगह है। इसलिए, विद्यालय ऐसे उत्तम मंच हैं जो महिलाओं के शिक्षा के अधिकार और समाज में महिलाओं की निर्धारित भूमिकाओं के बीच विरोधाभासों को प्रतिबिम्बित करते हैं। इस अर्थ में, विद्यालय भी अपनी प्रकृति में जेंडरीकृत होते हैं और अध्यापन के अपने कार्यों और संस्कृति में विद्यालय भी जेंडर रूढ़िवादियों को प्रतिबिम्बित करते हैं।

(1) शिक्षा की पहुँच और निहित जेंडर अधीनस्थताएँ–ऐसे अनेकों विरोधाभास भारतीय समाज में देखने को मिलते हैं जिसमें महिलाओं को शक्तिशाली के रूप में

चित्रित किया जाता है, लेकिन तब भी, परिवार में उनका दमन किया जाता है और उन्हें परिवार के अनुकूल बनाया जाता है। संपूर्ण सामाजिक व्यवस्था के एक अंग के रूप में विद्यालय भी ऐसे जेंडर संघर्षों और विरोधाभासों से मुक्त नहीं हैं। ऐतिहासिक रूप से विद्यालयों की रचना बालकों को शिक्षित करने के लिए की गई थी क्योंकि बालिकाओं को समाज में माताओं, पत्नियों और बहुओं के रूप में आदर्शीकृत किया जाता था। अपने लेख 'भारत में स्कूलिंग में वर्ग और जेंडर' में राका रे ने उन जेंडर पूर्वाग्रहों का वर्णन किया है जो उन्नीसवीं शताब्दी के कलकत्ता में विद्यालयों में विद्यमान होते थे। उन्होंने 1800 के दशक में लड़कियों के लिए शुरू किए गए विद्यालयों का मामला प्रस्तुत किया है जिसके प्रमुख उद्देश्य को इस प्रकार परिभाषित किया गया था–"बुद्धिमानी से शिक्षित की गई माताओं की विद्यमानता अनिवार्य है ताकि बुद्धिमान और साहसी पुत्रों और भाइयों और पतियों की एक प्रजाति को प्रशिक्षित किया जा सके।" इन विद्यालयों को समर्थन 1800 के दशक के मध्य में मिलना शुरू हुआ जब पश्चिमी शिक्षा प्राप्त युवा लड़कों ने यह महसूस करना शुरू किया कि उनकी औरतों की अवस्था उन्नीसवीं शताब्दी के नए उदारवादी विचारों के लिए उपयुक्त नहीं है। इस प्रकार, शिक्षित पुरुषों ने अपनी औरतों को शिक्षित करने का समर्थन इसलिए किया ताकि ये औरतें तार्किक तरीके से अपना कामकाज कर सकें। हालाँकि यह प्रयास महिलाओं के सशक्तिकरण की दिशा में अधिक नहीं था, बल्कि इसके बजाय यह शिक्षित महिलाओं के एक ऐसे वर्ग को उत्पन्न करने के लिए था जो निजी और सार्वजनिक दोनों क्षेत्रों में संतुलन स्थापित कर सकें।

विद्यालयी शिक्षा ने इस बात पर जोर देना शुरू किया कि "महिलाओं की शिक्षा का तात्पर्य उन्हें व्यवहार करने की अधिक स्वतंत्रता प्रदान करना नहीं है और न ही यह अपने पति के प्रति किसी औरत के प्राथमिक कर्त्तव्य से ऊपर है।" यह उदाहरण बताता है कि संस्था के रूप में विद्यालय की रचना समाज की जेंडरीकृत समझ के आधार पर किस प्रकार की गई थी। लड़कों को मजदूर और बौद्धिक वर्ग बनाने के लिए शिक्षित किया जाता है तथा लड़कियों के पास शिक्षा का अधिकार तो है, लेकिन उन्हें शिक्षित इसलिए किया जाता है ताकि वे अच्छी बेटियाँ और परिश्रमी पत्नियाँ बन सकें। इस अर्थ में, विद्यालय भी किसी अन्य सामाजिक संस्था की तरह ही है, जिसका विश्वास पितृसत्तात्मक मूल्यों या जेंडर रूढ़ियों पर जोर देकर उसकी पुष्टि करने में होता है।

जाति-श्रेणीतंत्र, आर्थिक असमानताएँ, सांस्कृतिक वैविध्य और जेंडर संबंध भारत में शिक्षा तक बच्चों की पहुँच और उनकी सहभागिता को गहराई से प्रभावित करते हैं। सामाजिक और अन्य प्रकार की ये विषमताएँ (ग्रामीण/शहरी) विद्यालयों के नामांकन में और शिक्षा पूर्ण करने के प्रतिमान में स्पष्ट रूप से प्रतिबिम्बित होती हैं। उदाहरण के लिए, अनुसूचित जाति और अनुसूचित जनजाति के समुदायों तथा अन्य नृजातीय समूहों की लड़कियाँ शैक्षिक रूप से अधिक कमजोर होती हैं। विद्यालय प्रणाली अपनी प्रकृति में स्वाभाविक रूप से स्तरीकृत और जेंडरीकृत होती है। परिणामस्वरूप यह प्रणाली

अल्प-सुविधाप्राप्त और हाशियाकृत श्रेणियों के बच्चों के लिए जिस तरीके के शैक्षिक अनुभव मुहैया कराती है, वे अलग होते हैं।

राष्ट्रीय पाठ्यचर्या की रूपरेखा, 2005 ने जेंडर, जाति, वर्ग, धर्म, क्षेत्र आदि से उत्पन्न होने वाली असमानताओं के पहलुओं पर खासा जोर दिया है ताकि सार्वजनिक प्राथमिक शिक्षा के तहत प्रत्येक बच्चे को गरिमा और महत्त्व प्रदान किया जा सके। यह दस्तावेज इस बात पर जोर देता है कि असमान जेंडर संबंध न सिर्फ प्रभुत्व को चिरस्थायी बनाते हैं, बल्कि चिंताएँ भी पैदा करते हैं तथा अपनी मानवीय क्षमताओं को पूर्ण रूप से विकसित करने की लड़कों और लड़कियों दोनों की स्वतंत्रताओं को कम करते हैं। शिक्षित होने के बाद बहुत सारी लड़कियाँ और लड़के एक अर्थ में स्वतंत्रता का एहसास करते हैं और इस रूप में शिक्षा पुनर्समाजीकरण का एक साधन है।

(2) जेंडर पूर्वाग्रह और पाठ्यपुस्तकों में उनका चित्रण—जेंडर पूर्वाग्रह पाठ्यपुस्तकों में एक सार्वभौमिक परिघटना (phenomenon) है और सभी देशों में इसका प्रतिमान भी एक जैसा ही है। ब्लूमबर्ग (2008) ने विकसित और विकासशील दोनों प्रकार के देशों में शिक्षण सामग्रियों में मौजूद जेंडर पूर्वाग्रहों के प्रतिमान और कोटि का वर्णन किया है। ब्लूमबर्ग ने सीरिया और भारत जैसे देशों में पाठ्यपुस्तकों में जेंडर पूर्वाग्रहों से संबंधित अकादमिक साहित्य का उल्लेख किया है।

इन पुस्तकों ने भूमिकाओं के जेंडर विभाजन के पारंपरिक प्रतिमान को चित्रित किया है, उदाहरण के लिए पुरुषों को घर के मुखिया के रूप में और महिलाओं को अक्सर घरेलू कामकाज से जोड़कर वर्णित किया गया है। परिवार के भीतर किए जाने वाले कार्य; घर-परिवार का बजट बनाने और बच्चों को नियंत्रण में रखने जैसे कार्यों को परिवार के पुरुष सदस्यों द्वारा प्रबंधित किए जाने वाले कार्यों के रूप में देखा जाता है। पाठ्यपुस्तकों में महिलाओं को पीड़ितों, निष्क्रिय व्यक्तियों और मौन कर्त्ताओं के रूप में चित्रित किया जाता है, जिनके पास निर्णय-निर्माण की शक्ति का अभाव होता है, यहाँ तक कि परिवार के भीतर लिए जाने वाले निर्णयों के संबंध में भी।

ब्लूमबर्ग ने एलिस और अहमद के अध्ययनों का भी उल्लेख किया है, जिन्होंने भारत में पाठ्यपुस्तकों में जेंडर पूर्वाग्रहों के मुद्दे पर विचार किया है। एलिस (2002) द्वारा भारत के पश्चिम बंगाल राज्य में विद्यालय की पाठ्यपुस्तकों के संबंध में माध्यमिक विद्यालय के तृतीय और चतुर्थ वर्षों की इतिहास और भूगोल की पुस्तकों के संदर्भ में इस विषय पर एक लेख लिखा गया था। इस अध्ययन में पाया गया कि जेंडर रूढ़ियों को चित्रों और विषयवस्तु की अभिव्यक्ति के माध्यम से व्यक्त किया गया था। एक पाठ्यपुस्तक में 52 चित्रों में से 50 (96 प्रतिशत) चित्र नरों के थे। चित्रों में महिलाओं को पारंपरिक जेंडर भूमिकाओं से जोड़कर दिखाया गया था।

नीति प्रारूपण और प्रवर्तन पर विशेष बल देते हुए अहमद (2006) का अध्ययन शिक्षा में जेंडर भेदभाव को कम करने के लिए एक राष्ट्रीय परिप्रेक्ष्य मुहैया कराता है। सन् 1982-83 से राष्ट्रीय शैक्षिक अनुसंधान और प्रशिक्षण परिषद् (एन.सी.ई.आर.टी.)

"जेंडर विषमताओं को समाप्त करने पर विशेष बल देती चली आ रही है; खासतौर से पाठ्यपुस्तकों में लैंगिक रूढ़ि और लैंगिक-पूर्वाग्रह को समाप्त करने पर जोर देते हुए।" उनका निष्कर्ष है कि महिलाओं को अभी भी रूढ़िवादी भूमिकाओं में ही दर्शाया और वर्णित किया जाता है तथा अपनी प्रकृति में "अध्याय नर-केंद्रित होते हैं।"

विभिन्न पाठ्यपुस्तकों में भारत में भी जेंडर रचनाओं के ऐसे रूपों को देखा जा सकता है। कुछ पुस्तकों में जेंडर रचनाओं को विरोधाभासी तरीके से चित्रित किया जाता है। उदाहरण के लिए, पुणे के एक शैक्षिक कार्यकर्त्ता ने पाया कि एक पाठ्यपुस्तक में महिलाओं को पुरुषों के समान ही चित्रित किया गया है, तब भी किसी दूसरे अध्याय में जाकर यह चित्रण बदल जाता है। इसलिए, वैकल्पिक ज्ञान रूपरेखा का निर्माण करना आवश्यक है ताकि हमारे विद्यालय और शैक्षिक प्रणाली अपनी प्रकृति में जेंडर समावेशी बनने के योग्य हो सकें। उदाहरण के लिए, ज्ञान-रचना की जेंडरीकृत रूपरेखा के दायरे में पूरे पाठ्यक्रम को ही पुन: अभिकल्पित करने की आवश्यकता है। जी.पी.एच. की पुस्तकों का मुख्य उद्देश्य ज्ञान के साथ-साथ अच्छे नम्बर दिलाना है।

WE'D LOVE IT IF YOU'D LIKE US!

/gphbooks

We're now on Facebook!

Like our page to stay on top of the useful, greatest headlines & exciting rewards.

Our other awesome Social Handles:

gphbooks
For awesome & informative videos for IGNOU students

9350849407
Order now through WhatsApp

gphbooks
We are in pictures

+Gullybabagphbook
Adding something in you

gphbook
Words you get empowered by

अध्याय 4

विद्यालय में जेंडर संबंध
(GENDER RELATIONS IN SCHOOL)

भूमिका

हमारे विद्यालयों में जेंडर का समाजीकरण यह आश्वस्त करता है कि लड़कियों को यह सचेत कर दिया जाए कि वे लड़कों के बराबर नहीं हैं। विद्यार्थियों को जब भी लिंग की दृष्टि से बैठाया जाता है या फिर खड़ा किया जाता है तो अध्यापकगण यह ध्यान रखा करते हैं कि उनके साथ अलग-अलग व्यवहार किया जाए। जब भी कोई प्रशासक यौन उत्पीड़न के किसी कृत्य को नजरअंदाज करता है तो वह लड़कियों/महिलाओं के प्रति अपमान की अनुमति दे रहा होता है। जब लड़कों के विभिन्न व्यवहारों को यह कहकर बर्दाश्त कर लिया जाता है कि "लड़के तो लड़के ही होते हैं" तो उस रूप में विद्यालय लड़कियों के उत्पीड़न को बनाए रखने का कार्य कर रहे होते हैं।

ऐसे कई साक्ष्य देखने में आते हैं कि लड़कियाँ लड़कों से पढ़ाई की दृष्टि में अधिक सफल होती जा रही हैं। हालाँकि कक्षाकक्ष का परीक्षण यह दर्शाता है कि लड़कों और लड़कियों को अभी भी उन तरीकों से समाजीकृत किया जाता है जो जेंडर समानता के विरुद्ध कार्य करते हैं। अध्यापकगण लड़कियों को नारीवादी आदर्शों के रूप में समाजीकृत करते हैं। लड़कियों की उनके शांत एवं साफ सफाई वाले व्यवहार के लिए प्रशंसा की जाती है जबकि लड़कों को इस बात के लिए प्रेरित किया जाता है कि स्वतंत्र रूप से सोचें, सक्रिय बनें तथा बोलने वाले बनें। लड़कियों को विद्यालयों में इस बात के लिए समाजीकृत किया जाता है कि वे इस बात को पहचानें कि लोकप्रियता का महत्त्व है और यह सीखें कि शैक्षिक कार्यकुशलता तथा योग्यता का इतना अधिक महत्त्व नहीं है।

प्रश्न 1. पाठ्यपुस्तकों और कक्षाकक्ष प्रक्रियाओं में पितृसत्तात्मक संबंधों का सांस्कृतिक पुनरुत्पादन तथा विद्यार्थी-अध्यापक अंत:क्रियाओं को समझाइए।

अथवा

जेंडर संबंधों को परिभाषित कीजिए तथा पुरुषों और महिलाओं के लिए जेंडर भूमिकाओं के उत्पादन और पुनरुत्पादन पर विस्तृत चर्चा कीजिए।

उत्तर– जीवन के प्रारंभिक चरणों से ही जेंडर संबंधों को सुदृढ़ करने के लिए 'शिक्षा' एक साधन रही है। समाजीकरण की प्रक्रिया के कारण किसी भी समाज में महिलाओं और पुरुषों से कुछ निश्चित भूमिकाएँ निष्पादित करने की उम्मीद की जाती है। अलग-अलग भूमिकाओं के निष्पादन के कारण और समाज के स्थापित मानकों के कारण समाज में पुरुषों और महिलाओं के बीच जेंडर संबंध स्थापित किए गए। पश्चिमी समाज में उन्नीसवीं शताब्दी तक पुरुषों और महिलाओं की भूमिकाएँ स्थैतिक मानी गईं। लिंगों के बीच भूमिकाओं में और उनके प्रवर्तन में अंतरों के कारण असमान शक्ति संबंध पैदा हुए और इसका परिणाम यह हुआ कि एक समूह लाभान्वित होता गया और दूसरा समूह वंचित। पुरुषों और महिलाओं के बीच की असमानता आगे बारम्बार अभिव्यक्त होती रही और इसका परिणाम यह हुआ कि समाज में समस्त संबंधों और सामाजिक विन्यासों (formations) का विनियमन किया जाने लगा। नर (male) और मादा (female) के बीच के जीव-वैज्ञानिक अंतरों ने सामाजिक-सांस्कृतिक अंतरों को निर्धारित किया। शुरू में इसे चुनौती नहीं दी गई।

पुरुषों और महिलाओं के लिए सामाजिक भूमिकाओं को सुदृढ़ करने में पितृसत्ता ने महत्त्वपूर्ण भूमिका निभाई है। पश्चिमी समाजों में और इसके साथ-साथ अन्य समाजों में भी सामाजिक भूमिकाओं को पितृसत्तात्मक अभिवृत्तियों द्वारा आकार प्रदान किया गया है। ये सामाजिक भूमिकाएँ पितृसत्तात्मक अभिवृत्तियों द्वारा प्रभावित हुईं हैं। पुरुषों और महिलाओं के लिए उपयुक्त मानी गई भूमिकाएँ इतिहास, संस्कृति और समाज से प्रभावित होती रही हैं। इस नजरिए से देखें तो ऐतिहासिक काल से महिलाओं ने अलग (और आमतौर पर अधीनस्थ) भूमिकाएँ ग्रहण कीं क्योंकि पश्चिमी और अन्य समाज पितृसत्तात्मक थे। दूसरे शब्दों में, महिलाओं पर पुरुषों का नियंत्रण था और इसलिए जीव-वैज्ञानिक अंतरों को रूढ़ कर दिया गया तथा महिलाओं को अधीनस्थ स्थिति में रख दिया गया। इस परिप्रेक्ष्य का जोर जेंडर और लिंग के अंतरों को एक ऐसी सांस्कृतिक परिघटना के रूप में समझने पर था जो किसी दौर या संस्कृति के प्रभुत्वशाली विचारों से उत्पन्न होती है। यहाँ शिक्षा को एक ऐसे उपकरण के रूप में देखा गया जो इस संबंध में जागरूकता उत्पन्न करेगी कि किसी विशिष्ट समय में विशिष्ट लैंगिक अंतर क्यों महत्त्वपूर्ण रहे। इसके साथ शिक्षा को दोहरी (dualistic) और रूढ़िवादी मान्यताओं को चुनौती देने वाले एक उपकरण के रूप में तथा लिंगों (sexes) के बीच अधिकाधिक समानता प्रोत्साहित करने वाले एक उपकरण के रूप में भी देखा गया।

प्रारंभ में, पुरुषों और महिलाओं के बीच के अंतरों को तथा महिलाओं की अधीनस्थ स्थिति को अनेक संस्कृतियों और समाजों में प्राकृतिक माना गया। इसके परिणामस्वरूप

महिलाओं की रचना हीनतर के रूप में हुई। विसिनस (Vicinus) के अनुसार, उन्नीसवीं शताब्दी के ब्रिटेन में महिलाओं से उम्मीद की जाती थी कि वे निजी क्षेत्र में भूमिकाओं का निष्पादन करें और पुरुषों से उम्मीद की जाती थी कि वे सार्वजनिक क्षेत्र में भूमिकाओं का निष्पादन करें। उस समय कुछ वैज्ञानिक अध्ययन भी प्रकाशित हुए थे और इन अध्ययनों ने भी महिलाओं की क्षमताओं को कम करके प्रस्तुत किया था। उदाहरण के लिए, डेलामोंट (Delamont) और डफिन (Duffin) ने 1978 में अपने प्रलेख-पर्चे (paper) में इस मान्यता का उल्लेख किया था कि अगर महिलाएँ विश्वविद्यालयों में प्रवेश करेंगी तो इससे उनकी प्रजननमूलक क्षमताओं को नुकसान पहुँचेगा। बीसवीं शताब्दी के प्रारंभ में इस परिप्रेक्ष्य में बदलाव होना शुरू हुआ। तब भी, बीसवीं शताब्दी के प्रारंभिक विमर्शों में लड़कियों और लड़कों के बीच के जीव-वैज्ञानिक अंतर ही प्रभावी रहे। इसके अनुसार, पुरुषों के बारे में यह माना जाता था कि वे शारीरिक रूप से मजबूत होते हैं, कम लचीले होते हैं, उनके पास वैज्ञानिक क्षमताएँ अधिक होती हैं और दुनिया को देखने की उनकी प्रवृत्ति अधिक वस्तुनिष्ठ होती है। पुरुषों के विपरीत महिलाओं के गुणों के बारे में यह माना गया कि महिलाएँ पालन-पोषण करने और देखभाल करने के लिए अधिक उपयुक्त होती हैं। महिलाएँ अपने जीवन में प्रारंभिक चरणों में ही शारीरिक और मनोवैज्ञानिक रूप से अधिक परिपक्व हो जाएँगी। हट (Hutt) जैसे लेखकों का विचार है कि पुरुष और महिला मूल रूप से भिन्न थे और इसलिए परिवर्तन के प्रति उनके चरित्र सुग्राही (susceptible) नहीं थे। बीसवीं शताब्दी के प्रारंभ तक समाज में पुरुषों और महिलाओं के प्रति रूढ़िवादी परिप्रेक्ष्य को देखने पर ज्ञात होता है कि शिक्षा में भी यही रूढ़िवादी परिप्रेक्ष्य प्रतिबिम्बित होता रहा। शिक्षा को उन्होंने समाजीकरण की प्रक्रिया को बल प्रदान करने वाला एक साधन माना। इसलिए उन्होंने प्रारंभिक स्तर पर बचपन से ही पाठ्यपुस्तकों और अध्ययन-कक्ष के व्यवहारों के माध्यम से पुरुषों और महिलाओं की भूमिकाओं को मजबूत बनाना शुरू किया। उन पाठ्यपुस्तकों में यह उल्लेख किया जाता था कि लड़कियाँ घर चलाने वाली होती हैं और लड़के कमाई करने वाले होते हैं।

नारीवादी आंदोलन की दूसरी लहर ने इस परिस्थिति में, पुरुषों और महिलाओं के बीच समानता लाने के लिए किए जाने वाले अनुसंधान के संदर्भ में अत्यधिक योगदान दिया। इन अनुसंधानों ने वैज्ञानिक प्रमाणों के जरिए यह दर्शाया कि पुरुष और महिला समान होते हैं, यद्यपि उनके बीच जीव-वैज्ञानिक अंतर विद्यमान होते हैं। इन अनुसंधानों ने लिंग और जेंडर को परिभाषित करने में भी अपना योगदान दिया।

समाज में जेंडर संबंधों को समझने में और सामाजिक संरचना का ज्ञान प्राप्त करने में, समुदाय में व्यक्तियों की भूमिकाओं को समझने में, समाज में समाजीकरण की प्रक्रिया तथा शक्ति-संरचनाओं के उत्पादन और पुनरुत्पादन को समझने में कक्षा-कक्षों ने बेहद महत्त्वपूर्ण भूमिका निभाई है। कक्षा-कक्ष में प्राप्त किया गया ज्ञान तथा विद्यार्थी और अध्यापकों के बीच की गई परिचर्चा परिवार और समाज में प्रतिबिम्बित हो सकती

है। समाज और सामाजिक संरचनाओं से संबंधित चर्चाएँ अधिकांशत: भाषा और साहित्य की कक्षा और इतिहास की कक्षा में सीखी जाती हैं। जेंडर भूमिकाओं, संबंधों, प्रजाति और वर्ग की रचना में योगदान देने के मामले में कक्षा-कक्ष भी एक महत्त्वपूर्ण स्थल है।

नारीवादी अध्येताओं द्वारा किए गए अध्ययन इस बात पर जोर देते हैं कि सामाजिक रचना ने महिलाओं के दमन में योगदान दिया है। इसके साथ नारीवादी और उत्तर-संरचनावादी दृढ़ रूप से यह मानते हैं कि यद्यपि विद्यालय सांस्कृतिक और सामाजिक मानकों के पुनरुत्पादन के स्थल रहे हैं, फिर भी दमनकारी सामाजिक ताकतों को विद्यार्थियों ने निष्क्रिय रूप से कभी भी स्वीकृत नहीं किया। इतालवी मार्क्सवादी सिद्धांतकार एन्तोनिया ग्राम्शी (1971) और आलोचनात्मक उत्तर-संरचनावादियों का अध्ययन भी यही दर्शाता है। एपल (1990) के अध्ययन ने स्थापित किया कि विद्यालयों ने निश्चित मानकों, संस्कृति और संस्कारों का पालन किया है और इनके पुनरुत्पादन को सुनिश्चित किया है तथा इसकी हमेशा रक्षा की गई है और हमेशा इसे कायम रखा गया है। विद्यालयों में कुछ निश्चित साहित्य और भाषा की पाठ्यपुस्तकों को सुझाने से विद्यार्थियों के बीच कुछ चर्चाएँ तो अवश्य उत्पन्न हुईं। उदाहरण के लिए तमिल के शिक्षार्थियों के लिए भरतियार द्वारा लिखी गई सामग्रियाँ सुझाई गई थीं। महिलाओं के सशक्तिकरण के बारे में और दमन के सभी प्रकारों से व्यक्तियों की स्वतंत्रता के संबंध में उन्होंने अत्यंत जोरदार तरीके से बातचीत की है।

कथा या गल्प की व्याख्या करने के दौरान अवस्थिति और समयकाल के आधार पर साहित्य के पाठों को संदर्भीकृत किया जा सकता है। कक्षा-कक्ष के प्रतीकात्मक (typical) प्रतिमान में विद्यार्थी स्वयं को अपनी सामाजिक-सांस्कृतिक पृष्ठभूमि के आधार पर पहचानों से संदर्भित कर लेंगे। नर विद्यार्थी अपनी पहचान पुरुषवाची तरीके से कर सकते हैं। यह अध्ययन-कक्ष में उनके सीखने में, चीजों को करने और उन्हें जानने में प्रतिबिम्बित हो सकता है। महिलाओं के घरेलूकरण और उपनिवेशीकरण की जड़ें नर और मादा – दोनों प्रकार के – विद्यार्थियों के मस्तिष्क में गहराई तक जमी हुई थीं। नर और मादा विद्यार्थियों के पास इस चीज के अवसर बहुत कम थे कि वे निजी क्षेत्र में विद्यमान सामाजिक संबंधों को चुनौती दें। यहाँ, शिक्षकों की भूमिका महत्त्वपूर्ण हो जाती है। शिक्षक जब कक्षा-कक्ष में साहित्य के पाठों पर चर्चा आदि करते हैं और इस चर्चा में विद्यार्थियों को संलग्न करते हैं तो विद्यार्थियों के लिए यह एक अवसर होता है कि वे स्वयं को रमाएँ और दमन को चुनौती दें। सन् 2003 में गीना डेबलास द्वारा किए गए अध्ययन ने इस बात को उभारा कि लड़कियों को ऐसे मौके जरूर मिलें जब उन्होंने इन मौकों के दायरे में अध्ययन कक्षों के पाठों और विमर्श में वर्णित सांस्कृतिक नियमों का प्रतिरोध किया। काजडेन (1988) ने अध्ययन कक्ष के विमर्श और बातचीत में विभेद किया है। विमर्श को वे "विद्यालय में बातचीत करने के उपयुक्त तरीकों के मानदंड के रूप में और यहाँ तक कि इस बातचीत के लिए उपयुक्त

विषयों के मानदंड के रूप में" संदर्भित करते हैं। ऐसा इसलिए था क्योंकि व्यक्तियों के संबंध में यह नहीं कहा जा सकता कि वे निष्क्रिय हैं और उनके साथ कोई कार्यवाही की जा रही है, बल्कि वे भी सौदेबाजी और संघर्ष करते हैं तथा साक्षरता के अध्ययन कक्ष में और विश्व में वे व्यक्ति भी अर्थों या तात्पर्यों का सृजन करते हैं। वास्तविकता यह है कि जिस पाठ को पाठक या लेखक पढ़ते हैं, उसके संदर्भ में और उस पाठ का जो अर्थ वे निकालते हैं, उसके भी संदर्भ में वे अपने आत्मनिष्ठ अनुभवों से इस मामले में काफी हद तक प्रभावित होते हैं कि इस संबंध में वे खुद को कहाँ रखें। जेंडर पहचान को निर्मित करने में तथा समाज में विद्यमान मानकों को चुनौती देने में अध्ययन कक्ष महत्त्वपूर्ण भूमिका निभाते हैं।

राष्ट्रीय और अंतर्राष्ट्रीय स्तर पर अनेक प्रयास शिक्षा में जेंडर समानता लाने के लिए किए गए हैं। जेंडर संबंधों के सांस्कृतिक उत्पादन पर चर्चा करने से पहले हमें इन प्रयासों को देखना चाहिए। सहस्राब्दी विकास लक्ष्यों और डकार (Dakar) लक्ष्यों ने निम्न माध्यमिक और उच्च माध्यमिक शिक्षा के विस्तार की महत्ता पर अत्यधिक जोर दिया था। देशों ने विद्यालय स्तर पर शिक्षा के विस्तार के लिए प्रयास किए — चाहे यह प्राथमिक शिक्षा हो, माध्यमिक शिक्षा हो या व्यावसायिक शिक्षा हो। सबके लिए शिक्षा (Education For All; EFA) के डकार लक्ष्यों (2000) का लक्ष्य 5 "सन् 2005 तक प्राथमिक और माध्यमिक शिक्षा में जेंडर असमानताओं के उन्मूलन का तथा सन् 2015 तक शिक्षा में जेंडर समानता को प्राप्त करने का आह्वान करता है।" इसका विशेष लक्ष्य "अच्छी गुणवत्ता की मूलभूत शिक्षा तक लड़कियों की पूर्ण और समान पहुँच तथा उनकी उपलब्धियों" पर है। सहस्राब्दी विकास लक्ष्यों का लक्ष्य 3 "जेंडर समानता और महिला सशक्तिकरण को प्रोत्साहित करने" के लिए है तथा इसका उद्देश्य 4, "वरीय रूप से सन् 2005 तक प्राथमिक और माध्यमिक शिक्षा में और निश्चित रूप से सन् 2015 तक शिक्षा के सभी स्तरों में जेंडर असमानताओं के उन्मूलन" से संबंधित था। सन् 1990 में थाईलैंड में आयोजित ई.एफ.ए. कॉन्फ्रेन्स में सार्वभौमिक प्राथमिक शिक्षा को प्राप्त करने और जेंडर अंतरालों को समाप्त करने के लिए दिशा निर्माण किया गया। इसी बीच लड़कियों की शिक्षा के सकारात्मक लाभों के संबंध में तथा लड़कियों की शिक्षा से उन्हें खुद को, परिवार को, समाज को, देश को और विश्व को मिलने वाले लाभों के संबंध में अनेक अध्ययन सामने आए। लड़कियों की शिक्षा और उनकी कम प्रजनन दरों के बीच सकारात्मक सहसंबंध से जुड़े अनेक अध्ययन भी सामने आए। इसके अतिरिक्त शिशु-मृत्यु दर, बाल-मृत्यु दर और मातृ-मृत्यु दर को कम करने के लिए तथा उनके अपने उचित पोषण के लिए और समाज में बच्चों के समुचित पोषण के लिए लड़कियों की शिक्षा को एक शक्तिशाली उपकरण माना गया।

प्रश्न 2. विद्यालय में जेंडर संघर्षों का निराकरण करने में सांस्कृतिक रूप से अनुक्रियात्मक कक्षा-कक्ष प्रबंधन (CRCM) कैसे सहायक है? चर्चा कीजिए।

उत्तर– विद्यालय में जेंडर संघर्षों के निराकरण के सर्वोत्तम तरीकों में से एक सांस्कृतिक रूप से अनुक्रियात्मक कक्षा-कक्ष प्रबंधन (Culturally Responsive Classroom Management; CRCM) था। हमें कक्षा-कक्षों को सांस्कृतिक रूप से अनुक्रियात्मक तरीके से संचालित करने की जरूरत है, भले ही अध्ययन-कक्ष बहु-सांस्कृतिक हों। सी.आर.सी.एम. का मतलब यह नहीं है कि अध्ययन-कक्षों को निश्चित नियमों और प्रथाओं के आधार पर संचालित किया जाए। यह अध्यापन संबंधी एक दृष्टिकोण था। अध्यापन संबंधी दृष्टिकोण वैज्ञानिक और प्रबंधकीय तरीके से निर्णय लेने में शिक्षकों का मार्गनिर्देशन करते हैं। जब कोई शिक्षक अध्ययन-कक्ष को सी.आर.सी.एम. के तरीके से संचालित करने का निर्णय लेता है तो अपने दैनिक अध्यापन कार्य में उसके लिए यह जरूरी हो जाता है कि वह विद्यार्थियों की पृष्ठभूमियों, उनके अनुभवों, उनके पूर्व-ज्ञान और सीखने की उनकी क्षमता के बारे में जाने। विद्यार्थियों के बारे में उपरोक्त जानकारियों से अवगत रहने के साथ-साथ, शिक्षक जब अध्यापन करते हैं तो स्वयं वे अपनी भी पृष्ठभूमि और अपने भी पूर्व-ज्ञान को प्रतिबिम्बित करते हैं। संभव है कि शिक्षक अपने स्वयं के पूर्वाग्रहों और मूल्यों को प्रतिबिम्बित करते हों और विद्यार्थियों को पढ़ाते समय या उनके साथ अंत:क्रिया करते समय ये पूर्वाग्रह और मूल्य किस प्रकार प्रतिबिम्बित होते हैं या किस तरह ये उनके अध्यापन और उनकी अंत:क्रिया को प्रभावित करते हैं, इसका उचित संज्ञान लिया गया है। शिक्षक पाएँगे कि यह विद्यार्थियों को नियंत्रित करने या उन्हें कुछ रटाने जैसी चीज नहीं है, बल्कि यह आवश्यक जानकारियों और ज्ञान को तथा चर्चा के मुक्त प्रवाह को उपलब्ध कराने से तथा समान और न्यायसंगत अवसरों को मुहैया कराने से संबंधित है।

वीन्स्टाइन, टॉमलिंसन-क्लार्क और करान (2004) ने सी.आर.सी.एम. की पाँच भागों वाली एक संकल्पना विकसित की है जो साहित्य से व्युत्पन्न है। उनके अनुसार, पाँच बिंदुओं वाली यह संकल्पना थी – सांस्कृतिक रूप से अनुक्रियात्मक शिक्षणशास्त्र; बहुसांस्कृतिक परामर्श और देखभाल : किसी व्यक्ति के अपने सांस्कृतिक दृष्टिकोण और पूर्वाग्रहों का संज्ञान, विद्यार्थियों की सांस्कृतिक पृष्ठभूमियों की जानकारी; वृहत्तर सामाजिक-आर्थिक और राजनीतिक संदर्भ के प्रति जागरूकता; सांस्कृतिक रूप से उपयुक्त प्रबंधकीय रणनीतियों का उपयोग करने की योग्यता और इच्छा तथा अध्ययन-कक्ष के समुदायों की देखभाल करने की प्रतिबद्धता। इसके परिणामस्वरूप अध्ययन-कक्ष के प्रबंधन का लक्ष्य एक ऐसे वातावरण का निर्माण करना था जिसमें विद्यार्थीगण व्यक्तिगत जिम्मेदारी के भावबोध के साथ उपयुक्त तरीके से व्यवहार कर सकें, न कि दंड के भय या पुरस्कार की आकांक्षा से वे अपना व्यवहार करें।

शिक्षक और विद्यालय यदि सांस्कृतिक रूप से अनुक्रियात्मक और जेंडर संवेदी अध्ययन-कक्ष स्थापित करना चाहते हैं तो उन्हें निम्नलिखित चीजों पर अपना ध्यान केंद्रित करना होगा–पाठ्यक्रम; विद्यालय की अध्ययन सामग्री, विषय की वरीयता और चयन; प्रेरणात्मक और मनोवैज्ञानिक मुद्दे; विद्यालय का वातावरण; शिक्षकों की

अभिवृत्तियाँ; मूल्यांकन; पाठ्यक्रम के आदान-प्रदान और व्यवहार की रणनीतियाँ; शिक्षकों के लिए जेंडर-संवेदी प्रशिक्षण; मनुष्यों के जीवविज्ञान से संबंधित जैवचिकित्सकीय अनुसंधान को विद्यार्थियों के बीच लोकप्रिय बनाना; महिला वैज्ञानिकों के योगदान का विद्यार्थियों के बीच संज्ञान लेना; विद्यालय परिसरों में लड़कियों और लड़कों के बीच ऐसे वातावरण का सृजन करना जो जेंडर रूढ़ियों को तोड़ने वाला हो।

प्रश्न 3. विद्यालय और समाज में जेंडर संबंधों के पुनरुत्पादन को केस अध्ययन की सहायता से समझाइए।

उत्तर— जैसा कि मीडिया में प्रतिबिम्बित होता रहा है हमारे समाज में जेंडर भेदभाव और असमानताओं की मौजूदगी जारी है। इस बात की आशंका है कि समाजीकरण की प्रक्रिया तथा इसके अलावा परिवार और समाज में जेंडर भेदभाव का पुनरुत्पादन विद्यालयी प्रक्रिया को मजबूत बना सकता है। शिक्षकों के अनुभव तथा जेंडर भेदभाव के संबंध में उनके समाजीकरण की प्रक्रिया अध्ययन-कक्ष में विद्यार्थियों तक अनजाने या अचेतन में प्रसारित हो सकती है। विद्यालय में प्रारंभिक स्तर पर ही जेंडर-पूर्वाग्रह और जेंडर-भेदभाव को सीखने से विद्यार्थियों के मनोमस्तिष्क पर इसकी अमिट छाप दर्ज हो सकती है। इसलिए उचित रूप से विद्यालय की पाठ्यपुस्तकों तथा इससे संबंधित अन्य सामग्रियों और इसके साथ-साथ पाठ्यक्रम और इसके व्यवहार में की गई प्रक्रियाओं का सभी क्षेत्रों में जेंडर-समरसता और समावेशिता के सिद्धांतों से ओत-प्रोत होना बहुत आवश्यक है।

समाज में जेंडर संबंधों के पुनरुत्पादन पर प्रशांत महासागरीय द्वीपों का उदाहरण इस प्रकार है—सामाजिक सूक्ष्म इकाइयों के रूप में परिवारों और घरों को निजी संस्था माना जाता है। प्रशांत महासागरीय द्वीपों में, शहरी क्षेत्रों की तुलना में गाँवों के अधिकांश परिवार विस्तारित (extended) परिवार थे। शहरीकरण और भूमंडलीकरण की प्रक्रिया के दौरान ग्रामीण इलाकों के परिवारों ने छोटी घरेलू इकाइयों के रूप में शहरी क्षेत्रों की तरफ जाना और बसना शुरू किया। किसी व्यक्ति के समाजीकरण के लिए परिवार को प्रमुख संस्था माना गया। परिवार जेंडर भूमिकाओं और जेंडर संबंधों पर बल प्रदान करता है। परिवार ही यह सुनिश्चित करता है कि महिलाएँ उत्पादन, पुनरुत्पादन और समुदाय-आधारित गतिविधियों में अपना कार्य-निष्पादन करेंगी। परिवार ही वह पहली संस्था थी, जिसमें महिलाओं ने जेंडर भूमिकाओं का निर्वहन करना सीखा और जेंडर संबंधों को समझा। परिवार के भीतर जेंडर संबंध निर्णय निर्माण में किसी महिला की सहभागिता को कमतर करते हैं। हालाँकि शिक्षा और ज्ञान-प्राप्ति ने पितृसत्तात्मक पारिवारिक संस्थाओं को चुनौती दी और पारिवारिक संसाधनों तक पहुँच के मामले में समानता व समता लाने का प्रयास किया। साथ ही, इससे निर्णय निर्माण में महिलाओं की सक्रिय सहभागिता के संदर्भ में भी बल मिला। शिक्षा और आर्थिक स्वाधीनता ने प्रस्थिति हासिल करने के लिए महिलाओं में आत्मविश्वास भरा। इस चीज को परिवार

के पुरुष सदस्यों ने भी महसूस किया और उन्होंने महिलाओं का आदर करना शुरू किया तथा पारिवारिक निर्णयों में महिलाओं की संलग्नता का विरोध करना बंद कर दिया। सामाजिक और सांस्कृतिक संस्थाएँ सामाजिक व्यवस्था को शासित करने वाली ऐसे संस्थाओं के रूप में मानी जा सकती हैं, जो किसी दिए गए समुदाय में व्यक्तियों के व्यवहार को नियंत्रित करने का प्रयास करती हैं। समय के साथ संस्कृतियाँ बदलती रहती हैं और वे अचल नहीं होतीं। कुछ सांस्कृतिक प्रथाएँ और विश्वास अपरिवर्तित रह जाते हैं और राष्ट्रीय, नृजातीय या सामूहिक पहचान को कायम रखने के लिए ये आवश्यक होते हैं। प्रशांत महासागरीय द्वीपों के अधिकांश इलाकों में घर-परिवार और समुदाय में महिलाओं की तुलना में पुरुषों के पास निर्णय-निर्माण की शक्ति अधिक हो सकती है; हालाँकि ऐसे मामले में महिलाएँ समितियों और अन्य समूहों की सदस्य होती हैं और यहाँ पर वे गाँव से संबंधित निर्णयों के बारे में फैसला करती हैं। माताकाली (गोत्र) के स्वामित्व वाली भूमि के माध्यम से महिलाएँ संसाधनों की स्वामी भी थीं। कुछ समुदायों में, जहाँ कुछ मामलों में महिलाओं का विवाह परिवार में ही कर दिया गया था, वहाँ महिलाओं के पास निर्णय-निर्माण की शक्ति गाँवों की महिलाओं की तुलना में कम रहती थी और इसलिए इस समूह की महिलाएँ अधिक निबैल होती हैं।

प्रशांत महासागरीय देशों में जेंडर संबंधों का विश्लेषण करने के लिए यह समझना अत्यधिक महत्त्वपूर्ण है कि संस्कृति किस प्रकार महिलाओं को निर्णय-निर्माण का एक अंग होने के लिए सकारात्मक रूप से संलग्न कर सकती है। अधिकांश पितृसत्तात्मक समाजों में अपने हितों और अपनी जरूरतों को सामने रखने के लिए महिलाओं को प्राय: अनेक सीमाओं का सामना करना पड़ता है। यहाँ तक कि निर्णय निर्माण को प्रभावित करने में भी उन्हें अनेक सीमाओं से जूझना पड़ता है।

पुरुषों के प्रभुत्व वाले कार्य में प्रवेश करते हुए जेंडर रूढ़ियों को उलट देने का सर्वोत्तम उदाहरण निम्नलिखित केस अध्ययन था। सलोनी मल्होत्रा 'देसीक्र्यू' नाम की कंपनी की संस्थापक हैं। यह सामाजिक रूप से प्रेरित एक बिजनेस प्रोसेस आउटसोर्सिंग (बी.पी.ओ.) कंपनी थी। यह ग्रामीण इलाकों को सूचना प्रौद्योगिकी आधारित सेवाएँ प्रदान करती थी। सेवाएँ प्रदान करने वाले कंपनी के केंद्र गाँवों में स्थापित किए गए थे। सलोनी मल्होत्रा की कंपनी वह पहली कंपनी थी जिसने ग्रामीण इलाकों में कम्प्यूटर संचालन के लिए युवाओं को प्रशिक्षित किया था। इसके पश्चात् प्रशिक्षित युवा कंपनी में नियुक्त कर दिए जाते थे। सलोनी की समझ थी कि ग्रामीण युवा नौकरियों के लिए शहरों में चले जाएँगे। वे ग्रामीण शहरी प्रवासन को संबोधित करना चाहती थीं। सलोनी दिल्ली की रहने वाली हैं। उनके माता-पिता चिकित्सक हैं। अपने माता-पिता के विपरीत सलोनी ने अभियांत्रिकी की पढ़ाई की। उनके पिता ने उन्हें इस बात के लिए प्रोत्साहित किया कि वे एक ऐसा व्यवसाय प्रारंभ करें जिससे ग्रामीण इलाकों में नौकरियाँ उपलब्ध हो सकें। उन्होंने सलोनी पर शादी करने के लिए कभी दबाव नहीं डाला। उन्होंने सलोनी को कभी भी यह नहीं कहा कि वे अपना पारिवारिक जीवन शुरू करें।

इसके बजाय सलोनी के माता-पिता ने उन्हें इस बात के लिए प्रोत्साहित किया कि सबसे पहले वे अपने पेशे (करियर) को सुस्थापित कर लें। जब सलोनी का व्यावसायिक जीवन सुस्थापित हो गया, तब उनके माता-पिता ने उनसे पारिवारिक जीवन को शुरू करने के बारे में कहा। सलोनी ने अपनी ऊर्जा अपने सपने को साकार करने वाले प्रोजेक्ट 'देसीक्र्यू' में लगाई। सलोनी कहती हैं, "ग्रामीण भारत में कार्य करने की मेरी इच्छा इंजीनियरिंग कॉलेज में तब पुनः पुष्ट हो गई, जब ग्रामीण महाराष्ट्र से आने वाली मेरे कॉलेज की एक सहपाठी पल्लवी ने गर्व के साथ एक दिन मुझे बताया कि वह कम्प्यूटर सांइस की पढ़ाई करने जा रही है। बाद में मैंने यह जाना कि उस गरीब लड़की के लिए कम्प्यूटर तक पहुँचने की संभावना बहुत ही कम थी। उसने तो बस यह मान लिया था कि कम्प्यूटर सांइस की पढ़ाई करने से उसे अच्छी तनख्वाह वाली एक नौकरी और इस नौकरी के कारण मिलने वाले अनेक लाभों को हासिल करने में मदद मिल जाएगी। पल्लवी ने मुझे इस चीज का एहसास कराया कि उसमें और मुझमें एक समानता है, और वह समानता यह है कि हम एक-दूसरे की दुनिया के बारे में कुछ भी नहीं जानते हैं। जब कभी हम ग्रामीण इलाकों में नौकरियों के बारे में सोचते हैं, तो हमारे मन में कृषि या हस्तशिल्प जैसी चीजें ही आती हैं और हम उन्नत तकनीकी क्षेत्रों में अवसरों की उपेक्षा कर दिया करते हैं। कला, अभियांत्रिकी और वाणिज्य के युवा स्नातक नौकरियों के लिए शहरों में चले जाते हैं। क्या हम नौकरियों को इन लोगों तक ले जा सकते हैं?" देसीक्र्यू की अधिकांश कर्मचारी महिलाएँ ही हैं। ग्रामीण इलाकों में महिलाओं के लिए रोजगार के अवसर लड़कियों में आत्मविश्वास भरते हैं। इससे ग्रामीण इलाकों में और भी अधिक माताओं-पिताओं को लड़कियों की शिक्षा में निवेश करने का हौसला मिलता है।

प्रश्न 4. समाज की विभिन्न संरचनाओं में विद्यमान जेंडर संबंधों की रूढ़िवादिताओं में और इसके साथ ही इन जेंडर संबंधों को चुनौती देने में अनुसंधान अध्ययनों के निष्कर्षों, मीडिया और फिल्मों की भूमिका का विश्लेषण कीजिए।

अथवा

समाज में जेंडर भेदभाव को संबोधित करने में सिनेमा की क्या भूमिका है? उपयुक्त उदाहरणों के साथ इसकी व्याख्या कीजिए।

उत्तर– भारत में, यूनेस्को ने अकादमिक जगत को संवेदनशील बनाने में योगदान दिया है ताकि पाठ्यक्रम को जेंडर संवेदी बनाया जा सके। इसने महिला-अध्ययनों पर विशेषज्ञों के सम्मेलन आयोजित किए ताकि समस्त ज्ञानशास्त्रों में जेंडर मुद्दों के प्रति दृश्यता लाई जा सके। कार्यशाला के निष्कर्षों ने इस बात पर प्रकाश डाला कि सामाजिक विज्ञानों के क्षेत्र में, खासकर समाजशास्त्र, इतिहास और राजनीति विज्ञान जैसे विषयों में महिलाओं का परिप्रेक्ष्य गायब था। अर्थशास्त्र, मनोविज्ञान और शिक्षाशास्त्र जैसे विषयों में भी जेंडर परिप्रेक्ष्य को एकीकृत किया जाना अभी शेष ही था।

1986 में राष्ट्रीय शिक्षा नीति (NPE) ने और 1992 में कार्ययोजना ने समस्त प्रकार की असमानताओं और भेदभावों के उन्मूलन पर विशेष बल प्रदान किया है। इसके अतिरिक्त इन कार्यक्रमों ने उन लोगों की विशिष्ट आवश्यकताओं पर अपना फोकस किया जिन्हें समानता नहीं मिल सकी है। एन.पी.ई. के अनुसार, "महिलाओं की प्रस्थिति में मूलभूत परिवर्तन के लिए शिक्षा का उपयोग एक माध्यम के रूप में किया जाएगा। अतीत की संचित विकृतियों को समाप्त करने के लिए महिलाओं के पक्ष में सुविचारित कदम उठाने पड़ेंगे। महिलाओं के सशक्तिकरण में राष्ट्रीय शिक्षा प्रणाली एक सकारात्मक और हस्तक्षेपकारी भूमिका निभाएगी। पुन: अभिकल्पित किए गए पाठ्यक्रमों; पाठ्यपुस्तकों; शिक्षकों, निर्णय-निर्माणकर्त्ताओं और प्रशासकों के प्रशिक्षण और अभिमुखीकरण तथा शैक्षिक संस्थाओं की सक्रिय संलग्नता के माध्यम से यह नवीन मूल्यों के विकास को बल प्रदान करेगी।"

सन् 2002 में प्रकाशित जॉन एलिस के एक अध्ययन ने भारत के पश्चिम बंगाल राज्य में पाठ्यपुस्तकों का विश्लेषण किया। उनके अनुसार, इतिहास और भूगोल की मुख्य पाठ्यपुस्तकों में जेंडर पूर्वाग्रह बहुत सशक्त तरीके से मौजूद था। भाग 1 में नरों के 71 चित्र थे, जो कुल चित्रों का 76 प्रतिशत था। इसमें मादाओं के मात्र 22 चित्र थे, जो कुल चित्रों का महज 24 प्रतिशत था। इतना ही नहीं, प्रारंभिक मानवों के बारे में की गई परिचर्चा में महिलाओं को अधीनस्थ भूमिकाओं का निष्पादन करने वाले रूपों में प्रदर्शित किया गया था। भाग 2 तो भाग 1 से भी अधिक जेंडर पूर्वाग्रहों को दर्शाता था। इसमें पुरुषों के 50 चित्र थे जो कुल चित्रों का 96 प्रतिशत था और महिलाओं के महज दो ही चित्र थे जो कुल चित्रों का मात्र 4 प्रतिशत था। पाठों में दर्शाई गई महिलाओं की भूमिकाएँ पितृसत्तात्मक थीं और महिलाओं की पारंपरिक भूमिकाओं को मजबूत बनाती थीं। "कमाई करने के मुख्य तरीके" नामक अध्याय में एक भी महिला का चित्र नहीं था। एक दूसरे अध्याय में भी किसी महिला का कोई चित्र नहीं था, जहाँ एक पुरुष सरकारी अधिकारी से भूमि अधिकार प्रलेखों को ग्रहण करने की प्रक्रिया को प्रदर्शित किया गया था। एलिस का दावा है कि "यह वास्तविकता का झूठा चित्र है क्योंकि पश्चिम बंगाल में अनेक परिवारों की मुखिया महिलाएँ ही हैं और भूमि के अधिकार के स्वामित्व भी उनके पास उनके अपने नाम से ही मौजूद हैं।"

सिर्फ पश्चिम बंगाल में ही पाठ्यपुस्तकों का यह पूर्वाग्रह देखने को नहीं मिलता। फिरोज बखत अहमद (2006) द्वारा किया गया अध्ययन अनेक राज्यों में पाठ्यपुस्तकों में जेंडर पूर्वाग्रहों के कायम रहने पर प्रकाश डालता है। अहमद रेखांकित करते हैं कि "राष्ट्रीय शैक्षिक अनुसंधान और प्रशिक्षण परिषद् (एन.सी.ई.आर.टी.) सन् 1982-83 से ही जेंडर असमानताओं को समाप्त करने पर जोर देती चली आ रही है – खासकर पाठ्यपुस्तकों से लिंग रूढ़ियों और लिंग-पूर्वाग्रह के उन्मूलन पर विशेष बल देते हुए।" उन्होंने यह भी निष्कर्ष निकाला कि "चाहे वह विज्ञान की पुस्तक हो या सामाजिक अध्ययन की या गणित की या अंग्रेजी अथवा हिंदी की ही पुस्तक क्यों न हो; इन सब

में महिलाओं को हम पानी लाने जाते हुए, रसोईघर में काम करते हुए या कमरा साफ करते हुए देख सकते हैं और यह भी देख सकते हैं कि अध्याय लगातार पुरुष-केंद्रित हैं।"

उन्होंने एक सर्वेक्षण का उल्लेख किया है जो फ्रेण्ड्स ऑफ एजुकेशन द्वारा कराया गया था। यह सर्वेक्षण रेखांकित करता है कि एक औसत प्राथमिक पाठ्यपुस्तक में आमतौर पर 115 से 130 तक पृष्ठ तथा 80 से 100 तक प्रदर्शन होते हैं। इस अध्ययन ने पाया कि "आधे से अधिक प्रदर्शनों में सिर्फ पुरुषों और लड़कों को ही दिखाया गया था और केवल छह प्रतिशत प्रदर्शनों में ही महिलाओं और लड़कियों को दिखाया गया था।" प्राथमिक कक्षाओं में प्रयुक्त की जाने वाली गणित की छह पुस्तकों के विश्लेषण ने दर्शाया कि वाणिज्यिक, व्यावसायिक और विपणनमूलक स्थितियों का चित्रण करने वाली गतिविधियों में पुरुषों का प्रभुत्व मौजूद था जबकि दुकानदार, व्यापारी, कार्यकारी, अभियन्ता या विक्रेता के रूप में किसी भी महिला को नहीं दिखाया गया था।

अहमद का समग्र रूप से निष्कर्ष यह था कि "एन.सी.ई.आर.टी. ने पाठ्य-सामग्री में जेंडर-रूढ़िवादिताओं के उन्मूलन के लिए दिशा-निर्देशों का एक समुच्चय विकसित किया है और लेखकों व प्रकाशकों तक इन दिशा-निर्देशों को पहुँचा भी दिया है, लेकिन इन सबके बावजूद कोई विशेष बदलाव नहीं हुआ है।"

कालिया (1986) ने भारतीय विद्यालयों में प्रयुक्त की जाने वाली पाठ्यपुस्तकों का विश्लेषण करने के लिए मात्रात्मक और गुणात्मक अध्ययन कराए हैं। इस अभ्यास को नाम दिया गया था–"आप इस बारे में कुछ कर सकते है"। कालिया ने सर्वाधिक जनसंख्या वाले पाँच उत्तर भारतीय राज्यों यानी हरियाणा, पंजाब, राजस्थान, उत्तर प्रदेश और दिल्ली में सन् 1979 में विद्यार्थियों द्वारा प्रयुक्त की जाने वाली अंग्रेजी की 21 और हिंदी की 20 पाठ्यपुस्तकों की विषयवस्तु का विश्लेषण किया था। यह अभ्यास विद्यार्थियों और अध्यापकों के बीच किया गया था। भारत में संविधान के अनुसार शिक्षा समवर्ती सूची का एक विषय है।

फिल्में और मीडिया विद्यमान सामाजिक संबंधों को चुनौती दे सकते हैं या जेंडर संबंधों को मजबूत भी बना सकते हैं। उनके पास जनमत को प्रभावित करने की क्षमता होती है। उत्पादों का विज्ञापन करते समय कॉमर्शियल मीडिया बच्चों को अपना लक्ष्य बनाता है। यह उन रास्तों के बारे में सोचता है जिसके जरिए वयस्क लोगों को बच्चों के माध्यम से उत्पाद खरीदने पड़ें। इसी के साथ-साथ कॉमर्शियल फिल्में, लघु फिल्में और मीडिया रिपोर्ट्स पितृसत्ता को चुनौती देते हैं और शिक्षाप्रद भी होते हैं। महिला वैज्ञानिकों के योगदान के बारे में बच्चों को शिक्षित करने के लिए हाल ही में माइक्रोसॉफ्ट ने एक लघु फिल्म का निर्माण किया था और उसे रिलीज किया था। फिल्म के प्रारंभ में एक बच्चे को एक पुस्तकालय में बैठा दिखाया गया है। वह बच्चा इस संबंध में प्रश्न पूछ रहा है कि किस चीज का आविष्कार किसने किया है और वैज्ञानिकों के नाम क्या हैं? बच्चे पुरुष वैज्ञानिकों के नाम तो बहुत आसानी से बता रहे थे लेकिन महिला वैज्ञानिकों के नाम नहीं बता पा रहे थे। इस लघु फिल्म का समापन महिला वैज्ञानिकों के योगदान पर एक टिप्पणी के साथ होता है।

फिल्मों के प्रति जनता में बहुत आकर्षण होता है और भारत में ये फिल्में हिंदी, तमिल, तेलुगु, कन्नड़, मलयालम और अनेक अन्य भारतीय भाषाओं में बनाई जाती हैं। रूढ़िवाद से जुड़े निर्णय लेने के संबंध में ये फिल्में जनता को बहुत प्रभावित करती हैं। भारत में कुछ फिल्में नियमित रूढ़िवाद की लीक से हटकर बनाई गई और इन फिल्मों ने जेंडर संबंधी मानकों, भूमिकाओं और संबंधों को उलटने का प्रयास किया है। जेंडर रूढ़िवाद को चुनौती देने वाली एक ऐसी ही फिल्म थी 'पिंक'। इस फिल्म ने निर्णय लेने की महिलाओं की क्षमता को स्वीकार किया था। इसने महिलाओं के बारे में विद्यमान रूढ़िवाद को अनेक संदर्भों में चुनौती दी। 'की का' नामक फिल्म जेंडर भूमिकाओं को बदलने की संभावनाओं को सामने लेकर आई थी। बॉलीवुड की फिल्म 'चक दे इंडिया' एक अन्य सफल कॉमर्शियल फिल्म थी जिसने जेंडर संबंधों को चुनौती दी थी। जी.पी.एच. की पुस्तकों का मुख्य उद्देश्य ज्ञान के साथ-साथ अच्छे नम्बर दिलाना है।

जहाँ बुद्धि प्रयोग करने की आवश्यकता है, वहाँ बल प्रयोग करने से कोई लाभ नहीं होता।

सक्रियतावाद के रूप में शिक्षण
(TEACHING AS ACTIVISM)

भूमिका

सर्वाधिक सामान्य अर्थ में, अध्यापन सक्रियता का एक प्रकार है जिसमें हम विद्यार्थियों को विश्व के संबंध में आलोचनात्मक दृष्टि से सोचने के लिए कहते हैं ताकि उनकी मान्यताओं को अनावृत्त किया जा सके, वैकल्पिक दृष्टि बिंदुओं पर विचार किया जा सके, समस्यामूलक विश्वासों को समाप्त किया जा सके, ध्यानपूर्वक तर्क-वितर्क किया जा सके तथा अपने दृष्टिकोणों का बचाव किया जा सके। इस विश्व पर कार्य करने की दृष्टि से, विचारशील प्रजातांत्रिक नागरिक बनने की दृष्टि से हमें यह समझने की आवश्यकता है कि यह विश्व किस प्रकार कार्य करता है जिसमें शक्ति, विशेषाधिकार तथा ज्ञान के बीच के संबंध भी शामिल हैं। हमें यह जानने की आवश्यकता होती है कि किस प्रकार प्रभुत्ववादी विचारधाराएँ तथा उपदेश हमें आकार प्रदान करते हैं। साथ ही यह भी कि अलग तरीके से सोचना, देखना और कार्य करना सीखकर हम इन्हें बदल भी सकते हैं। हमें समस्याओं के बीच के संबंधों को जानने की आवश्यकता होती है ताकि हम यह समझ सकें कि व्यवस्थाएँ एवं संरचनाएँ किस प्रकार कार्य करती हैं तथा इस बात की भी खोज कर सकें कि और क्या-क्या अन्य दृष्टियाँ हो सकती हैं।

अध्यापन की सक्रियता की एक अधिक जटिल दृष्टि के अनुसार विद्वान यह तर्क देते हैं कि आलोचनात्मक चेतना का विकास तो आवश्यक है किंतु यही पर्याप्त नहीं है। विद्यार्थियों का अलग तरीके से सोचना ही पर्याप्त नहीं है अपितु उनके पास ऐसे साधन भी होने चाहिए कि वे विश्व में अलग तरीके से कार्य भी कर सकें, पलटकर शक्ति के साथ बात भी कर सकें। इस दृष्टि से अध्यापन की सक्रियता तब है जब हम विद्यार्थियों में ऐसे कौशल का विकास कर सकें कि वे आंदोलनों का आयोजन कर सकें, चल रहे वाद-विवाद में भाग ले सकें, प्रभावी रूप से स्वयं को संप्रेषित कर सकें, गठबंधनों का निर्माण कर सकें, जनता में अपने विचारों को प्रस्तुत कर सकें तथा अपने आसपास के लोगों को मुद्दों के प्रति जागृत कर सकें तथा उन पर कार्यवाही भी कर सकें।

प्रश्न 1. व्यवसाय को परिभाषित करते हुए, संक्षेप में एक व्यवसाय के रूप में शिक्षण पर चर्चा कीजिए।

अथवा

नियामक दृष्टिकोण क्या है?

उत्तर— मेरियम वेबस्टर शब्दकोश के अनुसार व्यवसाय का तात्पर्य है—"किसी खास तरीके के कार्य को करते हुए अपना जीवन बिताने की किसी व्यक्ति की सशक्त इच्छा अथवा वह कार्य जो कोई व्यक्ति करता है या जो किसी व्यक्ति को करना चाहिए।" इस परिभाषा पर विचार करते हुए हमारे लिए इस बात का विश्लेषण करना आवश्यक है कि आगामी शिक्षक, शिक्षण की पहचान एक व्यवसाय के रूप में कैसे करते हैं तथा एक व्यवसाय किसी व्यक्ति के जीवन में किस प्रकार संचालित होता है। पार्कर पामर और डेविड हानसेन ने व्यवसाय के प्रति दो दृष्टिकोण उपलब्ध कराए हैं। ये दोनों दृष्टिकोण व्यवसाय को "एक ऐसी गतिविधि या कार्य" के रूप में संदर्भित करते हैं जिससे "व्यक्तिगत संतोष मिलता हो और दूसरों की सेवा होती हो।" पामर ने आगे कहा है कि "सच्चा व्यवसाय आत्म और सेवा से संबंधित होता है।" उन्होंने धर्मतत्त्ववेत्ता फ्रेडरिक बुचनर (1973) द्वारा दी गई व्यवसाय की परिभाषा का उल्लेख किया है। बुचनर ने व्यवसाय को उस 'स्थल' के रूप में परिभाषित किया है 'जहाँ आपका चरम आनंद और संसार की चरम भूख एक-दूसरे से मिलती है'। हानसेन के अनुसार व्यवसाय "एक ऐसा कार्य है जिसका परिणाम दूसरों की सेवा तथा इस सेवा को प्रदान करने में व्यक्ति को मिलने वाला व्यक्तिगत संतोष होता है।" इन परिभाषाओं को ध्यान में रखते हुए हम यह निष्कर्ष निकाल सकते हैं कि व्यवसाय का तात्पर्य सिर्फ वित्तीय सुरक्षा से ही नहीं है, बल्कि इससे आगे बढ़कर इसका तात्पर्य ऐसे व्यक्तियों से है जिन्हें दूसरों की सहायता करने में आत्मसंतोष का अनुभव होता है।

व्यवसाय के संबंध में दो दृष्टिकोण उपलब्ध हैं। एक मनोवैज्ञानिक दृष्टिकोण है और दूसरा नियामक (regulative) दृष्टिकोण है। मनोवैज्ञानिक दृष्टिकोण के अनुसार व्यवसाय एक ऐसी आध्यात्मिक और मनोवैज्ञानिक यात्रा है, जिसके जरिए व्यक्ति को स्वयं को जानने में सहायता मिलती है। एक बार जब व्यक्ति स्वयं को जान लेता है तो वह इस चीज की पहचान करने योग्य हो जाता है कि उसका संबंध कहाँ से है। इसे 'आह्वान (calling)' के नाम से संदर्भित किया जाता है। पामर ने व्याख्या की है कि किसी खास व्यवसाय के लिए आह्वान भीतर यानी अंतरात्मा से आता है। किसी व्यक्ति के लिए इस बात की जरूरत होती है कि वह अपने लिए व्यवसाय की पहचान करे। लेकिन शिक्षण के लिए आह्वान सिर्फ बाहरी परिस्थितियों से ही उत्पन्न नहीं होता — सिर्फ बाहरी परिस्थितियों के कारण अगर कोई व्यक्ति शिक्षक बना है तो उसका तब तक कोई प्रभाव नहीं पड़ेगा, जब तक उस शिक्षक की आत्मा, शिक्षण प्रक्रिया में न रमती हो। कोई भी प्रामाणिक आह्वान अंतत: शिक्षक की भीतरी आत्मा की आवाज से ही उत्पन्न होता है, एक ऐसी आवाज से जो किसी व्यक्ति को उसके सच्चे आत्म की प्रकृति का आदर करने के लिए आमंत्रित करती हो।

नियामक दृष्टिकोण इस चीज से संबंधित है कि कोई व्यक्ति अपने पेशे को किस प्रकार देखता है और किस प्रकार उसकी व्याख्या करता है। यह दृष्टिकोण कहता है कि व्यवसाय का उद्गम केवल मनोवैज्ञानिक ही नहीं होता, बल्कि इसका सामाजिक पक्ष भी होता है।

हानसेन (1995) के अनुसार, समाज में एक 'सामाजिक प्रथा' होती है। समाज में मौजूद प्रभावी सामाजिक प्रथा के आधार पर ही कोई व्यक्ति सीखता है, बड़ा होता है और किसी पेशे/व्यवसाय का चुनाव करता है। व्यक्ति इन सामाजिक संदर्भों के भीतर ही कार्य करता है, सीखता है और बड़ा होता है। इसे व्यवसाय कहा जाता है।

शिक्षण को भारतीय समाज महिलाओं के लिए उपयुक्त व्यवसाय मानता है। लड़कियों की कम उम्र से ही यह सोच होती है कि अध्यापन सर्वोत्तम विकल्प है। भारत में महिलाओं पर तिहरा बोझ पड़ता है। उन्हें उत्पादक, प्रजननमूलक और सामाजिक भूमिकाओं का निर्वहन करना पड़ता है। महिलाओं को ऐसी तमाम गतिविधियाँ संपन्न करनी पड़ती हैं, जो उन्हें सौंपी जाती हैं। इस संदर्भ में, समाज अध्यापन या शिक्षण को एक उपयुक्त व्यवसाय मानता है। शिक्षण के बारे में सामाजिक सोच यह है कि शिक्षण एक समयबद्ध गतिविधि है। समाज यह अनुभव करता है कि यदि कोई महिला, शिक्षण जैसे किसी स्त्रैण व्यवसाय का चुनाव करती है, तो वह तीनों प्रकार की भूमिकाओं में अपना योगदान दे सकती है। यह व्यवहार या प्रथा समाज में भीतर तक मजबूती से अपनी जड़ें जमाए हुए है। इसी के अनुसार, अधिकांश महिलाएँ एक व्यवसाय के रूप में शिक्षण को बेहतर मानती हैं।

मनोवैज्ञानिक दृष्टिकोण के अनुसार, एक व्यवसाय के रूप में शिक्षण सिर्फ बहुमुखी गुणों को हासिल करने भर से संबंधित नहीं है, बल्कि अंतर्निहित गुणों का विकास करने से भी इसका संबंध है। ये गुण हैं–पढ़ना, सुनना, एकांत और मौन। व्यक्ति को उपर्युक्त गुणों के साथ अपना अन्वेषण करना चाहिए। एक बार जब हम इसके आदी हो जाते हैं तो यह हमारी आदत का एक हिस्सा बन जाता है। इस प्रक्रिया में किसी खास व्यवसाय के लिए व्यक्ति को अपना 'आह्वान' मिल सकता है।

यदि कोई व्यक्ति अपने करियर के आरंभ में अपने व्यवसाय के रूप में शिक्षण का चुनाव कर भी लेता है, तो भी बाद के किसी चरण में वह इस योग्य हो सकता/सकती है कि वह अपनी रुचि के व्यवसाय की खोज कर ले। शिक्षण को छोड़कर वह इस नए खोजे व्यवसाय में जा भी सकता/सकती है। तब इसके बाद अगला प्रश्न यह है कि "क्या हम किसी व्यवसाय का चुनाव कर सकते हैं? या यह कोई अंतर्निहित गुण होता है?" इस प्रश्न का उत्तर पामर और हानसेन दोनों ने दिया है। पामर के अनुसार, शिक्षण के गुण अंतर्निहित (inbuilt) होते हैं। लेकिन हानसेन का मत है कि किसी व्यक्ति के लिए यह जरूरी है कि वह व्यवसाय का चुनाव सजग होकर करे और कार्य पूर्ण करने के विकल्प के साथ उस व्यवसाय में संलग्न रहे तथा उसमें अपने आत्म को खोजे। व्यवसाय का चुनाव करने में किसी व्यक्ति के लिए यह आवश्यक है कि

वह ज्ञान प्राप्त करे और विद्यमान सामाजिक प्रथाओं/व्यवहारों को समझे। यदि कोई व्यक्ति पेशे के रूप में अध्यापन/शिक्षण का चुनाव करता/करती है तो उसके लिए यह आवश्यक है कि वह विद्यार्थियों को सजग बनाए रखने के लिए शिक्षण में वास्तविक रुचि को उत्पन्न करे। इससे भी आगे बढ़कर, ज्ञानी प्रोफेशनल्स बनने के लिए विद्यार्थियों को तैयार करना तथा उन्हें उनके व्यवसाय की खोज के लिए मार्ग दिखाना चुनौतीपूर्ण होता है।

प्रश्न 2. ज्ञान के प्रसारक के रूप में शिक्षक की भूमिका पर प्रकाश डालिए।
अथवा
निहित और स्पष्ट ज्ञान में विभेद कीजिए।

उत्तर– शिक्षा मानव संसाधन के विकास का महत्त्वपूर्ण साधन है। इसी कारण भारत की महिलाओं के सबलीकरण हेतु शिक्षा को एक महत्त्वपूर्ण कारक माना गया है। शिक्षा की मुख्य गतिविधि ज्ञान हासिल करना, ज्ञान उत्पन्न करने की क्षमता हासिल करना, अपनी अभिवृत्तियों और व्यवहार में गुणात्मक परिवर्तनों को शुरू करने के लिए इस ज्ञान का उपयोग करना तथा मानव संसाधन विकास के लिए कौशलों को प्राप्त करना है। इस रूप में शिक्षा से अनेक सामाजिक उद्देश्यों की पूर्ति होती है। ज्ञान के सृजन के साथ-साथ शिक्षा के लिए यह भी आवश्यक है कि वह कौशलों और मूल्यों को संचरित करे। मानव विकास का लक्ष्य व्यक्ति के समग्र कल्याण को सुनिश्चित करना है। मानव विकास में शिक्षा महत्त्वपूर्ण भूमिका निभाती है। शैक्षिक सूचक शिक्षा में मात्रात्मक और गुणात्मक – दोनों प्रकार के – सूचकों में निरंतरता और परिवर्तन की परिघटना के मापन के अंग हैं। इन गतिविधियों में शिक्षक ही प्रमुख व्यक्ति होते हैं। शिक्षण एक विविध और जटिल गतिविधि है। यह बहु-आयामी होती है। लड़के/लड़कियाँ सीखते हैं और ज्ञान प्राप्त करते हैं तथा आत्मनिर्भरता के कौशलों के साथ अपने समग्र व्यक्तित्व का विकास करते हैं। इन प्रक्रियाओं में विभिन्न चरण होते हैं। ज्ञान और कौशल के संचरण के लिए मानव विकास के प्रत्येक चरण पर विभिन्न शिक्षण-विधियों को अंगीकार किए जाने की आवश्यकता है। विकास और विद्यार्थियों की उम्र के आधार पर ये विधियाँ और अंतर्वस्तु अलग-अलग हो सकते हैं। उदाहरण के लिए, प्राथमिक विद्यालय के अध्यापक ज्ञान और कौशल के संचरण के लिए गतिविधि आधारित शिक्षण का इस्तेमाल कर सकते हैं। कॉलेज के अध्यापक मिश्रित विधियों का प्रयोग कर सकते हैं, जैसे–व्याख्यान देना, गतिविधि और मल्टीमीडिया का प्रयोग। शिक्षण में संज्ञानात्मक, लगावपरक और अंतर्वैयक्तिक तत्त्व शामिल होते हैं। इन तत्त्वों में से महत्त्वपूर्ण बिंदुओं की पहचान करके शिक्षक ज्ञान का प्रसारण करने के लिए शिक्षण विधियों का रेखांकन और उनका निर्माण कर सकते हैं।

मानव के रूप में शिक्षक तथा व्यवसाय के रूप में शिक्षक-कार्य संसार में सर्वोच्च समझे जाते हैं। शिक्षा न सिर्फ ज्ञान का आधार निर्मित करती है, बल्कि यह अभ्यासपरक

पेशा भी होता है जबकि अन्य पेशों में ऐसा नहीं है। शिक्षकों के लिए यह आवश्यक है कि वे सीखने के सिद्धांतों और ज्ञानराशियों का रेखांकन/निर्माण करें ताकि विद्यार्थी इन्हें सीख सकें, समझ सकें और बाद में अपने जीवन में इन्हें लागू करके विद्यार्थी विभिन्न चुनौतियों का सामना कर सकें। शिक्षक सिर्फ दूसरों को ही नहीं सिखाता है, बल्कि शिक्षण प्रक्रिया के दौरान वह स्वयं भी बहुत कुछ सीखता है। शिक्षा के क्षेत्र में ज्ञान के आधार के दो समुच्चय होते हैं। उदाहरण के लिए, भौतिक विज्ञान के किसी शिक्षक या रसायन विज्ञान के किसी शिक्षक या संगीत के किसी शिक्षक के पास शिक्षणशास्त्रीय (pedagogical) ज्ञान के साथ-साथ अपने विषय-क्षेत्र का ज्ञान भी अवश्य होना चाहिए। भौतिक विज्ञान के किसी शिक्षक के पास न सिर्फ अपने विषय का ज्ञान होना चाहिए, बल्कि उसे इस योग्य भी होना चाहिए कि वह समस्त आधारभूत विज्ञानों से संबंधित संदेहों/जिज्ञासाओं का स्पष्टीकरण दे सके ताकि बच्चे ज्ञान हासिल करने के साथ-साथ वैज्ञानिक मनोवृत्ति का विकास करने योग्य बन सकें।

अनेक दृष्टिकोणों के आधार पर शिक्षण के पेशे के लिए ज्ञान के आधार को श्रेणीकृत किया जा सकता है। पहले हम अनुशासन यानी विषय के ज्ञान को देखते हैं। मनोविज्ञान (संज्ञानात्मक मनोविज्ञान, शैक्षिक मनोविज्ञान और साइकोमेट्रिक यानी मानस-मिति संबंधी), समाजशास्त्र और शिक्षा का इतिहास, शिक्षा का दर्शनशास्त्र, भाषा-विज्ञान और तंत्रिका विज्ञान (neuroscience) जैसे अनुशासनों ने शैक्षिक अनुशासन में संकल्पनाओं और विमर्शों का योगदान दिया है। यद्यपि इन ज्ञानानुशासनों का अस्तित्व स्वतंत्र रूप से विद्यमान है, फिर भी शिक्षा और अनुप्रयोग से ये प्रत्यक्ष/अप्रत्यक्ष रूप से संबंधित हैं। उदाहरण के लिए, शैक्षिक मनोविज्ञान और शिक्षा का दर्शनशास्त्र, मनोविज्ञान से उद्भूत किए गए हैं। ये ज्ञानानुशासन शिक्षा के लिए मूल्यवान अंतर्दृष्टि प्रदान करते हैं, लेकिन ये स्वतंत्र ज्ञानानुशासन हैं क्योंकि इनका फोकस और विभिन्न मुद्दों पर इनका जोर अलग-अलग होता है। इसलिए एक सामान्य रूपरेखा या सिद्धांत को विकसित करना बेहतर समझ, ज्ञान के बेहतर उत्पादन और सामान्य उपयोग के लिए आवश्यक है।

निहित (tacit) ज्ञान और स्पष्ट (explicit) ज्ञान में विभेद करने वाले पोलान्यी (1958) प्रारंभिक चिंतक हैं। निहित ज्ञान व्यक्तिनिष्ठ और संदर्भ-विशिष्ट होता है तथा प्रदर्शन (demonstration) के जरिए इसका संचार किया जाता है। स्पष्ट ज्ञान वस्तुनिष्ठ होता है तथा व्यवस्थित और औपचारिक कथनमूलक भाषा में इसका वर्णन किया जा सकता है। एक प्रारूप (model) का विकास करके नोनाका और ताकेयूची ने निहित और स्पष्ट ज्ञान की अंत:क्रिया को व्याख्यायित किया है। इस प्रारूप में इन्होंने ज्ञान की चार रीतियों (modes) का विकास किया है। इन चारों रीतियों के बीच अंत:क्रिया और वार्तालाप मौजूद होता है। ये चारों रीतियाँ हैं—समाजीकरण, बाह्यकरण, संयुक्तीकरण और आत्मसातीकरण। समाजीकरण एक ऐसी प्रक्रिया है जिसमें प्रदर्शन/अभ्यास के माध्यम से कौशलों/निहित ज्ञान का प्रसारण कुशल (skilled) जनों द्वारा अर्द्धकुशल (semi-skilled) जनों को किया जाता है।

बाह्यकरण वह प्रक्रिया है जिसमें निहित ज्ञान की व्याख्या स्पष्ट संकल्पनाओं के माध्यम से की जाती है। परिकल्पना (hypothesis) और सिद्धांत समेत विस्तृत प्रस्ताव (proposal) का विकास करके संकल्पनाओं की व्याख्या करना संयुक्तीकरण है। सीखे गए ज्ञान को दैनिक जीवन के निहित/अव्यक्त व्यवहार में उतारना आत्मसातीकरण है। इसी के आधार पर, विद्यालयों में ज्ञान के प्रसारण की व्याख्या करने के लिए हरग्रीव्स (1998) ने एक प्रारूप (model) का विकास किया है। उन्होंने ज्ञान के सृजन की तुलना उद्यानिकी (horticulture) में की जाने वाली वृक्षों की कटाई-छँटाई से की है। जिस प्रकार बीज के बोने, उसके अंकुरित होने, उसे सींचने और पतला करने, उसकी कटाई-छँटाई करने और उसका प्रदर्शन करने का कार्य उद्यानिकी में किया जाता है कुछ वैसा ही ज्ञान के सृजन में भी होता है।

शिक्षा के ज्ञानानुशासन के लिए यह आवश्यक है कि अलग-अलग ज्ञानानुशासनों से विभिन्न संकल्पनाओं को अंगीकार करते हुए और इन संकल्पनाओं को उधार लेते हुए वह शैक्षिक मुद्दों पर ज्ञान के उत्पादन पर अपना ध्यान केंद्रित करे (गिबन्स और अन्य)। जब हम शिक्षकों को ज्ञान के प्रसारकों के रूप में देखते हैं तो हमारे लिए शिक्षणशास्त्र पर ध्यान केंद्रित करना आवश्यक हो जाता है। शुलमान ने 'शिक्षणशास्त्रीय अंतर्वस्तु ज्ञान (pedagogical content knowledge)' नामक पदबंध गढ़ा। शिक्षणशास्त्र और अंतर्वस्तु ज्ञान का मिश्रण शिक्षण के पेशे के लिए अद्वितीय है। टर्नर बिस्सेट (1999) ने अपने अध्ययन में ज्ञान के 11 समुच्चयों का प्रस्ताव किया है जो इस प्रकार हैं–विषय का तात्विक (substantive) ज्ञान, विषय का वाक्य योजना संबंधी (syntactic) ज्ञान, विषय के बारे में मान्यताएँ (beliefs), पाठ्यक्रम का ज्ञान, सामान्य शिक्षणशास्त्रीय ज्ञान, शिक्षार्थियों (learners) का ज्ञान, आत्म का ज्ञान और शैक्षिक साध्यों, उद्देश्य और मूल्यों का ज्ञान। एक अन्य महत्त्वपूर्ण क्षेत्र जिस पर ध्यान केंद्रित करने की आवश्यकता है, वह है अनुसंधान में ज्ञान का हस्तांतरण।

अन्य पेशों के विपरीत, शिक्षकों के लिए यह आवश्यक है कि उनके पास विषय के बारे में ज्ञान का आधार हो, आदान-प्रदान की प्रविधि (methodology of transaction) हो, सैद्धांतिक ज्ञान हो तथा सूचनाओं के स्रोत और पेशेवर निपुणता के बारे में शिक्षकों के लिए सजग होना आवश्यक है। शिक्षकों के लिए यह भी आवश्यक है कि कक्षा-कक्ष में वे अपने अनुभवों और ज्ञान का उपयोग करें। नोनाका और ताकेयूची ने आत्मसातीकरण की संकल्पना की व्याख्या की है जिसमें शिक्षार्थी को समझने के लिए और सीखने की उनकी प्रक्रिया को उद्दीप्त करने के लिए शिक्षक एक या एक से अधिक शिक्षार्थियों के साथ अंत:क्रिया करते हैं। यह केवल तभी हो सकता है जब शिक्षक के पास विषय का ज्ञान हो। विषय का ज्ञान शिक्षण व्यवहार को रूपांतरित करता है। बेहतर परिणाम प्राप्त करने के लिए विषय के ज्ञान के साथ-साथ पाठ्यक्रम से संबंधित पाठ की योजना और शिक्षार्थियों की उम्मीदों का चित्रण सीखना भी आवश्यक है।

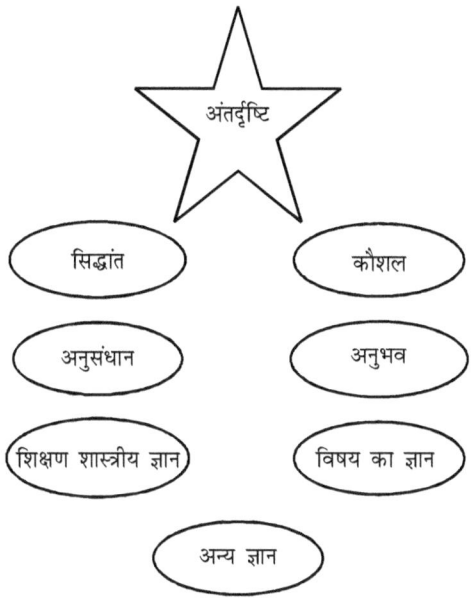

चित्र 5.1: शिक्षण के समय मार्गदर्शन हेतु अंतर्दृष्टि

लोनरगान ज्ञान की प्रकृति और तार्किक आत्म-चेतना के बारे में बात करते हैं तथा चित्र 5.1 में अंतर्दृष्टि पर उनके विचारों की चर्चा की गई है। गणित और भौतिक विज्ञान के संदर्भ में उन्होंने तीन संकल्पनाओं की चर्चा की है। जब लोग भौतिक विज्ञान और गणित सीखते हैं तो इन विषयों को वे अपने दैनिक जीवन से जोड़कर देखते हैं। लोनरगान के अनुसार, लोग सामान्य बुद्धि (common sense) के साथ व्यवहार करते हैं। विज्ञान के शिक्षार्थी दैनिक जीवन के अनुप्रयोगों को वैज्ञानिक ज्ञान से संबंधित करते हैं, भले ही उसमें विशुद्धता, व्याख्यात्मकता और सामान्यतया का अभाव हो।

लोनरगान के अनुसार, सामान्य बुद्धि का तात्पर्य अंतर्दृष्टियों के एक अभ्यस्त किंतु अपूर्ण समुच्चय से है जिसे परिस्थितियों के प्रत्येक विशिष्ट समुच्चय में उपयुक्त परिवर्तनों के साथ पूर्ण किया जाता है। ये परिस्थितियाँ ऐसी होती हैं, जो बोलने या कार्य करने का आह्वान करती हैं। उपयुक्त ज्ञान का चयन करने के लिए किसी व्यक्ति के पास अंतर्दृष्टियों और कौशल का होना तथा नवीन अंतर्दृष्टियों को उत्पन्न करने के लिए योग्यता का होना आवश्यक है। यदि हम इसी चीज को शिक्षकों और कक्षा-कक्ष के व्यवहार पर लागू करें तो शिक्षकों के पास एक विषय का व्यापक ज्ञान होता है। उपयुक्त ज्ञान का चयन करके कक्षा-कक्ष में उसे लागू करना एक शिक्षक के लिए यह जरूरी है।

विषय का ज्ञान, अन्य ज्ञान, शिक्षणशास्त्रीय ज्ञान, अनुसंधान, सिद्धांत, कौशल और अनुभव चित्र 5.1 में शामिल हैं। ज्ञान के ये समस्त प्रकार शिक्षकों को अंतर्दृष्टि प्रदान करते हैं। शिक्षक प्रत्येक चीज का अनुप्रयोग सभी परिस्थितियों में नहीं कर सकता/सकती है। लेकिन यदि शिक्षक के पास उपरोक्त समस्त ज्ञान का अनुप्रयोग करने की योग्यता

है तो उसका प्रयोग वह परिस्थिति के हिसाब से कर सकता है। उदाहरण के लिए, यदि शिक्षार्थियों के पास सीखने से संबंधित कोई विशिष्ट निर्योग्यता है तो बाल विकास और संज्ञानात्मक विकास से संबंधित सिद्धांत, शिक्षार्थियों की सामाजिक-आर्थिक स्थिति और विद्यालय का वातावरण जैसी चीजें शिक्षार्थियों की सीखने की क्षमता में सुधार करने के लिए निश्चय ही शिक्षकों की सहायता करेंगी। शिक्षण में सूचना संचार प्रौद्योगिकी (ICT) के जरिए ढेर सारी सामग्रियाँ उपलब्ध हैं। इसके अलावा तकनीकी रूप से सक्षम कक्षा-कक्ष भी उपलब्ध हैं। यदि शिक्षक ज्ञान को तकनीक के साथ एकीकृत करना जानता/जानती है और उसे बाल-केंद्रित शिक्षणशास्त्र को अंगीकार करने की जानकारी है तो इससे शिक्षार्थियों को प्रभावी तरीके से सीखने में सहायता मिलेगी। ऐसे बहुत सारे अनुसंधानों के निष्कर्ष उपलब्ध हैं जो संज्ञानात्मक विकास और सीखने की अंत:क्रियात्मक प्रकृति से संबंधित हैं। जी.पी.एच. की पुस्तकों का मुख्य उद्देश्य ज्ञान के साथ-साथ अच्छे नम्बर दिलाना है।

प्रश्न 3. ज्ञान के शिक्षणशास्त्रीय जगत में पाठ का क्या स्थान है? समझाइए।

उत्तर– शिक्षण का सारतत्त्व नौकरी करते हुए प्रशिक्षण को सीखते रहना है। शिक्षण की विषयवस्तु, सिद्धांत और विधियाँ पाठ्यक्रम के विकास हेतु आधार होती हैं, इन्हें आपस में एक-दूसरे के साथ मिश्रित किया जाता है, विचारपूर्वक इन्हें सीखने के संगत और सार्थक अनुभवों में एकीकृत किया जाता है। जब शिक्षक पाठ्यक्रम निर्माता होते हैं तो वे विद्यार्थियों की आवश्यकताओं और हित के प्रति अनुक्रियात्मक हो सकते हैं, न कि वे राज्य के निर्देशों का पालन भर करते हैं।

गुडविन (2010) के अनुसार, किसी शिक्षक के लिए कहीं अधिक शक्तिशाली भूमिका एक पाठ्यक्रम निर्माता की होती है – एक व्यक्ति जो ऐसे पाठ्यक्रम का अभिकल्पन करता है, जो विद्यार्थियों की आवश्यकताओं और रुचियों के अनुसार विकसित होता रहता है।

बोलिन और गुडविन (1992) और गुडविन (2010) के अनुसार शिक्षण के लिए पाँच प्रकार के विषयक्षेत्रीय ज्ञान की आवश्यकता होती है, जो कि निम्नलिखित हैं–

- व्यक्तिगत ज्ञान/आत्मकथा और शिक्षण का दर्शनशास्त्र,
- संदर्भिक ज्ञान/शिक्षार्थियों, विद्यालयों और समाज को समझना,
- शिक्षणशास्त्रीय ज्ञान/विषयवस्तु, सिद्धांत, शिक्षण विधियाँ और पाठ्यक्रम का विकास,
- समाजशास्त्रीय ज्ञान/विविधता, सांस्कृतिक प्रासंगिकता और सामाजिक न्याय, और
- सामाजिक ज्ञान/सहयोगात्मक, लोकतांत्रिक सामूहिक प्रक्रियाएँ और संघर्ष का समाधान।

विद्यमान अनुभवों, मिथकों, अभिवृत्तियों, मान्यताओं, पूर्वाग्रहों का विखंडन और एक नई समझ के साथ प्रत्येक की पुनर्रचना व्यक्तिगत ज्ञान में शामिल है। शिक्षकों को

विचारों के प्रति बहुत खुला हुआ होना चाहिए और शिक्षण की प्रक्रिया में उन्हें स्वयं का रूपांतरण अवश्य करते रहना चाहिए। जेंडर के संबंध में, लड़कियों और लड़कों, पुरुषों और महिलाओं के बारे में विद्यमान मिथकों को तोड़ना आवश्यक है। सामाजिक परिवर्तन के प्रभावशाली अभिकर्त्ता बनने के लिए शिक्षकों को अपने स्वयं के पूर्वाग्रहों और मिथ्या धारणाओं पर प्रश्न उठाना आवश्यक है।

जेंडर का संबंध ऐसे अभिलक्षणों और विशेषताओं से है, जो एक पीढ़ी से दूसरी पीढ़ी तक प्रसारित की जाती हैं। ये अभिलक्षण और विशेषताएँ अलग-अलग संस्कृतियों में अलग-अलग होती हैं। उदाहरण के लिए, समाज में महिलाओं से उम्मीद की जाती है कि वे सुगठित, संकोची, संवेदनशील और पारंपरिक हों, वे घर से ही बँधी रहें और बाहर दौड़-भाग या उछल-कूद न करें, जोर से न हँसें आदि। इसी के साथ-साथ, समाज में पुरुषों से उम्मीद की जाती है कि वे साहसी, निर्भीक, बलवान और आत्मविश्वासी हों, ऊँची आवाज में बातचीत करें तथा शर्मीले या रोने वाले न हों। वास्तव में, परिवार और समाज उनका पालन-पोषण इस प्रकार करता है कि समाजीकरण की प्रक्रिया में वे इन अभिलक्षणों को अर्जित कर लेते हैं। हालाँकि पुरुषों और महिलाओं का जन्म इन अभिलक्षणों के साथ नहीं होता है।

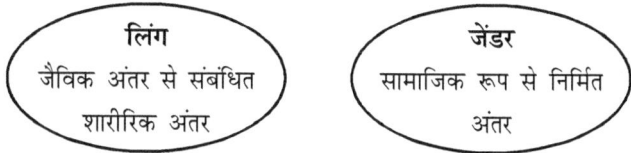

हालिया घटनाओं के संदर्भ में, सैद्धांतिक के साथ-साथ आनुभाविक अनुसंधान द्वारा ज्ञानानुशासन में और अधिक ज्ञान को जोड़ने का कार्य किया जाता है।

प्रश्न 4. विद्यमान पाठ्यक्रम, अभिवृत्तियों, सामाजिक प्रथाओं और मान्यताओं का जेंडर के संबंध में अन्वेषण कीजिए।

उत्तर– सबके लिए शिक्षा (Education For All; EFA) के डकार के लक्ष्यों (2000) का लक्ष्य 5 सन् 2005 तक प्राथमिक और माध्यमिक शिक्षा में जेंडर असमानताओं के उन्मूलन का तथा सन् 2015 तक शिक्षा में जेंडर समानता को प्राप्त करने का आह्वान करता है। इसका विशेष फोकस "अच्छी गुणवत्ता की बुनियादी शिक्षा तक लड़कियों की पूर्ण और समान पहुँच तथा उनकी उपलब्धियों" पर है। सहस्राब्दी विकास लक्ष्यों का लक्ष्य 3 "जेंडर समानता और महिला सशक्तिकरण को प्रोत्साहित करने" के लिए है तथा इसका उद्देश्य 4, "वरीय रूप से सन् 2005 तक प्राथमिक और माध्यमिक शिक्षा में और निश्चित रूप से सन् 2015 तक शिक्षा के सभी स्तरों में जेंडर असमानताओं के उन्मूलन" से संबंधित है। पाठ्यपुस्तकों में जेंडर पूर्वाग्रह शिक्षा में जेंडर समानता प्राप्त करने के मार्ग में आने वाली बाधाओं में से एक बाधा है।

सन् 2002 में प्रकाशित जॉन एलिस के एक अध्ययन ने भारत के पश्चिम बंगाल राज्य में पाठ्यपुस्तकों का विश्लेषण किया। उनके अनुसार, इतिहास और भूगोल की

मुख्य पाठ्यपुस्तकों में जेंडर पूर्वाग्रह बहुत सशक्त तरीके से मौजूद था। भाग 1 में नरों के 71 चित्र थे, जो कुल चित्रों का 76 प्रतिशत था। इसमें मादाओं के मात्र 22 चित्र थे, जो कुल चित्रों का महज 24 प्रतिशत था। इतना ही नहीं, प्रारंभिक मानवों के बारे में की गई परिचर्चा में महिलाओं को अधीनस्थ भूमिकाओं का निष्पादन करने वाले रूपों में प्रदर्शित किया गया था। भाग 2 तो भाग 1 से भी अधिक जेंडर पूर्वाग्रहों को दर्शाता था। इसमें पुरुषों के 50 चित्र थे जो कुल चित्रों का 96 प्रतिशत था और महिलाओं के महज दो ही चित्र थे जो कुल चित्रों का मात्र 4 प्रतिशत था। पाठों में दर्शाई गई महिलाओं की भूमिकाएँ पितृसत्तात्मक थीं और महिलाओं की पारंपरिक भूमिकाओं को मजबूत बनाती थीं। "कमाई करने के मुख्य तरीके" नामक अध्याय में एक भी महिला का चित्र नहीं था। एक दूसरे अध्याय में भी किसी महिला का कोई चित्र नहीं था, जहाँ एक पुरुष सरकारी अधिकारी से भूमि अधिकार प्रलेखों को ग्रहण करने की प्रक्रिया को प्रदर्शित किया गया था।

फिरोज बखत अहमद (2006) द्वारा किया गया अध्ययन अनेक राज्यों में पाठ्यपुस्तकों में जेंडर पूर्वाग्रहों के कायम रहने पर प्रकाश डालता है। अहमद रेखांकित करते हैं कि "राष्ट्रीय शैक्षिक अनुसंधान और प्रशिक्षण परिषद् (एन.सी.ई.आर.टी.) सन् 1982-83 से ही जेंडर असमानताओं को समाप्त करने पर जोर देती चली आ रही है – खासकर पाठ्यपुस्तकों से लिंग रूढ़ियों और लिंग-पूर्वाग्रह के उन्मूलन पर विशेष बल देते हुए।" उन्होंने यह भी निष्कर्ष निकाला कि "चाहे वह विज्ञान की पुस्तक हो या सामाजिक अध्ययन की या गणित की या अंग्रेजी अथवा हिंदी की ही पुस्तक क्यों न हो; इन सब में महिलाओं को हम पानी लाने जाते हुए, रसोईघर में काम करते हुए या कमरा साफ करते हुए देख सकते हैं और यह भी देख सकते हैं कि अध्याय लगातार पुरुष-केंद्रित हैं।"

उन्होंने एक सर्वेक्षण का उल्लेख किया है जो फ्रेण्ड्स ऑफ एजुकेशन द्वारा कराया गया था। यह सर्वेक्षण रेखांकित करता है कि एक औसत प्राथमिक पाठ्यपुस्तक में आमतौर पर 115 से 130 तक पृष्ठ तथा 80 से 100 तक प्रदर्शन होते हैं। इस अध्ययन ने पाया कि "आधे से अधिक प्रदर्शनों में सिर्फ पुरुषों और लड़कों को ही दिखाया गया था और केवल छह प्रतिशत प्रदर्शनों में ही महिलाओं और लड़कियों को दिखाया गया था।" प्राथमिक कक्षाओं में प्रयुक्त की जाने वाली गणित की छह पुस्तकों के विश्लेषण ने दर्शाया कि वाणिज्यिक, व्यावसायिक और विपणनमूलक स्थितियों का चित्रण करने वाली गतिविधियों में पुरुषों का प्रभुत्व मौजूद था जबकि दुकानदार, व्यापारी, कार्यकारी, अभियन्ता या विक्रेता के रूप में किसी भी महिला को नहीं दिखाया गया था।

अहमद का समग्र रूप से निष्कर्ष यह था कि "एन.सी.ई.आर.टी. ने पाठ्य-सामग्री में जेंडर-रूढ़िवादिताओं के उन्मूलन के लिए दिशा-निर्देशों का एक समुच्चय विकसित किया है और लेखकों व प्रकाशकों तक इन दिशा-निर्देशों को पहुँचा भी दिया है, लेकिन इन सबके बावजूद कोई विशेष बदलाव नहीं हुआ है।"

पाठ्यपुस्तकों में व्याप्त जेंडर-पूर्वाग्रहों के अलावा, विद्यमान अध्ययन पुरुष और महिला विद्यार्थियों द्वारा किए जाने वाले ज्ञानानुशासनों/विषयों के चयन के बारे में स्पष्ट रूप से बताते हैं। महिला शिक्षार्थियों की रुचि यांत्रिक अभियांत्रिकी (mechanical engineering), हृदय रोग से संबंधित विज्ञान, भौतिक और रसायन विज्ञानों जैसे ज्ञानानुशासनों में बहुत कम होती है। यह बिल्कुल स्पष्ट है क्योंकि विज्ञान में महिलाओं का अनुपात 1950-51 के 33.3 प्रतिशत से घटकर 1980-81 में मात्र 28.8 प्रतिशत ही रह गया। यह वह समयावधि थी, जब पदार्थमूलक विज्ञान, विशेष रूप से भौतिक विज्ञान और रसायन विज्ञान, अपने चरम पर था। अस्सी के दशक तक ये विषय पुरुष विद्यार्थियों की पहली पसंद हुआ करते थे और पुरुषों के साथ मुकाबले करने में महिलाएँ बाहर हो जाती थीं। यह भी संभव है कि किसी मामले में, युवा महिला विद्यार्थियों के लिए विज्ञान पहली पसंद इसलिए न रहा हो क्योंकि उनके माता-पिता इन महिला विद्यार्थियों के विवाह को इनकी उच्च शिक्षा पर वरीयता देते थे। किसी भी तरीके के स्नातक भर की डिग्री सामाजिक प्रस्थिति को ऊँचा उठाकर विवाह के बाजार में इन महिला विद्यार्थियों की सहायता करती थी (चनाना. के. 2011)। विज्ञान की किसी डिग्री के लिए समय और अन्य संसाधनों के दीर्घतर निवेश की आवश्यकता होती थी, इसलिए यह डिग्री वांछनीय नहीं थी। युवा महिलाओं को भी उच्च शिक्षा को इसी नजरिए से देखने के लिए समाजीकृत किया जाता था।

कला पाठ्यक्रमों में महिलाओं का नामांकन कई गुना बढ़ने की बात कई अध्ययनों में दर्शाई गई है। दूसरी तरफ, पुरुषों के नामांकन का अनुपात घटा है। शिक्षकों की शिक्षा, जो कि एक अन्य 'स्त्रैण' ज्ञानानुशासन है, में महिलाओं का अनुपात बढ़ा है। महिलाएँ जब स्नातक स्तर पर उच्च शिक्षा में प्रवेश लेती हैं, तो वे अगले दो स्तरों तक, नामतः स्नातक स्तर और अनुसंधान स्तर तक, चली जाती हैं। दूसरे शब्दों में, एक स्तर से दूसरे स्तर में उनका संक्रमण बढ़ा है, जिससे उनकी टिकने की क्षमता का पता चलता है। स्नातक स्तर पर उनका अनुपात उच्चतम है, जबकि अनुसंधान कार्यक्रमों में उनका अनुपात घटा है।

महिला अध्ययनों में अनुसंधान के संबंध में सुपरिभाषित परियोजनाओं (प्रोजेक्ट्स) को संपन्न करने के लिए विश्वविद्यालय अनुदान आयोग विश्वविद्यालयों को वित्तीय सहायता उपलब्ध कराता रहा है। इसके अलावा आयोग स्नातक और स्नातकोत्तर स्तरों तथा प्रासंगिक विस्तारित गतिविधियों के स्तरों पर पाठ्यक्रमों के विकास के लिए भी वित्तीय सहायता मुहैया कराता रहा है। सामाजिक विज्ञानों तथा अभियांत्रिकी और प्रौद्योगिकी समेत विज्ञान और मानविकी विषयों में महिला अभ्यर्थियों के लिए अंशकालिक (पार्ट-टाइम) रिसर्च एसोसिएटशिप्स हेतु आयोग ने पदों का सृजन भी किया है। महिला अध्ययनों के केंद्रीय विषय (theme) से संबंधित अनुसंधान परियोजनाओं को अनुमोदित किया जा रहा है। इसके अतिरिक्त महिला अध्ययन केंद्रों और इकाइयों (cells) की स्थापना करने के लिए भी अनेक विश्वविद्यालयों और

कॉलेजों/विश्वविद्यालयों के विभागों को सहायता उपलब्ध कराई गई थी। सरकार द्वारा अनेक कार्यक्रमों की अनुसंधान और उच्च अध्ययनों को संपन्न करने के लिए शुरुआत की गई है।

आमतौर पर उच्च शिक्षा में नामांकन अनुपात के द्वारा उच्च शिक्षा के विस्तार को मापा जाता है। उच्च शिक्षा तक पहुँच के परिमाण का आंकलन करने के लिए तीन वैकल्पिक विधियों का प्रयोग किया जाता है। ये विधियाँ हैं–सकल नामांकन अनुपात (जी.ई.आर.), निवल नामांकन अनुपात (एन.ई.आर.) और अर्ह (celigibles) विद्यार्थियों का नामांकन अनुपात (ई.ई.आर.)। जी.ई.आर. विभिन्न कार्यक्रमों में नामांकित सभी आयु वर्गों के व्यक्तियों का 18 से 23 वर्ष के आयु वर्ग के बीच की समग्र जनसंख्या से अनुपात निकालते हुए पहुँच के स्तर को मापता है। एन.ई.आर. उम्र के आधार पर यानी 18 से 23 वर्ष के बीच के विशिष्ट आयु समूहों के नामांकन के स्तर को मापता है। जबकि ई.ई.आर. हायर सेकेंडरी शिक्षा पूर्ण कर लेने वाले लोगों के नामांकन स्तर को मापता है।

तालिका 5.1: उच्च शिक्षा में पुरुष महिला अनुपात

		जी.ई.आर.	एन.ई.आर.	ई.ई.आर.
	उच्च शिक्षा पर अखिल भारतीय सर्वेक्षण 2014-15 (अनन्तिम)	**2011 की जनसंख्या**	**एन.एस.एस. 2003**	**एन.एस.एस. 2003**
पुरुष	24.5	21.6	12.3	62.9
महिला	22.7	18.9	8.7	54.1

स्रोत: भारत की जनगणना, राष्ट्रीय प्रतिदर्श सर्वेक्षण तथा उच्च शिक्षा पर अखिल भारतीय सर्वेक्षण 2014-15

लड़कों की तुलना में लड़कियों की पहुँच उच्च शिक्षा तक भी कम है क्योंकि 2011 की जनगणना के अनुसार पुरुष विद्यार्थियों के लिए जी.ई.आर. 21.6 है और महिला विद्यार्थियों के लिए यह 18.9 है। नामांकन अनुपात में जेंडर असमानता मुख्य रूप से ग्रामीण क्षेत्रों में स्पष्ट अंतरों के कारण है। शहरी क्षेत्रों में जेंडर अंतर बहुत कम हैं। ई.ई.आर. के लिए नामांकन अनुपात में भी पुरुषों और महिलाओं के बीच असमानताएँ उल्लेखनीय रूप से विद्यमान हैं। 2003-04 में, पुरुष और महिला विद्यार्थियों के लिए ई.ई.आर. क्रमशः 62.9 प्रतिशत और 54.1 प्रतिशत था। स्पष्ट है कि पुरुषों की तुलना में महिलाओं के लिए ई.ई.आर. लगभग नौ प्रतिशत कम था। जी.ई.आर. के विपरीत, ई.ई.आर. के संदर्भ में पुरुषों और महिलाओं के बीच के अंतरों को ग्रामीण और शहरी दोनों क्षेत्रों में साफ-साफ देखा जा सकता है। इस बात का संज्ञान लेने की आवश्यकता है कि यद्यपि पुरुषों की तुलना में महिला विद्यार्थियों का नामांकन अनुपात आमतौर पर

कम है, पर उच्च शिक्षा तक पहुँच स्थापित करने में निचली जातियों और कुछ धार्मिक समूहों से संबंध रखने वाली लड़कियों को तो दूसरों की तुलना में और भी अधिक कठिनाइयों का सामना करना पड़ता है।

एक अन्य क्षेत्र, जिस पर चर्चा करना और जिसकी पड़ताल करना आवश्यक है वह है पाठ्यक्रम का विकास। एक ऐसा सार्थक और व्यापक ढाँचा (framework) विकसित करने की आवश्यकता है जो पाठ्यक्रम में मौजूद जेंडर अंतरों को संबोधित करे। कृषि, शिक्षा, विज्ञान और प्रौद्योगिकी के बढ़ते स्त्रीकरण (feminisation) के साथ यह बहुत महत्त्वपूर्ण है कि समस्त ज्ञानानुशासनों में जेंडर मुद्दों पर बुनियादी पाठ्यक्रमों का समावेश करते हुए पाठ्यक्रम में जेंडर मुद्दों पर बुनियादी पाठ्यक्रमों का समावेश करते हुए पाठ्यक्रम में जेंडर को शामिल किया जाए। उदाहरण के लिए, चिकित्सा के क्षेत्र में जब नई दवाइयों या जाँच के नए उपकरणों की खोज की जाती है, तो इसके लिए यह आवश्यक है कि यह जेंडर चिंताओं को संबोधित करे। पुरुषों का शरीर, महिलाओं के शरीर से भिन्न होता है और इन दोनों का शरीर, ट्रांसजेंडर के शरीर से भिन्न होते हैं। इसलिए प्रत्येक उपकरण या दवा के लिए यह जरूरी है कि वह मानव-शरीर के जेंडर अंतरों को ध्यान में रखे।

जेंडर-संवेदी पाठ्यक्रम को विद्यालयी स्तर से ही प्रस्तुत किया जाना चाहिए। चूँकि जेंडर संवेदी पाठ्यक्रम पर व्याख्यान देने के लिए शिक्षक ही उपकरण होते हैं इसलिए शिक्षकों की शिक्षा के पाठ्यक्रम के लिए यह आवश्यक है कि वह जेंडर मुद्दों को संबोधित करे। शिक्षण में प्राथमिक शिक्षा में शिक्षकों के रूप में महिलाओं की वरीयता उच्च है। विद्यमान धारणा यह है कि महिलाएँ कोमल और देखभाल करने वाली होती हैं। इसलिए प्राथमिक विद्यालय के पुरुष शिक्षकों की तुलना में वे छोटे बच्चों को बेहतर तरीके से सँभाल सकती हैं। इस धारणा को उलटने की आवश्यकता है। वस्तुत: बच्चों की देखभाल के संदर्भ में जेंडर की कोई भूमिका नहीं होती। दूसरे, विद्यालय स्तर की पुस्तकें समाज में पुरुषों और महिलाओं की भूमिका को संबोधित करती हैं। विद्यालय के पाठों में संबोधित की गई भूमिकाओं के प्रतिमान समाजीकरण की प्रक्रिया के कारण होते हैं। विद्यालय के पाठ्यक्रम में भूमिकाओं के परिवर्तन (role reversal) को शामिल करने की आवश्यकता है और शिक्षार्थियों को ऐसा ही पाठ्यक्रम दिया जाना चाहिए। सामाजिक रूप से प्रासंगिक पाठ्यक्रमों और रोजगारपरक पाठ्यक्रमों को समस्त जेंडरों के लिए व्यापक तरीके से शुरू किया जाना चाहिए। उच्च शिक्षा हासिल करने वाले विद्यार्थियों, खासकर महिला विद्यार्थियों की संख्या को बढ़ाने के लिए किए गए अब तक के प्रयास ही अपने आप में साध्य नहीं हैं। उच्च शिक्षा में महिलाओं को आगे बढ़ाने के लिए सरकार के साथ-साथ नागरिक समाज को भी मिलकर कार्य करना चाहिए।

प्रश्न 5. सक्रियतावाद के रूप में शिक्षण को समझाइए।

उत्तर— ऐसे बहुत सारे सिद्धांत हैं जो जेंडर, जाति और वर्ग से संबंधित हैं। जब कोई शिक्षक संकल्पनाओं से संबंधित सिद्धांतों, विचारों, संकल्पनाओं और अनुसंधान

कार्यों की व्याख्या करता है तो विद्यार्थियों के मन में एक स्वाभाविक प्रश्न यह उठता है कि कार्यक्षेत्र (field) में जाने पर ये सिद्धांत किस तरह काम आएँगे? उन्होंने समाज में किस तरीके के परिवर्तनों को उत्पन्न किया है? उदाहरण के लिए नारीवादी सिद्धांतों को लीजिए। नारीवादी सिद्धांत विद्यमान शक्ति संबंधों पर सवाल उठाते हैं और महिलाओं की अधीनता को चुनौती देते हैं। ये महिलाओं का सशक्तिकरण करने की कोशिश भी करते हैं। महिलाओं के विरुद्ध किए जाने वाले दमन, शोषण, अन्याय, धमकी और हिंसा के खिलाफ लड़ने वाले तथा जेंडर न्यायसंगतता और जेंडर न्याय प्राप्त करने की कोशिश करने वाले किसी वैयक्तिक या सामूहिक प्रयास को नारीवाद का नाम दिया जा सकता है।

नारीवादी विचारधाराओं के विभिन्न प्रकार हैं, जैसे–उदारवादी, मार्क्सवादी, समाजवादी और आमूल-परिवर्तनवादी। इन विचारधाराओं में से प्रत्येक ने महिलाओं के लिए समानता हासिल करने के लिए अलग-अलग मार्गों का चुनाव किया है। विद्यार्थीगण समाज में जेंडर पूर्वाग्रह का अनुभव कर सकते हैं। जब कोई शिक्षक नारीवादी विचारधाराओं/सिद्धांतों पर कक्षा-कक्ष में चर्चा करेगा/करेगी, तो विद्यार्थीगण समाज में जेंडर पूर्वाग्रह को चुनौती देने के बारे में सोचेंगे। इसलिए शिक्षक यहाँ एक कार्यकर्त्ता (activist) की भूमिका निभाता है। क्रांतिकारी शैक्षिक दार्शनिकों ने हमेशा यह महसूस किया कि स्वतंत्रता, मुक्ति और समानता तभी संभव है जब शिक्षक स्वयं इन पर आचरण करें और इनका व्यवहार करें क्योंकि आदर्श (सिद्धांत) और व्यवहार दोनों से ही उदारवादी शिक्षा का संबंध है।

पाउलो फ्रेरे के अनुसार, "यह पाउलो के विचारों और मेरी बालिकावस्था (उनमें से अधिकांश महिलाएँ ही थीं) के शिक्षकों द्वारा दिए गए शिक्षणशास्त्र का प्रतिच्छेदन था, जिन्होंने स्वयं को इस रूप में देखा कि उनके पास हमें शिक्षित करने के लिए एक मुक्तिपरक अभियान है, इस तरह शिक्षित करने के लिए कि हम प्रजातिवाद और श्वेतजनों की सर्वोच्चता का प्रभावी तरीके से प्रतिरोध कर सकें, जिसका शिक्षण की कला और व्यवहार के बारे में मेरी सोच पर बहुत गहरा प्रभाव था।"

दूसरी बात यह है कि जिस सामाजिक-राजनीतिक पहचान का अनुभव बचपन से शिक्षक करता है, उसका उस पर बहुत गहरा प्रभाव पड़ता है। शिक्षकों के लिए यह महत्त्वपूर्ण है कि वे सत्यनिष्ठा (integrity) बनाए रखें तथा विद्यार्थियों के बीच सजग रूप से आशाओं और आकांक्षाओं का संचार करें। शिक्षक जो मूल्य लेकर चलता/चलती है, उसे उन मूल्यों से अलग किया जाना चाहिए, जिन्हें वह कक्षा-कक्ष में प्रदर्शित करता/करती है। शिक्षण में राजनीतिक सक्रियता के अनेक प्रकार संलग्न होते हैं। इनके नाम हैं–रूढ़िवादी, उदारवादी, समावेशी और आमूल-परिवर्तनवादी। कोई शिक्षक जब विद्यार्थियों को आलोचनात्मक दृष्टिकोण से सोचने के लिए प्रशिक्षित करता है, तो विद्यार्थी महत्त्वपूर्ण मूल्यों को सीखते हैं और लोकतांत्रिक, मानवीय, खुले दिमाग वाले और जेंडर-न्यायी हो जाते हैं। ये सक्रियतावाद के गुण हैं। इसलिए एक शिक्षक पूरी कक्षा

को कार्यकर्त्ता बनाने की क्षमता रखता है। कक्षा-कक्ष में विद्यार्थियों की एक आलोचनात्मक फौज तैयार होने से समाज में कुछ परिवर्तन भी आ सकता है।

समाज में जाति, संस्कृति, जेंडर और वर्ग के कारण अंतर मौजूद होते हैं। भूमंडलीकृत अर्थव्यवस्था के कारण ग्रामीण क्षेत्रों से शहरी क्षेत्रों की तरफ अत्यधिक प्रवासन (migration) हुआ है। इसके अलावा अंतरराज्यीय, अंत:राज्यीय और अंतरमहाद्वीपीय प्रवासन भी हुआ है। एक कार्यकर्त्ता के रूप में शिक्षक के जीने का तरीका यानी न्याय और स्वतंत्रता के लिए की जाने वाली उसकी लड़ाई विद्यार्थियों पर निश्चय ही गहरा प्रभाव छोड़ती है। असली सक्रियतावाद सिर्फ पढ़ाना और विचारों के बारे में लिखना ही नहीं है, बल्कि इन विचारों का व्यवहार करना और इन विचारों को वास्तविकता में बदलने के लिए संघर्ष करना है। नारीवादियों का मत है कि "ज्ञान का अंतिम परीक्षण यह नहीं है कि यह किसी अमूर्त मापदंड पर 'सही' है या नहीं, बल्कि यह है कि यह कोई प्रगतिशील परिवर्तन लाता है या नहीं।"

राष्ट्रपिता महात्मा गाँधी कहते हैं "जो परिवर्तन हम देखना चाहते हैं, हमें स्वयं में वह परिवर्तन लाना चाहिए, हमें खुद वह परिवर्तन बन जाना चाहिए।" एक शिक्षक, जो कि एक कार्यकर्त्ता (Activist) होता है, से इसी का अनुसरण करने की अपेक्षा की जाती है।

शिक्षक के लिए यह जरूरी है कि वह दुनिया में सकारात्मक परिवर्तन लाने के लिए, विद्यार्थियों को वास्तविकता का ज्ञान कराए। विद्यार्थी जब तक वास्तविक दुनिया का अनुभव नहीं कर लेते, तब तक उनके लिए यह संभव नहीं होगा कि वे सीखे गए सिद्धांतों के साथ तादात्म्य स्थापित कर पाएँ। समग्रता में, एक सक्रियतावादी शिक्षक के लिए यह जरूरी है कि वह व्यक्तिगत और पेशेवर – दोनों – मोर्चों पर सत्यनिष्ठा को बनाए रखे। व्यक्तिगत और पेशेवर पहचान के बीच के अंतराल को सजग रूप से पाटते रहना बहुत महत्त्वपूर्ण है। उदाहरण के लिए, एक नारीवादी होने पर यह चीज शिक्षक के पेशे में भी प्रतिबिंबित होनी चाहिए। शिक्षकों को विद्यमान जेंडर भूमिकाओं का विखंडन करना चाहिए और भूमिकाओं के परिवर्तन (reversal) की कोशिश करनी चाहिए। नारीवादी सक्रियतावादी शिक्षक समाज को स्वतंत्रता और बंधुत्व की संकल्पनाओं के माध्यम से देखते हैं। शिक्षक/कार्यकर्त्ता के विचार का विकास शिक्षण को किसी पेशे (profession) के बजाय एक व्यवसाय (vocation)/आह्वान (calling) के रूप में देखने से निर्मित होता है। श्वार्ज के अनुसार, व्यवसाय के रूप में शिक्षण का तात्पर्य यह है कि व्यवसाय में अनेक सुधार किए जाने की आवश्यकता है। सुधार करने के लिए, स्वयं शिक्षण को व्यक्तिगत और नैतिक लगावों से युक्त तथा मानवीय अवश्य होना चाहिए।

पाठ्यक्रम की अंतर्वस्तु का विकास मात्र सैद्धांतिक ज्ञान के बजाय वास्तविक जीवन के अधिकाधिक अनुभवों के साथ किया जाना चाहिए ऐसा आज के समय की माँग है। उदाहरण के लिए, दर्शनशास्त्र में संकल्पनाएँ अमूर्त होती हैं। पाठ्यक्रम में

वास्तविक जीवन के अनुभवों का समावेश करने से विद्यार्थियों का मस्तिष्क व्यापक होता है तथा वे विषय के बारे में अमूर्त विचार रखने के बजाय दुनिया को व्यावहारिक रूप से समझने में सफल हो सकते हैं।

अध्याय 6

दृष्टिकोण सिद्धांत और ज्ञान की अवस्थिति

(STANDPOINT THEORY AND KNOWLEDGE LOCATION)

भूमिका

ज्ञान के सिद्धांत की मूल प्रेरणा एक आदर्शवादी दार्शनिक जॉर्ज विलहेम फ्रेडरिक हेगल के कार्यों में देखी जा सकती है जिन्होंने वर्ष 1807 में मालिकों तथा दास के बीच के विभिन्न दृष्टिकोणों का अध्ययन किया था। उनका दावा था कि मालिक और दास के बीच का संबंध लोगों के संबंधों की स्थिति से है तथा समूह इस बात को प्रभावित करते हैं कि लोग ज्ञान तथा शक्ति को कैसे प्राप्त करते हैं। कार्ल मार्क्स ने भी इस बात की चर्चा की कि किस प्रकार एक श्रमिक की स्थिति उसके ज्ञान को आकार प्रदान करती है। इन दो विद्वानों के अध्ययनों से नेन्सी हार्टसोक ने पुरुष तथा नारी के संबंधों का प्रयोग करते हुए दृष्टिकोण के सिद्धांत का परीक्षण किया। उन्होंने सन् 1983 में "नारीवादी दृष्टिकोण: विशेष रूप से नारीवादी ऐतिहासिक भौतिकवाद के लिए भूमि तैयार करना" का प्रकाशन किया। हार्टसोक ने मालिक और दास के हीगल के विचारों का तथा वर्ग एवं पूँजीवाद के मार्क्स के विचारों का प्रयोग लिंग एवं जेंडर के मामलों को जानने के लिए प्रेरणास्रोत के रूप में किया।

समकालीन दृष्टिकोण सिद्धांत प्राय: सामाजिक अवस्थितियों यथा जेंडर, रंगभेद, वर्ग, संस्कृति तथा आर्थिक स्थिति पर ध्यान केंद्रित करता है। दृष्टिकोण का सिद्धांत एक ऐसी विशिष्ट नारीवादी ज्ञानमीमांसा को विकसित करना चाहता है जिसमें ज्ञान के स्रोत के रूप में महिलाओं तथा अल्पसंख्यकों के अनुभवों को महत्त्व दिया गया हो। दृष्टिकोण के प्रमुख सिद्धांतों में डोरोथी स्मिथ, नेन्सी हार्टसोक, डोन्ना हारावे, सैण्ड्रा हार्डिंग, एलीसन वायली, लाइनेट हंटर तथा पेट्रीशिया हिल कोलिन्स के नाम शामिल हैं।

प्रश्न 1. 'दृष्टिकोण' पर प्रकाश डालते हुए, 'दृष्टिकोण सिद्धांत' पर भी चर्चा कीजिए।

उत्तर– साधारण शब्दों में, किसी व्यक्ति द्वारा किसी मुद्दे के प्रति, अपने परिप्रेक्ष्य से, रखा जाने वाला नजरिया या अभिवृत्ति ही 'दृष्टिकोण' (स्टैंडप्वाइंट) है। यह बताता है कि दिन-प्रतिदिन के अनुभव किस प्रकार किसी व्यक्ति की राय को परिवर्तित करते हैं और उस राय पर प्रभाव डालते हैं। जब लोग समाज में विविध समूहों का सृजन करने वाली शक्ति के मूल्य को समझते हैं, तब दृष्टिकोण (स्टैंडप्वाइंट) उभरने की तरफ अग्रसर होता है।

दृष्टिकोण सिद्धांत लोगों के प्रत्यक्षण (perception) के लिए एक उत्तर-आधुनिक दृष्टिकोण है। दृष्टिकोण सिद्धांत नारीवादी नजरियों पर अपना ध्यान केंद्रित करने वाले जेंडर-प्रत्यक्षण (Gender Perception) पर फोकस करता है। सेण्ड्रा हार्डिंग और नैन्सी हार्टसॉक ने अपनी पुस्तक 'द फेमिनिस्ट स्टैंडप्वाइंट : डेवेलपिंग ग्राउंड फॉर ए स्पेसिफिकली फेमिनिस्ट हिस्टॉरिकल मटेरियलिज्म' के माध्यम से दृष्टिकोण सिद्धांत का विकास किया। नैन्सी हार्टसॉक के अध्ययन पर जर्मन दार्शनिक जॉर्ज विल्हेल्म फ्रेडरिक हीगल की संकल्पनाओं का गहरा प्रभाव है, जिन्होंने विभिन्न सामाजिक-आर्थिक वर्गों से संबंध रखने वाले लोगों के दृष्टिकोणों का अध्ययन किया था। इसका उद्‌भव समाज में महिलाओं की सामाजिक-आर्थिक प्रस्थिति का अध्ययन करने वाले प्रारंभिक नारीवादी सिद्धांत से हुआ है। इसे नारीवादी दृष्टिकोण सिद्धांत की संज्ञा भी दी जाती है। जी.पी.एच. की पुस्तकों का मुख्य उद्देश्य ज्ञान के साथ-साथ अच्छे नम्बर दिलाना है।

प्रश्न 2. दृष्टिकोण सिद्धांत के ऐतिहासिक विकास का वर्णन कीजिए।

उत्तर– दृष्टिकोण का सिद्धांत दो शोधलेखों – अवस्थित ज्ञान का शोधलेख (situated knowledge thesis) तथा विलोमता का शोधलेख – के केंद्रीय सिद्धांतों के इर्द-गिर्द व्यवस्थित किया गया है। अवस्थित ज्ञान के शोध-लेख का दावा है कि ज्ञान का उत्पादन सामाजिक विभेदों पर निर्भर होता है : ज्ञान प्राप्त करने वाले लोग सदैव किसी न किसी विशिष्ट ऐतिहासिक क्षण और सामाजिक-सांस्कृतिक संदर्भों में स्थित होते हैं। विलोमता के शोध-लेख को ज्ञानमीमांसीय लाभ (epistemic advantage) का शोध-लेख भी कहा जाता है। विलोमता का यह शोध-लेख उन लोगों को ज्ञानमीमांसीय प्राधिकार देता है जो दमन की व्यवस्था के कारण अब तक हाशिए पर बने हुए हैं। ये हाशियाकृत लोग उन लोगों की तुलना में ज्ञान को बेहतर तरीके से समझ सकते हैं जो दमन की व्यवस्था के कारण लाभ उठाते हैं। सरल शब्दों में कहा जाए तो सामाजिक स्वत्वहीनता (dispossession) ज्ञानमीमांसीय विशेषाधिकार को उत्पन्न करती है। इस शोध-लेख के लिए तर्क का एक हिस्सा इस तथ्य से भी प्राप्त होता है कि व्यवस्थित दमन से लाभ उठाने वाले लोगों के पास कोई कारण नहीं है कि वे पृष्ठभूमि की

मान्यताओं की आलोचना करें। जबकि हाशियाकृत लोगों के पास गुप्त ज्ञान हो सकता है, उदाहरण के लिए, पूँजीवाद की संरचना और उसके प्रभावों के बारे में हाशियाकृत लोग क्योंकि अपने दैनिक जीवन में इसकी कड़वी वास्तविकताओं का सामना करते हैं अत: उनके पास ज्ञान हो सकता है।

दृष्टिकोण सिद्धांत की पहली लहर—यद्यपि वर्गीय दमन के मार्क्स के दृष्टिकोण में दृष्टिकोण सिद्धांत की जड़ें स्थित हैं, किंतु नारीवादी दर्शन ने दृष्टिकोण सिद्धांत को 1970 और 1980 के दशक में लोकप्रिय बनाया और इसका विकास किया। नारीवादी दृष्टिकोण सिद्धांत के प्रारंभिक आवेग में केंद्रीय विषय यह था कि वैज्ञानिक उदासीनता और वस्तुनिष्ठता के रूपों को चुनौती दी जाए। यह वैज्ञानिक उदासीनता और वस्तुनिष्ठता ज्ञान प्राप्त करने वाले एक सामान्यीकृत व्यक्ति की पूर्व-मान्यता को लेकर चलती थी। प्रारंभिक दृष्टिकोण सिद्धांतकारों का प्रयास उस तरीके को समझना था जिसके अंतर्गत ज्ञान प्राप्त करने वाले लोगों की जेंडरीकृत पहचान उनके ज्ञानमीमांसीय संसाधनों और उनकी क्षमताओं को प्रभावित करती थी (वायली 48)। दृष्टिकोण सिद्धांत का स्पष्टीकरण उपलब्ध करने वाले प्रारंभिक लोगों में से एक नैन्सी हार्टसॉक थीं, जिन्होंने वस्तु संबंध सिद्धांत (object relations theory) और एक मार्क्सवादी नारीवादी परिप्रेक्ष्य को संयुक्त किया था ताकि जेंडर समाजीकरण और श्रम के लैंगिक विभाजन पर प्रश्न उठाए जा सकें। हार्टसॉक के अनुसार, श्रम के लैंगिक विभाजन के लिए जेंडरीकृत मनोवैज्ञानिक प्रक्रियाओं के आत्मसातीकरण को उत्तरदायी माना जा सकता है। ये मनोवैज्ञानिक प्रक्रियाएँ एक दूसरे से काफी दूर होती हैं और जेंडरीकृत संज्ञानात्मक और मनोवैज्ञानिक अभिमुखीकरणों का उत्पादन करती हैं।

एवलिन फॉक्स केलर का हस्तक्षेप भी विज्ञान के दर्शन में इतना ही प्रभावशाली था। वस्तु संबंध सिद्धांत (object relations theory) पर दुबारा विचार करते हुए, केलर (1978) ने तर्क दिया कि जेंडर अलग-अलग वैज्ञानिक "मन:स्थितियों (postures)" को उत्पादित करता है। स्टीरियोटाइप्ड हो चुके पुरुषवाचक और स्त्रीवाचक अभिलक्षण पुरुषत्व को वस्तुनिष्ठता के साथ तथा स्त्रीत्व को सहानुभूतिपरक समझ के साथ संबद्ध करने के लिए वैज्ञानिक कार्य-व्यवहार में प्रवाहित होते हैं। उदाहरण के लिए, अपने समाजीकरण के कारण, महिलाएँ इस अध्ययन में संलग्न किए जाने के लिए और उनके अध्ययनों की वस्तुओं में निमग्न कर दिए जाने के लिए अपेक्षाकृत अधिक बेहतर होती हैं।

दृष्टिकोण सिद्धांत की दूसरी लहर—पिछले पंद्रह वर्षों में दृष्टिकोण सिद्धांत ने एक पुनर्जागरण देखा है। यद्यपि दृष्टिकोण सिद्धांत के बहुत सारे आलोचक हैं, फिर भी वे उस मूल चुनौती से संलग्न होने में प्राय: असफल ही रहे हैं, जो दृष्टिकोण सिद्धांत द्वारा ज्ञान-उत्पादन के पारंपरिक सिद्धांतों के लिए पेश की गई है। इसके अलावा इन आलोचकों ने किसी प्रकार के रचनात्मक प्रत्युत्तर भी प्रस्तावित नहीं किए हैं (वायली 61)। इस प्रकार, सामाजिक विभेद के ज्ञानमीमांसीय प्रभावों को गंभीरता से लेना एक ऐसा प्रोजेक्ट है, जिसका शीघ्रता से परित्याग नहीं कर देना चाहिए। दृष्टिकोण सिद्धांत

के लाभ का एक अंश इसकी ऐसी प्रविधि, लक्ष्यों और सीमाओं के पुन:स्पष्टीकरण (rearticulating) से आता है, जिनसे ऊपर वर्णित आलोचनाओं को प्रत्यक्ष जवाब मिल जाते हैं। वायली ने दृष्टिकोण सिद्धांत की दूसरी लहर का शायद सर्वाधिक संक्षिप्त स्पष्टीकरण (articulation) उपलब्ध कराया है। वायली के अनुसार, कोई स्टैंडप्वाइंट 'महिला' जैसे सुस्पष्ट रूप से परिभाषित किसी ऐसे भूक्षेत्र को चिह्नित नहीं करता जिसके भीतर सदस्यों के पास विशेषाधिकार स्वत: ही मौजूद होते हैं बल्कि इसके बजाय स्टैंडप्वाइंट ज्ञानमीमांसीय संलग्नता की एक मन:स्थिति है। इस दावे का, कि अवस्थित ज्ञान का शोध-लेख अस्तित्ववाद पर बल देता है, प्रत्युत्तर देते हुए वायली तर्क देती हैं कि "यह एक खुला (आनुभविक) प्रश्न है कि क्या इस प्रकार की संरचनाएँ प्रत्येक संदर्भ में पाई जा सकती हैं, ये संरचनाएँ कौन-सा रूप ग्रहण करती हैं तथा व्यक्तियों द्वारा किस प्रकार ये आत्मसातीकृत या सन्निविष्ट की जाती हैं" (वायली 2012)। पहचानें जटिल होती हैं और उन्हें साधारण युग्मकों के रूप में सरलीकृत नहीं किया जा सकता। इसी प्रकार वायली तर्क देती हैं कि अभी तक स्वसम्भूत (automatic) विशेषाधिकार की आलोचना लड़खड़ाती रही है क्योंकि कोई स्टैंडप्वाइंट प्रदत्त नहीं होता, बल्कि इसे हासिल किया जाता है। इसकी विशेषताएँ हैं-"ज्ञानमीमांसीय, संलग्नता का एक प्रकार, उन सामाजिक दशाओं के प्रति आलोचनात्मक जागरूकता – आनुभविक और संकल्पनात्मक – का संवर्द्धन, जिनके तहत ज्ञान को उत्पादित और प्रमाणीकृत किया जाता है।" इस प्रकार किसी स्टैंडप्वाइंट पर अधिकार करना एक आलोचनात्मक जागरूकता का संवर्द्धन करने जैसा है। किसी व्यक्ति की जानने की योग्यता पर समाज में उस व्यक्ति की अवस्थिति के क्या प्रभाव पड़ते हैं यह जागरूकता इस संबंध में होती है।

प्राथमिक और द्वितीयक दृष्टिकोण–दृष्टिकोण सिद्धांत की दूसरी लहर "महिला" जैसी किसी ऐतिहासिक, जीव-वैज्ञानिक और अस्तित्ववादी श्रेणी से अलग हटते हुए स्वीकार करती है कि यह एक खुला प्रश्न है कि दृष्टिकोण में कौन सहभागिता कर सकता है या कौन इसे हासिल कर सकता है। प्राथमिक और द्वितीयक दृष्टिकोणों में विभेद करने से यह मुद्दा स्पष्ट हो सकता है। प्राथमिक दृष्टिकोण पारंपरिक दृष्टिकोण होते हैं। ये हाशियाकरण के प्रत्यक्ष अनुभवों से स्वत: उत्पन्न होते हैं। जबकि द्वितीयक दृष्टिकोण पर अधिकार रखने वाले लोगों की प्रत्यक्ष पहुँच हाशियाकरण के अनुभवों तक नहीं होती तथा इस प्रकार इन्हें प्राथमिक दृष्टिकोण के अभिकर्त्ताओं के बीच रहना होता है। द्वितीयक दृष्टिकोणों के लिए यह आवश्यक है कि वह लगातार प्राथमिक दृष्टिकोणों में नवीनीकृत होता रहे ताकि किसी दृष्टिकोण का ज्ञानमीमांसीय, विशेषाधिकारयुक्त गठन कायम रहे। जिन तरीकों से माता-पिता, साझेदार और अन्य लोग विशेषाधिकारयुक्त ज्ञान-उत्पादन में हाशिए के लोगों के साथ सहभागिता करते हैं, यह विभेद हमें उन तरीकों को समझने में सक्षम बनाता है। जी.पी.एच. की पुस्तकों का मुख्य उद्देश्य ज्ञान के साथ-साथ अच्छे नम्बर दिलाना है।

प्रश्न 3. ज्ञानमीमांसा क्या है? दृष्टिकोण सिद्धांत और ज्ञानमीमांसा के बीच संबंधों पर प्रकाश डालिए।

उत्तर– दर्शन का वह भाग जिससे मानव ज्ञान की व्युत्पत्ति, अवधारणा, प्रकृति, तार्किकता, प्रासंगिकता, विश्वास, औचित्य व सीमाओं पर विमर्श किया जाता है उसे ज्ञानमीमांसा कहते हैं। ज्ञान कई तरह का हो सकता है, कुछ करने या जानने का तरीका, किसी व्यक्ति या स्थान को जानना इत्यादि। दृष्टिकोण ज्ञानमीमांसा या अधिक सामान्य रूप से, दृष्टिकोण सिद्धांत इस चीज से संबंधित है कि किसी व्यक्ति की जानने की योग्यता पर समाज में उस व्यक्ति की अवस्थिति का क्या प्रभाव पड़ता है। उदाहरण के लिए चूँकि पुरुष और महिला अलग-अलग तरीके से जेंडरीकृत किए जाते हैं और इस प्रकार उनके अनुभव भी अलग-अलग होते हैं, इसलिए इसमें अंतर अवश्य होगा कि वे किसी चीज को किस प्रकार जानते हैं और वे क्या जानने में सक्षम हैं। अधिक विशिष्ट रूप से कहें, तो दृष्टिकोण सिद्धांत इस बात पर जोर देता है कि जो लोग सामाजिक रूप से हाशिए पर हैं, वे लोग ज्ञान-उत्पादन की व्यवस्थाओं के भीतर के पूर्वाग्रहों और अंतरालों को अत्यधिक आसानी से छाँटकर बाहर कर सकते हैं। दृष्टिकोण सिद्धांत के परिप्रेक्ष्य से देखें, तो संतति-विज्ञान के क्रम में जीवित बचे लोगों समेत निःशक्त व्यक्ति यह समझने में सर्वोत्तम होंगे कि सर्वोत्कृष ज्ञान और दमन की प्रणालियों को किस प्रकार उत्पादित किया जाता है और किस प्रकार उन्हें कायम रखा जाता है।

दृष्टिकोण सिद्धांत और हाशियाकृत परिप्रेक्ष्य–हाशियाकृत समाज के, खासतौर से महिलाओं के परिप्रेक्ष्य को समझने की दिशा में दृष्टिकोण सिद्धांत की मुख्य केंद्रीय संकल्पनाएँ हमें आगे ले जाती हैं। एक व्यक्ति का दृष्टिकोण दूसरे व्यक्ति से भिन्न हो सकता है लेकिन जब कुछ समूह सामान्य (common) पर्यावरणों की साझेदारी करते हैं तो उनके परिप्रेक्ष्य में सामूहिकता का संज्ञान आसानी से लिया जा सकता है। ये परिप्रेक्ष्य मूल रूप से वस्तुनिष्ठ और व्यक्तिनिष्ठ हो सकते हैं। समाज में उच्चतर स्तर से संबंध रखने वाला या उच्चतर स्थिति से आने वाला कोई व्यक्ति आमतौर पर मुद्दों को एकपक्षीय तरीके से देखता है जबकि समाज में औसत स्थिति या निम्न स्तर से आने वाला कोई व्यक्ति किसी मुद्दे को कहीं अधिक व्यावहारिक रूप से देखता-समझता है। ऐसा उन परिस्थितियों के अंतरों के कारण होता है, जिन परिस्थितियों में लोगों के ये दो समुच्चय रहते हैं। समाज में महिलाओं के मामले में, परिप्रेक्ष्य बहुत अधिक सीमा तक भिन्न हो जाता है। यहाँ हाशियाकृत समूह यानी महिलाएँ शक्तिशाली समूहों के प्रत्यक्षणों (perceptions) को स्वीकार करने की दिशा में प्रवृत्त हो जाती हैं। इसलिए परिस्थितियाँ महिलाओं के परिप्रेक्ष्य को परिवर्तित कर देती हैं। उदाहरण के लिए हम ग्रामीण संदर्भ में प्रवासन पर और परिवारों की परिघटना पर विचार कर सकते हैं जिसमें घर किसी एक ही व्यक्ति द्वारा अकेले चलाया जा रहा हो।

वस्तुनिष्ठ ज्ञान पर प्रश्न उठाना–दृष्टिकोण सिद्धांत की नींव सैण्ड्रा हार्डिंग और जूलिया टी. वुड ने डाली। यह सिद्धांत समाज में वस्तुनिष्ठता के बारे में है। इसके

सिद्धांतकारों का विचार है कि सामाजिक श्रेणीतंत्र में किसी व्यक्ति का स्थान यह तय करता है कि वह कितना खुला (open) और वस्तुनिष्ठ है। यदि कोई व्यक्ति सामाजिक श्रेणीतंत्र में सबसे निचले पायदान पर है तो उसके पास यह अवसर होता है कि वह ऊपर की तरफ देखे और अपने ऊपर के लोगों को जाने और समझे। जबकि अगर कोई व्यक्ति सामाजिक श्रेणीतंत्र में शिखर पर है तो उसके पास खुद को देखने के अलावा ऐसा कोई अवसर नहीं होता। हार्डिंग और वुड ने माना कि जब किसी व्यक्ति के पास अपने से ऊपर के लोगों को देखने और समझने का अवसर होता है, तो दुनिया को वह अधिक सही तरीके से देख पाता है जबकि शिखर पर बैठे लोगों के पास अपने से ऊपर के लोगों को देखने और समझने का मौका नहीं होता इसलिए उनकी दृष्टि सीमित होती है और दुनिया के प्रति उनका दृष्टिकोण मिथ्या या नकली (false) होता है। इन सिद्धांतकारों ने अनुभव किया कि दुनिया के प्रति महिलाओं, निचली सामाजिक-आर्थिक प्रस्थिति के लोगों, समलैंगिकों और अल्पसंख्यकों का दृष्टिकोण, सामाजिक श्रेणीतंत्र में इनके स्थान के कारण, श्वेत पुरुषों के दृष्टिकोण की तुलना में अधिक यथार्थपरक होता है।

वस्तुनिष्ठता की पारंपरिक संकल्पना को नकारते हुए नारीवादी दृष्टिकोण ज्ञानमीमांसा (Feminist Standpoint Epistemology) एक अधिक सशक्त वस्तुनिष्ठता का सृजन करने की कोशिश करती है, तो भी यह सापेक्षिक ज्ञानमीमांसा नहीं होती। नारीवादी दृष्टिकोण सिद्धांत की एक प्रबल समर्थक सैण्ड्रा हार्डिंग अपने लेख रीथिंकिंग स्टैंडप्वाइंट एपिस्टेमोलोजी : व्हाट इज "स्ट्रांग ऑब्जेक्टिविटी?" में इस विषय को स्पष्ट रूप से संबोधित करती हैं और तर्क देती हैं कि दृष्टिकोण सिद्धांत की वस्तुनिष्ठ ताकत इसकी इस मान्यता में है कि ज्ञान सामाजिक रूप से स्थित होता है। दूसरे शब्दों में कहा जाए तो ज्ञान प्राप्त करने वाले व्यक्ति के रूप में हम कौन हैं, इसका प्रभाव इस चीज पर पड़ता है कि हम क्या जान सकते हैं। विशिष्ट रूप से, अनुसंधानकर्त्ताओं की सामाजिक स्थिति पर अनुसंधान के परिणामों की निर्भरता का प्रदर्शन करने के लिए हार्डिंग तात्कालिक नारीवादी अनुभववादियों के उदाहरण का प्रयोग करती हैं। हार्डिंग तात्कालिक नारीवादी अनुभववाद को इस रूप में परिभाषित करती हैं–"जीव-विज्ञान और सामाजिक विज्ञानों में उन नारीवादी अनुसंधानकर्त्ताओं की "तात्कालिक चेतना" (Spontaneious Consciousness) जो यह व्याख्या करने का प्रयास करते हैं कि फील्ड में अनुसंधान की उनकी प्रक्रिया में, मानक प्रक्रियाओं की तुलना में, कौन-सी चीज अलग थी और कौन-सी चीज अलग नहीं थी।"

हार्डिंग यद्यपि तात्कालिक नारीवादी अनुभववादियों की तरह नहीं हैं, पर विचारधारा के स्तर पर वे नोट करती हैं कि तात्कालिक नारीवादी अनुभववादियों द्वारा किए गए अनुसंधानों के परिणाम पुरुषों द्वारा किए गए अनुसंधान की तुलना में प्राय: "कम पक्षपातपूर्ण और कम विकृत" होते हैं। इसलिए हार्डिंग तर्क देती हैं कि इन नारीवादी अनुभववादियों द्वारा उत्पादित किया गया ज्ञान, इनके प्रतिपर्णों (counterparts) द्वारा उत्पादित किए गए ज्ञान की तुलना में वैज्ञानिक रूप से श्रेष्ठतर होता है। ऐसा निश्चित

रूप से नारीवादियों के सामाजिक रूप से स्थित दृष्टिकोण के कारण होता है। इसलिए ज्ञान के उत्पादन में नरकेंद्रित मान्यताओं को चिह्नित करने का नारीवादी प्रयत्न साधारण रूप से "श्रेष्ठ विज्ञान" है तथा "वस्तुनिष्ठता को अधिकाधिक बढ़ाने" में यह सहायता कर सकता है।

हार्डिंग का मत है कि लोग यदि अपनी सामाजिक स्थिति के प्रति जागरूक होंगे तो वस्तुनिष्ठता एक और अधिक हासिल किए जाने योग्य चीज बन जाएगी। वे तटस्थ वस्तुनिष्ठता की संकल्पना की आलोचना करती हैं। हार्डिंग ने इस संकल्पना को, डोना हरावे द्वारा दिए गए पदबंध का प्रयोग करते हुए, "ईश्वरीय दाँव (God-trick)" कहा है जिसका तात्पर्य उस स्थिति से है जब अनुसंधानकर्त्ता पूर्ण निष्पक्षता के साथ ब्रह्माण्ड का प्रेक्षण करने की कोशिश करते हैं। यह ऐसी पूर्ण निष्पक्षता है, जिसे पूर्वाग्रह से मुक्त माना जाता हैं और थॉमस नागेल ने जिसे "कहीं नहीं से लिया जाने वाला दृष्टिकोण (the view from nowhere)" कहा है। हार्डिंग स्वीकार करती हैं कि पारंपरिक विज्ञान सामाजिक मूल्यों का विलोपन करने में कुशल है ताकि प्रयोगों के परिणाम विभिन्न संस्कृतियों के आर-पार भी एक जैसे ही आएँ लेकिन वे यह दावा भी करती हैं कि "वैज्ञानिक विधि कोई नियम उपलब्ध नहीं कराती – यहाँ तक कि सामाजिक चिंताओं और उन रुचियों की पहचान करने के लिए भी – यह विधि कोई नियम उपलब्ध नहीं कराती जिन रुचियों में समस्त (या वास्तविक रूप से समस्त) प्रेक्षकों की साझेदारी होती हैं।"

दृष्टिकोण ज्ञानमीमांसाविदों का विचार है कि वैज्ञानिक प्रयत्न, जैसा कि यह वर्तमान में है, दोषपूर्ण है क्योंकि इसकी रचना विशिष्ट सामाजिक स्थिति से आने वाले ऐसे लोगों द्वारा की गई थी, जिनके पास प्रभाव और शक्ति थी। हार्डिंग का तर्क है कि जिस व्यवस्था के भीतर महिला अनुभववादी अपना कार्य संचालित कर रहे हैं (पारंपरिक विज्ञान), वह ऐसी व्यवस्था है जिसमें अपनी सामाजिक स्थिति को प्रतिबिम्बित करने के लिए अनुसंधानकर्त्ताओं के पास कोई मौका या विधि नहीं होती। इस प्रकार अनुसंधानकर्त्ता अपने गुप्त पूर्वाग्रहों को नहीं देख पाते। तब लोग स्वयं अपने पूर्वाग्रहों की पहचान किस प्रकार करेंगे? हार्डिंग का तर्क है कि पूर्वाग्रहों को चिह्नित करने में हाशियाकृत समूहों की स्थिति अन्य समूहों से बेहतर होती है। लेखिका ज्ञान के उत्पादन में दृष्टिकोण ज्ञानमीमांसा की तुलना राजनीति में मार्क्सवाद से करती हैं, जहाँ वस्तुओं का उत्पादन हाशियाकृत श्रमिकों द्वारा किया जाता है। हार्डिंग तर्क देती हैं कि प्रभुत्वशाली समूह अपने प्रभुत्व और अपनी शक्ति में इस प्रकार लीन रहते हैं कि वे अपनी स्वयं की मान्यताओं को देख ही नहीं पाते। उदाहरण के लिए, एक मार्क्सवादी श्रमिक मालिक की मान्यताओं और उसके पूर्वाग्रहों के प्रति अत्यधिक जागरूक होगा। इसी प्रकार, हार्डिंग के अनुसार, नारीवादी अनुसंधानकर्त्ता वैज्ञानिक समुदाय में व्याप्त पूर्वाग्रहों के प्रति अत्यधिक जागरूक होगा क्योंकि वैज्ञानिक समुदाय में ऐतिहासिक रूप से पुरुषों और नरकेंद्रित मान्यताओं का प्रभुत्व बना रहा है। हार्डिंग के अनुसार, जैसा कि तात्कालिक नारीवादी अनुभववादियों के मामले में होता है, विज्ञान में महिलाओं के आने

से सहायता मिलेगी लेकिन अंततः इतना ही पर्याप्त नहीं होगा : नारीवादी दृष्टिकोण ज्ञानमीमांसाविदों का कहना है कि व्यवस्था को परिवर्तित करने की आवश्यकता है ताकि हाशियाकृत समूहों को शामिल किया जा सके।

प्रश्न 4. ज्ञान की रचना के एक वैध आधार के रूप में अनुभव की चर्चा कीजिए।

उत्तर– कुछ केंद्रीय प्रश्न ज्ञान के संबंध में इस प्रकार हैं–शिक्षार्थियों के जीवन के अनुभवों का ज्ञान कितना प्रतिनिधिक है? क्या यह उनकी आवश्यकताओं और इच्छाओं से संबंधित होता है? क्या यह लड़कों और लड़कियों समेत समस्त शिक्षार्थियों को इस चीज के लिए सक्षम बनाता है कि वे संज्ञानात्मक, सृजनात्मक और विश्लेषणात्मक योग्यताओं के संदर्भ में अपनी पूरी क्षमता को हासिल कर सकें? जेंडर अध्ययनों के माध्यम से विकसित की गई जाँच की प्रविधि शिक्षाविदों की सहायता कर सकती है जो इस प्रश्न को लेकर मताग्रही रहे हैं कि पाठ्यक्रम की अंतर्वस्तु शिक्षार्थी के वास्तविक अनुभवों का प्रतिनिधित्व करने में किस सीमा तक सक्षम रही है। पाठ्यपुस्तक क्या हाशिए पर रहने वाले लोगों द्वारा जिए गए अनुभवों को और उनके परिप्रेक्ष्यों को संबोधित कर सकती है? या पाठ्यपुस्तक क्या विशेषाधिकारयुक्त लोगों द्वारा जिए गए अनुभवों को और उनके परिप्रेक्ष्यों को भी हमेशा संबोधित कर सकती है? उदाहरण के लिए, अधिकांशतः प्रचलित मानकों के अनुरूप अगर पाठ्यपुस्तक में परिवारों का चित्रण इस प्रकार किया गया है कि परिवार की इकाई में एक माता, एक पिता और दो बच्चे शामिल हैं या ज्यादा से ज्यादा दादा और दादी भी शामिल हैं तो तीस प्रतिशत से अधिक ऐसे परिवारों के बच्चे, जहाँ सिर्फ एक ही अभिभावक (अधिकांशतः महिला अभिभावक) है, खुद को इस दुनिया में, जहाँ वे असामान्यता से ग्रस्त प्रतीत होंगे, किस प्रकार और कहाँ रखकर देखेंगे? इसका संज्ञान लेना महत्त्वपूर्ण है कि शिक्षा एक प्रक्रिया है, न कि यह कोई आदान (input) है। इसके अलावा अनुभव इस प्रक्रिया का एक महत्त्वपूर्ण अंग होता है। शिक्षार्थी जब तक पाठ्यपुस्तकों में वर्णित संदर्भों के संबंध में अपने स्वयं के दृष्टिकोण को उचित तरीके से नहीं रख सकेंगे तब तक ज्ञान महज सूचनाओं के निचले स्तर तक ही बना रहेगा और वे इस ज्ञान को समाज में जिए गए अपने स्वयं के अनुभवों से नहीं जोड़ पाएँगे।

हासिल किया गया ज्ञान सामुदायिक जीवन के भविष्य के दृष्टिकोण से किस प्रकार संबंधित है, अगर हम इस बात की जाँच करना चाहते हैं तो इस पर चिंतन करना महत्त्वपूर्ण है कि किसी चीज के बारे में जानने का तात्पर्य क्या है और उस चीज के बारे में हासिल किए गए ज्ञान का उपयोग भविष्य के लिए एक दृष्टि का निर्माण करने में कोई व्यक्ति किस प्रकार कर सकता है। उदाहरण के लिए, किशोर लड़कों की निम्नलिखित प्रतिक्रियाओं पर विचार किया जाए तो ये प्रतिक्रियाएँ इसकी व्याख्या करती हैं कि पुरुषत्व की निर्मितियाँ किस प्रकार न सिर्फ लड़कियों का, बल्कि लड़कों का

भी दमन करती हैं : "मुझे बहुत पहले ही इस बात का अहसास हो गया था कि कठोर प्रकार के लड़कों (tough boys) में मेरी ज्यादा रुचि नहीं है क्योंकि मुझे लगता था कि वे अनाप-शनाप ही बकते रहते थे, सामने आने पर लोग बहुत आक्रामक होने का नाटक करते थे। यह कुछ ऐसी चीज थी, जिसे मैं पसंद नहीं करता था, यह सारा कुछ बनावटी और नकली ही होता था। वास्तव में आप जान ही नहीं सकते थे कि वे कहाँ से आ रहे हैं। एक पल वो आपके दोस्त हो सकते थे और बिल्कुल अगले ही पल वो आपके दोस्त नहीं हो सकते थे और मुझे ऐसे लोगों के साथ रहना पसंद नहीं था।"

पुरुषत्व के वैकल्पिक और अधिक मानवीय, अधिक यथार्थवादी ढाँचे (frameworks) को किस तरह होना चाहिए? जाहिर है, कि ऐसे स्पष्ट स्वर, शिक्षार्थियों द्वारा सीखे जाने वाले मूल्यों पर बिना किसी शिक्षाप्रद बातचीत के, निर्धारित जेंडर भूमिकाओं पर सवाल उठाने की संभावनाएँ उत्पन्न करते हैं। इसमें एक शिक्षणशास्त्रीय दृष्टिकोण निहित है जो शिक्षार्थी को उसकी अपनी शिक्षण प्रक्रिया में एक सक्रिय सहभागी के रूप में केंद्र में रखता है। यह शिक्षार्थी के स्टैंडप्वाइंट को प्रामाणिक बनाता है। यह इस बात का संज्ञान लेता है कि शासन के संबंधों द्वारा निर्धारित की गई यथार्थ की सामाजिक निर्मितियों और इस यथार्थ के साथ शिक्षार्थी के अपने अनुभवों के बीच विरोधाभास है। आदर्शों को या मुख्यधारा की निर्मितियों को जिस प्रकार हम पाठ्यपुस्तकों में पाते हैं, वे आदर्श या निर्मितियाँ उस थोड़े-से अलग तरीके की समझ पर विचार नहीं करतीं, जो अपनी दुनिया के बारे में किसी बच्चे को होती है।

इस प्रकार नारीवादी विद्वता विश्लेषण के दो स्तरों पर आधारित है और उन्हें आपस में संबंधित करती है : संरचना और अभिकरण (agency)। संरचना उन सामाजिक संस्थाओं और सांस्कृतिक व्यवहारों को देखती है जो जेंडर असमानताओं को उत्पन्न करते हैं, उन्हें बनाए रखते हैं तथा दमन की अन्य व्यवस्थाओं से इन जेंडर असमानताओं को जोड़ते हैं। अभिकरण पर किया जाने वाला फोकस व्यक्तिगत रूप से महिलाओं द्वारा की जाने वाली अपने अनुभवों की अभिव्यक्ति का सम्मान करता है तथा यह वैयक्तिक आत्म-प्रतिनिधित्व और व्यक्तिगत स्वर को शामिल करता है। इस प्रकार नारीवादी विद्वता "अवस्थित ज्ञान" (situated knowledge) के महत्त्व को इस तरीके से सामने रखती है, जहाँ ज्ञान और इस ज्ञान को जानने की विधियाँ किसी ऐतिहासिक और सांस्कृतिक संदर्भ के लिए विशिष्ट होती हैं तथा ज्ञान के कर्त्ता/उत्पादक के स्टैंडप्वाइंट को उत्पादित किए गए ज्ञान की अंतर्वस्तु से अलग नहीं किया जा सकता। भारतीय संदर्भ में, अलग-अलग संदर्भ में सामाजिक संरचनाएँ निरंतर गतिशील हैं। अनेक कारणों से होने वाला विस्थापन, रोजगार के अवसर, उपभोक्तावाद की वृद्धि, बेहतर गुणवत्तायुक्त जीवन की चाहत ने हमारे समाज की विद्यमान सामाजिक और वर्गीय संरचना पर उल्लेखनीय प्रभाव डाला है। अब कोई बहुत दृढ़ विभाजन नहीं है क्योंकि हमारे परिदृश्य के आर-पार समुदायों में क्षैतिज और ऊर्ध्वाधर गतिशीलता दिखाई पड़ती है। दुनिया को देखने का नजरिया और आकांक्षाएँ अब स्थिर या गतिहीन नहीं रही हैं। मीडिया ने भी बच्चों को

बहुत उल्लेखनीय तरीके से प्रभावित किया है। इसलिए स्टैंडप्वाइंट थियरी को समकालीन भारत के ग्रामीण और शहरी संदर्भों के बदलते परिदृश्य में समझना आवश्यक है। भारत के कुछ राज्यों में पाठ्यपुस्तकों ने अपनी अंतर्वस्तु को प्रारंभिक स्तर पर उन विषयों के साथ संदर्भीकृत किया है, जिनसे बच्चे आसानी से खुद को जोड़ पाएँ। हालाँकि, बदलते परिवारों की गतिकी (dynamics) का परीक्षण किए जाने की भी आवश्यकता है।

विविधता और अंतरप्रतिच्छेदनीयता (Intersectionality)–सामाजिक अनुभवों की विविधता को स्वीकार करना उस जेंडर की शक्ति होती है जो जाति, धर्म तथा समुदाय के प्रतिच्छेदन (intersection) पर अवस्थित होता है। इसके अतिरिक्त नारीवादी विद्वता तर्क देती है कि जेंडर संबंधों का अनुभव जेंडर और अन्य असममित (asymmetric) व्यवस्थाओं के बीच के संबंधों को समझने के लिए एक आधार का निर्माण करता है। सामाजिक अन्वेषण में प्रजाति, वर्ग, नृजातीयता और संस्कृति के साथ-साथ जेंडर पर विचार करना महत्त्वपूर्ण है क्योंकि यह एक संकल्पनात्मक श्रेणी के रूप में जेंडर संबंधों के उस जटिल संजाल को पूर्णतः आच्छादित नहीं करता, जो संजाल सामाजिक यथार्थ में किसी व्यक्ति की अवस्थिति को निर्धारित करते हैं। जेंडर विश्लेषण किसी निर्वात में काम नहीं करता – यह हमेशा जाति, वर्ग, धर्म व नृजातीयता के संदर्भ में तथा ग्रामीण-शहरी खाई के संबंध में कार्य करता है।

काल और स्थान के हिसाब से जेंडर संबंध बहुत विशिष्ट और निरंतर परिवर्तनशील संरचनाओं में अभिव्यक्त होते रहते हैं। जेंडर के मुद्दों को विविधतापूर्ण और अधिक यथार्थवादी ढाँचों के भीतर संरचित किया गया है। ये ढाँचे विभिन्न बलों की अंतरप्रतिच्छेदनीयता पर विचार करते हैं। जेंडर के दृष्टिकोण से देखें तो "विविधता में एकता" का अत्यधिक लोकप्रिय विचार बहुत ही सीमित और सतही प्रकृति का लगता है क्योंकि यह विविधता के अधिक महत्त्वपूर्ण मुद्दों से दूर ही रहता है और खुद को यह यहीं तक सीमित रखता है कि विभिन्न भौगोलिक क्षेत्रों में लोगों का खान-पान कैसा है या विभिन्न समुदायों में पर्व और त्यौहार किस तरह मनाए जाते हैं। जीने और होने के ऐसे अन्य विविध मुद्दों को शायद ही कभी प्रतिनिधित्व मिलता हो जो लोगों के जीवन के अभिन्न अंग हैं। और हो सकता है कि ऐसे मुद्दों को कभी-कभार प्रतिनिधित्व मिल भी जाता हो, लेकिन इस पर चर्चा तो नहीं ही की जाती।

वास्तव में, पिछला प्रमुख नीतिगत दस्तावेज इस बात पर जोर देने की बजाय कि बच्चे विविधता के मुद्दों को समझें और उन मुद्दों के साथ संलग्न हो सकें, विविधता के कुछ पहलुओं की निंदा तक करता है। इन कुछ पहलुओं में शामिल हैं–"एकल अभिभावक, बिना विवाह के चलने वाले संबंध वगैरह।" इन पहलुओं को संयुक्त परिवार की व्यवस्था के सामने रखकर इनकी बुराई की जाती है। इनकी यह कहकर बुराई की जाती है कि इस तरीके के पहलू "तकनीकी रूप से अलग-थलग रहने की जीवनशैली" के कारण विकसित हुए हैं, कि यह अलग-थलग रहना इसलिए घटित

हुआ है क्योंकि समाज के सम्भ्रांतवर्गीय सदस्यों की दूरी "धार्मिक-दार्शनिक प्रवृत्ति" वाले लोगों से ज्यादा बढ़ गई है, कि इन सम्भ्रांतवर्गीय लोगों को "अतीत की विरासत की समझ" नहीं है। इन चीजों की बजाय यह दस्तावेज, जमीनी सच्चाई को समझे बिना, एक सरलीकृत-सी "एकजुटता" की वकालत करता है। स्पष्ट है कि ऐसी आधिकारिक घोषणाओं में समाज के निर्धन, ग्रामीण और हाशियाकृत वर्गों के जीवन की कठोर सच्चाइयों के ज्ञान का अभाव होता है। हमारे संदर्भ में जिन विविधताओं को जिया जाता है, उनके बारे में यह महत्त्वपूर्ण है कि विभिन्न समूहों के परिप्रेक्ष्यों से बच्चों को परिचित कराया जाए और इसी तरह इन विभिन्न समूहों के जेंडरीकृत स्टैंडप्वाइंट्स से भी बच्चों को परिचित कराया जाए। पाठ्यपुस्तकें विरले ही आर्थिक गतिविधियों के उन विविध रूपों का प्रतिनिधित्व कर पाती हैं, जिनमें लोग लगे हुए हैं। विद्यालय की पाठ्यपुस्तकों में किसानों, चिकित्सकों, अध्यापकों, नर्सों, श्रमिकों, दुकानदारों और ज्यादा से ज्यादा बैंकरों को ही प्रतिनिधित्व प्राप्त हो पाता है। अन्य व्यवसायों को पाठ्यपुस्तकों में शायद ही किसी चित्र में दिखाया जाता हो और वे पाठ्यपुस्तकों की अंतर्वस्तु में या पाठ्य सामग्री में भी शामिल नहीं होते। इसमें छिपी हुई मान्यता यह है कि शहरों में सिर्फ पेशेवर लोग (professionals) ही बसते हैं और ग्रामीण इलाकों में खेती-किसानी ही एकमात्र आर्थिक गतिविधि है।

प्रश्न 5. ज्ञान निर्माण में जेंडर से संबंधित पूर्वाग्रह किन रूपों में पहचाने गए हैं? विस्तार से समझाइए।

उत्तर— ज्ञान निर्माण में जेंडर से संबंधित पूर्वाग्रह एक सामान्य व्यवहार के रूप में निम्नलिखित रूपों में पहचाने गए हैं—

- **अदृश्यता—** जब नर या मादा किसी जेंडर को कार्य में शामिल नहीं किया जाता तब अदृश्यता घटित होती है। अदृश्यता की पहचान समस्त कार्य की समीक्षा हो जाने के बाद ही की जा सकती है। यह दर्शाने के लिए कोई खास जेंडर समस्त कार्य में शामिल नहीं किया गया है, पाठ से यादृच्छिक नमूने ले लेना ही पर्याप्त नहीं होगा। सामाजिक अध्ययन की पाठ्यपुस्तकों में अदृश्यता का पाया जाना एक आम परिघटना है। इन पाठ्यपुस्तकों में प्रायः महिलाओं की भूमिकाओं को शामिल नहीं किया जाता।
- **रूढ़िवादिता—** जब विशेषताओं का एक कठोर समुच्चय पाठ में, किसी जेंडर की "पारंपरिक" भूमिकाओं की पुष्टि करते हुए, उस जेंडर को सौंप दिया जाता है तब रूढ़िवादिता घटित होती है। ये स्टीरियोटाइप नारी को निर्भर रहने लायक, अनुकूलता या समायोजन करने वाली और आज्ञाकारी के रूप में पेश करते है जबकि नर को सक्रिय, दृढ़ और जिज्ञासु के रूप में प्रस्तुत किया जाता है।
- **असंतुलित चयनात्मकता—** असंतुलित चयनात्मकता से तात्पर्य दर्ज की जा रही घटनाओं की चयनात्मक व्याख्या के द्वारा सामग्रियों की प्रस्तुति में असंतुलन से

है। पाठ्यपुस्तकें कभी-कभी किसी मुद्दे की, किसी स्थिति की या लोगों के किसी समूह की केवल एक ही व्याख्या प्रस्तुत करती हैं। इस प्रकार, अलग-अलग परिप्रेक्ष्यों की उपेक्षा करते हुए, पाठ्यपुस्तकें जटिल मुद्दों को सरलीकृत कर देती हैं और उन्हें विकृत कर देती हैं। इसमें परिणाम विकृत यथार्थ के रूप में भी दिखाई पड़ सकते हैं।

- **आभासीपन**—आभासीपन को स्वभाव में असंतुलन के रूप में देखा जा सकता है। यह तब घटित होता है जब लेखक विवादित मुद्दों से बचने का चुनाव करता है या जब वह बड़े जटिल मुद्दों को घटाकर उन्हें सरल मुद्दों के स्तर पर ले आता है। भेदभावों, उत्पीड़नों और असमानताओं पर की जाने वाली चर्चाओं को जब बीते दिनों के अवशेष बताकर उन्हें खारिज किया जाता है तो असल में इसे इस रूप में देखा जा सकता है कि यह विद्यार्थियों को आभासीपन की तरफ ले जाने वाला व्यवहार है। इसी तरह, प्रत्यक्ष और अप्रत्यक्ष रूप से उत्पादक गतिविधियों में महिलाओं के संलग्न रहने के बावजूद उन्हें इस रूप में चित्रित करना भी उन्हें आभासीपन की तरफ ले जाता है कि वे अनुत्पादक गतिविधियों में संलग्न हैं।
- **खंडीकरण/अलगाव**—जब अपने अध्ययन में महिलाओं या अल्पसंख्यकों को शामिल करने के लिए लेखक, संपादक और/अथवा प्रकाशक महिलाओं पर एक अतिरिक्त अध्याय अलग से जोड़ते हैं तब खंडीकरण/अलगाव घटित हो सकता है। अलगाव किसी समूह को और उस पर आधारित विषयों (topics) को परिधीय रूप में प्रस्तुत करता है तथा इन्हें मुख्य पाठ की तुलना में कम महत्त्वपूर्ण चीज के रूप में सामने रखता है। इसके स्पष्ट रूपों की और कुछ कम स्पष्ट रूपों की भी खोजबीन अध्ययन सामग्री को देखकर की जा सकती है।
- **भाषागत पूर्वाग्रह**—पूर्वाग्रह को आगे ले जाने का एक शक्तिशाली जरिया भाषा हो सकती है – ऐसा वह प्रत्यक्ष सूक्ष्म, दोनों तरीकों से कर सकती है। पुरुष और स्त्री दोनों प्रकार के पात्रों के व्यवहारों के संदर्भ में दोनों लिंगों या एक ही लिंग पर जब विमर्श किया जाता है, तब भाषागत पूर्वाग्रह के चलते अनुसंधानकर्त्ता का इरादा यह अन्वेषण करने का हो सकता है कि महिलाओं के विमर्श में अधीनता को तथा पुरुषों के विमर्श में प्राधिकार और प्रभुत्व को स्पष्ट रूप से देखा जाए। ऐसा भी हो सकता है कि सांस्कृतिक पृष्ठभूमि या परिवेश के कारण भाषागत पूर्वाग्रह की खोज की उपेक्षा हो जाए। भाषागत पूर्वाग्रह हमें इस रूप में भी दिखता है कि पुरुष और स्त्री दोनों के मिश्रित श्रोताओं को संबोधित करते समय अक्सर केवल पुरुषवाचक पदों और सर्वनामों का प्रयोग धड़ल्ले से कर दिया जाता है। 'आदमी (man)', 'हमारे पूर्वज (forefathers)', 'मनुष्यता (mankind)' और 'व्यवसायी (businessman)' से लेकर अक्सर उपयोग किए जाने वाले सर्वनाम 'वह (he)' तक पूर्वाग्रह का

यह भाषागत रूप महिलाओं की पूर्ण सहभागिता को और उनकी पहचान को अस्वीकार करते हुए देखा जा सकता है।

- **दृश्यगत पूर्वाग्रह**–किसी अध्ययन सामग्री या कार्य में चित्रों और प्रदर्शनों को तथा पुरुषों की तुलना में महिलाओं के प्रतिनिधित्व के अनुपात को दृश्यगत पूर्वाग्रह संदर्भित करता है। यह भी संभव है कि दृश्यगत चित्रों में असमानता के अलावा रूढ़िवादिता का भी समावेश हो सकता है।
- **श्रृंगारिक पूर्वाग्रह**–"न्यायसंगतता के भ्रम" को श्रृंगारिक पूर्वाग्रह प्रस्तुत करता है। यह पूर्वाग्रह विविध समूहों के सभी सदस्यों को प्रमुखता से प्रदर्शित करने वाले आकर्षक आवरण चित्रों, तस्वीरों या पोस्टरों से आगे जाकर भी विद्यमान रहता है। उदाहरण के लिए, हो सकता है कि कोई पाठ्यपुस्तक महिला वैज्ञानिकों के चमकदार चित्रों को प्रस्तुत करती हो, लेकिन महिलाओं के वैज्ञानिक योगदानों के बारे में पाठ के स्तर पर नगण्य सामग्री प्रस्तुत की गई हो।

प्रश्न 6. शास्त्रगत की नारीवादी आलोचना द्वारा प्रदत्त अंर्तदृष्टि पर प्रकाश डालिए।

उत्तर– जो महिलाओं की अधीनता को संबोधित करना चाहते हैं और इस अधीनता को समाप्त करना चाहते हैं 'नारीवादी' शब्द का प्रयोग ऐसे सभी विचारों और ऐसे सभी लोगों के संदर्भ में किया जाता है। अनेक स्वीकृत परिभाषाओं को चुनौती देने में नारीवादी आलोचनाएँ पिछले दो दशकों में राष्ट्रीय के साथ-साथ वैश्विक स्तरों पर भी कारगर रही हैं। इन नारीवादियों आलोचनाओं ने पारंपरिक रूप से अब तक बहिष्कृत रहे मुद्दों, जैसे–जेंडर के मुद्दों तथा जाति, वर्ग, प्रजाति और नृजातीयता से संबंधित अन्य सामाजिक असमानताओं के मुद्दों के साथ आलोचनात्मक वचनबद्धता दिखाई है और इस प्रकार इन नारीवादी आलोचनाओं ने विभिन्न अनुशासनों में ज्ञान के मौजूदा दायरों का विस्तार किया है। बौद्धिक स्तर पर, विचारों को स्थापित करने के लिए कोई आलोचक अनेक चुनौतियों को अपने दायरे में लेता है। इन चुनौतियों में शक्ति और श्रेणीतंत्र की प्रकृति के संबंध में अंतर्दृष्टियाँ, श्रम के लैंगिक विभाजन के महत्त्व का विश्लेषण, निजी और सार्वजनिक के बीच का विभेद और महिलाओं के अनुभवों का पुनःमूल्यांकन आदि सम्मिलित हैं।

जेंडर और पाठ्यक्रम के बीच के संपर्कसूत्र भी कम जटिल और चुनौतीपूर्ण नहीं हैं। ज्ञान का अर्जन करने में विद्यालय की पाठ्यपुस्तकें एक महत्त्वपूर्ण घटक की भूमिका निभाती हैं और जब तक पाठ्यक्रम में अन्य हाशियाकृत परिप्रेक्ष्यों के साथ-साथ एक जेंडरीकृत परिप्रेक्ष्य का समावेश नहीं किया जाएगा, तब तक विद्यालयी शिक्षा संकीर्ण पूर्वाग्रहों का पुनरुत्पादन करती रहेगी। इसलिए इस बात का संज्ञान लेना महत्त्वपूर्ण है कि नारीवादी अध्येताओं द्वारा चाहे जितना भी काम क्यों न कर लिया जाए, जब तक पाठ्यक्रम में जेंडर परिप्रेक्ष्य का समावेश नहीं किया जाएगा, तब तक हर पीढ़ी के बच्चों को वही पूर्वाग्रह बार-बार सीखने के लिए अभिशप्त करना पड़ेगा जो समाज को समझने

के नजरिए में आज भी विद्यमान है। इतना ही नहीं, ये बच्चे इन पूर्वाग्रहों को सीखकर इनका भविष्य में पुनरुत्पादन भी करते रहेंगे।

इसलिए शास्त्रगत ज्ञान की नारीवादी रूपरेखा को हम किस प्रकार प्रगतिशील तरीके से सूचित, रूपांतरित और चित्रित कर सकते हैं, इसे स्पष्ट रूप से समझने के लिए ज्ञान की नारीवादी आलोचनाओं के वृहत्तर संदर्भ को संबोधित करना अनिवार्य हो जाता है ताकि एक अधिक समावेशी और लोकतांत्रिक पाठ्यक्रम के ढाँचे को चित्रित किया जा सके। इसका संकेत विभिन्न ज्ञानशास्त्रों में प्रारंभिक "अदृश्यता" और महिलाओं के कम प्रतिनिधित्व को संबोधित करने की तरफ ही नहीं है, बल्कि उस तरीके की तरफ भी है कि कब और किस तरीके से ये चीजें ज्ञानानुशासनों में प्रवेश कर जाती हैं। इसके अतिरिक्त इसका इशारा जाति, वर्ग, प्रजाति, नृजातीयता और जेंडर की प्रतिस्पर्धी असमानताओं के बीच के अंतरसंबंधों की तरफ भी है। इन सबके अलावा इससे हमें यह संकेत भी मिलता है कि सच्चा ज्ञान सामाजिक रूपांतरण के लक्ष्य को साथ लेकर चलता है और यह मुक्तिप्रदायक होता है। इसके लिए आवश्यक है कि व्यक्ति – चाहे वह व्यक्ति अध्यापक हो, पाठ्यपुस्तक का लेखक हो या विद्यार्थी हो – प्रभुत्व और पराधीनता के उस जटिल श्रेणीतंत्र के संदर्भ में, खुद को रखते हुए पाठ को उस जागरूकता के साथ पढ़े, लिखे और उससे संबंध स्थापित करे, जिसमें हम रहते हैं।

(1) इतिहास–पारंपरिक रूप से इतिहास का क्षेत्र शक्ति से – घटनाओं की शक्ति और उन लोगों की शक्ति से संबंधित रहा है जिनके बारे में माना जाता है कि उन्होंने दुनिया पर प्रभाव डाला है। इसीलिए इतिहास में पुरुषों की अधिकांश श्रेणियों को और लगभग सभी महिलाओं को बहिष्कृत कर दिया गया क्योंकि अधिकांश मनुष्य शक्ति के अधीन रहे और बहुत ही कम मनुष्यों के हाथ में शक्ति रही। इसलिए पारंपरिक इतिहास ने अधिकांश लोगों को हाशिए पर धकेल दिया और ऐसे इतिहास का जेंडर पूर्वाग्रह आंतरिक रूप से लगभग स्वाभाविक ही बना रहा। हालाँकि सामाजिक, आर्थिक, राजनीतिक और सांस्कृतिक प्रक्रियाओं और संस्थाओं को शामिल करने के लिए पिछली शताब्दी के दौरान इस सीमित ढाँचे को विस्तृत किया गया। इसके साथ ही इसमें ऐसे विचार भी शामिल किए गए, जिन्हें हम 'निचले स्तर से आने वाला इतिहास' या जन–इतिहास कहते हैं। इन नई प्रगतियों के कारण फोकस परिवर्तित होकर अब किसानों, श्रमिकों, आदिवासियों और दलितों पर तो आ गया, लेकिन दुर्भाग्य से अब भी महिलाओं को यांत्रिक तरीके से पुरुषों से नीचे रखते हुए उनके बहिष्करण को जारी रखा गया। 'महिला को शामिल करो और तहलका मचाओ' वाला नजरिया खासकर महिलाओं के संदर्भ में असंतोषजनक रहा है क्योंकि यांत्रिक रूप से सिर्फ यह गिना भर देने से कि रजिया बेगम, नूरजहाँ या रानी लक्ष्मीबाई जैसी महिलाएँ भी मौजूद रही हैं, जिन्होंने अनेक अवसरों पर सत्ता अपने हाथों में ली है और बेहतर प्रदर्शन किया है या यह गिना देने से कि अमुक–अमुक महिलाओं ने आंदोलनों में हिस्सा लिया था या यह गिना देने से कि अमुक–अमुक महिलाओं ने खेती–किसानी के कामकाज किए या बर्तन बनाने में

मदद की वगैरह-वगैरह इस तरह गिना भर देने से केवल इसी बात को मजबूत मिलती है कि महिलाओं ने बहुत ही कम किया है। अंशतः यह इस कारण भी होता है कि स्रोतों ने या तो एक ही साथ सामाजिक, आर्थिक और राजनीतिक जीवन में महिलाओं की भूमिकाओं को बाहर कर दिया गया होता है या फिर बहुत कम पुरुषों की भूमिकाओं पर और उनसे भी कम महिलाओं की भूमिकाओं पर जोर देते हुए इतिहास के पूर्वाग्रहों को प्रतिबिम्बित किया होता है।

जब तक श्रम का लैंगिक विभाजन बना रहेगा और जब तक इसके समवर्ती निजी/सार्वजनिक के विभाजन की रचना होती रहेगी और इससे संबद्ध मूल्यों का श्रेणीतंत्र बनाया जाता रहेगा, तब एक इतिहास के किसी भी लेखे-जोखे में महिलाएँ हाशियाकृत ही बनी रहेंगी, यह तर्क नारीवादी इतिहासकारों ने दिया है। इसलिए खाद्य और वस्तुओं के उत्पादन में महिलाओं की सहभागिता को रेखांकित करना महत्त्वपूर्ण है, लेकिन जाहिर है कि इतना ही पर्याप्त नहीं होगा। यह उल्लेखनीय है कि खाद्य और वस्तुओं के उत्पादन में महिलाओं की भूमिका को नजरअंदाज किया गया है क्योंकि संसाधनों पर महिलाओं का स्वामित्व नहीं होता और उनके कार्य को पुरुषों के कार्य के अंतर्गत ही मान लिया जाता है।

इसलिए इतिहास के ढाँचे में जब तक क्रांतिकारी बदलाव नहीं हो जाता, जब तक इसे महज उत्पादन के इतिहास से विस्तृत करके इसमें सामाजिक पुनरुत्पादन के इतिहास को भी शामिल नहीं कर लिया जाता, जब तक इसमें घर-परिवार के पुनरुत्पादन को सम्मिलित नहीं कर लिया जाता और अधिक व्यापक रूप में कहें तो जब तक इसमें श्रमबल, मानव और सांस्कृतिक संसाधनों के पुनरुत्पादन को शामिल नहीं कर लिया जाता, तब तक उन्हें इस तरीके से नहीं प्रस्तुत किया जा सकेगा जो उनके कार्य, उनके जीवन और उनके अनुभवों की समग्रता के साथ न्याय करता हो, तब तक इतिहास में महिलाओं को कभी भी उपयुक्त तरीके से नहीं दर्शाया जा सकेगा।

(2) भूगोल–नरकेंद्रित अर्थात् पुरुष प्रधान होने की प्रवृत्ति भारत के भूगोल में अभी भी जारी है। इस संकीर्ण दृष्टि की जड़ें एक ज्ञानानुशासन के रूप में, आंशिक रूप से भूगोल के विकास के बौद्धिक इतिहास में निहित हैं। न सिर्फ भारत में ऐसा है, बल्कि अंग्रेजी जगत (Anglo-Saxon World) में भी ऐसा ही है, जिसका भारतीय भूगोल पर लंबे समय से प्रभुत्व चला आ रहा है। अंग्रेजी जगत तो फिर भी इस मामले में कुछ आगे बढ़ गया है और वहाँ पर अलग से भूगोल की एक शाखा विकसित की गई है, जिसे जेंडर का भूगोल या नारीवादी भूगोल कहा जाता है लेकिन भारतीय भूगोल इस संदर्भ में अभी भी बहुत पिछड़ा हुआ है।

इस समस्या के एक हिस्से का समाधान तो अब तक नहीं हो सका है कि भूगोल क्या है और भूगोल क्या नहीं है। इसमें भी इस पहलू पर अपेक्षाकृत अधिक जोर दिया जाता है कि भूगोल क्या नहीं है। इसके कारण महिलाओं को भूगोल की एक विषयवस्तु के रूप में शामिल करने से समस्या खड़ी हो जाती है। खासकर विद्यालय और स्नातक

के स्तर पर यह समस्या और गहरी हो जाती है। भूगोल के अध्यापन और अनुसंधान के संदर्भ में, यह समस्या और भी अधिक चिंताजनक हो जाती है जब हम पाते हैं कि अन्य जगहों पर सिद्धांत और उन पर किया जाने वाला अमल बहुविषयी और अंतर्विषयी दृष्टिकोणों से आगे बढ़कर परा-विषयी (trans-disciplinary) दृष्टिकोण तक पहुँच चुका है। भारतीय भूगोल में वर्णनात्मक प्रकृति के ऐसे अनुसंधान को उत्पादित करने की प्रवृत्ति रही है, जिसे एक ऐतिहासिक परंपरा के रूप में औपनिवेशिक काल से ही व्यापक प्रतिवेदन, गजेटियर और रिकॉर्ड रखने की प्रणाली आदि के माध्यम से आनुभाविक आँकड़ों को एकत्रित करके संपन्न किया जाता है।

जमीनी वास्तविकताओं को शायद ही कभी इस रूप में देखा गया कि वे मानवीय गतिविधियों को अनावृत करने वाली पृष्ठभूमि उपलब्ध करा सके इसलिए भौतिक, क्षेत्रीय और सामाजिक-सांस्कृतिक विमर्श एक-दूसरे से स्वतंत्र रूप से आगे बढ़ते रहे। यहाँ तक कि स्पेट द्वारा भारत के भूगोल पर किया गया अध्ययन और इसका अनुसरण करने वाले अन्य अनेक क्षेत्रीय अध्ययन इन सीमाओं से मुक्त नहीं थे क्योंकि इनमें पाण्डित्यपूर्ण वर्णन तो मौजूद थे लेकिन इन वर्णनों में भौतिक और क्षेत्रीय भूगोल को वृहत्तर सामाजिक और सांस्कृतिक प्रक्रियाओं के साथ किसी पारस्परिक अंत:क्रियात्मक ढाँचे के अंतर्गत संबद्ध नहीं किया गया था। पश्चिम में प्रत्यक्षवादी परंपरा के बाद जो मात्रात्मक क्रांति आई, वह भी अंतरिक्ष में व्याप्त प्रक्रियाओं की समझ से कटी हुई थी। जिन आँकड़ों को एकत्रित किया गया था वे ऐसे गुणों वाले थे, जिन्हें आसानी से मात्राबद्धीकृत किया जा सके। ऐसा शायद भूगोल को मानवीय की बजाय एक भावचित्रात्मक (ideographic) विषय मानने की, पहले से बनी हुई, बौद्धिक समझ के कारण था। इस पर भी, व्यापक स्तर पर मानवता के लिए बोलने वालों में पुरुष ही होते थे और ऐसा इसके बावजूद हुआ कि खानाबदोशी और यायावरी से लेकर स्थिर जीवन आने तक ऐतिहासिक रूप से संक्रमण के मोर्चे पर महिलाएँ ही सामने रहीं। निश्चित ही, ऐसा इसीलिए हुआ क्योंकि महिलाएँ घर-परिवार और चूल्हे-चौके के निजी क्षेत्रों तक ही सीमित रहती थीं जबकि घर से बाहर का क्षेत्र पुरुषों से संबद्ध था।

घर और बाहर जैसे इस तरीके के द्वि-विभाजन की अनुपयुक्तता की तरफ और सार्वजनिक व निजी के बीच के विभाजन की तरलता की तरफ अध्येताओं ने इशारा किया है। विद्वानों ने इसका भी उल्लेख किया है कि पुरुषों और महिलाओं के बीच श्रम के विभाजन के कारण महिलाएँ अपने पर्यावरण का अनुभव पुरुषों की तुलना में अलग तरीके से कर सकती हैं। पर्यावरण पर होने वाली चर्चा और प्राकृतिक संसाधनों के क्षरण के महिलाओं और पुरुषों पर अलग-अलग तरीके से पड़ने वाले प्रभावों पर होने वाली चर्चा इसका अच्छा उदाहरण है क्योंकि वन-आधारित अधिकांश अनौपचारिक गतिविधियाँ अपने परिवार की आजीविका चलाने के लिए महिलाओं द्वारा ही संपन्न की जाती हैं। महिलाओं की शारीरिक और सामाजिक गतिशीलता सीमित होने के कारण भी प्राकृतिक और निर्मित पर्यावरण से महिलाओं का आमना-सामना सीमित हो सकता है और ऐसे

पर्यावरण के साथ उनकी अंत:क्रिया सीमित हो सकती है। इसका परिणाम यह होता है कि महिलाओं को एक बिल्कुल अलग ही तरीके की दुनिया के अनुभव होते हैं।

भारत में अनेक हालिया विकासात्मक प्रतिवेदन बताते हैं कि जिस तरीके की स्थानिक अवस्थिति में महिलाएँ रहती हैं, वह अवस्थिति किस प्रकार उनके संदर्भ में अंतर पैदा करती है। यहाँ तक कि जीवन-प्रत्याशा (longevity) जैसे बुनियादी मामलों पर भी इस अवस्थिति का गहरा प्रभाव पड़ता है। उदाहरण के लिए, केरल की कोई महिला मध्य प्रदेश की किसी महिला की तुलना में अठारह वर्ष अधिक जीने की उम्मीद कर सकती है, जबकि इन दोनों राज्यों के प्रति व्यक्ति आय का अंतर ज्यादा नहीं है। हालिया समय तक लड़कों की तुलना में लड़कियों के जीवित रहने की संभावनाओं (लिंगानुपात) का प्रतिमान क्षेत्रीय आधारों पर अलग-अलग रहा है।

इतना सब कुछ होने के बावजूद भूगोलवेत्ता इस बात का संज्ञान लेने में पीछे रह गए कि किसी स्थान-विशेष के स्थानिक निहितार्थों का प्रभाव महिलाओं और पुरुषों पर अलग-अलग पड़ सकता है और महिलाओं का एक अपना अलग भूगोल भी संभव हो सकता है। भारत में जिन्होंने भौगोलिक ज्ञान को पैदा किया, वे पुरुष ही थे। महिलाओं के भूगोल पर एक आलोचनात्मक परिप्रेक्ष्य का आना अभी शेष ही है। फिर भी, व्यक्तिगत रूप से किए जा रहे और कुछ विश्वविद्यालयों के विभागों द्वारा (गोष्ठियों और कार्यशालाओं के माध्यम से) किए जा रहे हालिया अनुसंधान, भले ही ये अनुसंधान समग्र पहुँच और प्रभाव के मामले में छिटपुट और छोटे हों, इस संदर्भ में बौद्धिक विकास को स्पष्ट करते हैं कि अब वे वर्णनात्मक प्रतिमान (जो पुरुषों और महिलाओं द्वारा अलग-अलग लिए गए आँकड़ों पर आधारित होता है) से आगे बढ़कर महिलाओं को हाशिए पर धकेलने वाली प्रक्रियाओं का आलोचनात्मक विश्लेषण कर रहे हैं। ऐसी परिस्थिति के कारण और विकास प्रक्रियाओं की समझ को जेंडर-समावेशी बनाने के अधिदेश (mandate) के कारण यह अनिवार्य है कि युवा पीढ़ी के सामने जेंडरीकृत वंचना और हाशियाकरण के उन मुद्दों जिनका स्थानिक और क्षेत्रीय चरित्र भारत में अलग-अलग है का प्रदर्शन व्यवस्थित तरीके से किया जाए।

(3) अर्थशास्त्र—तीन अलग-अलग सैद्धांतिक ढाँचे अर्थशास्त्र में पहचान योग्य हैं—नव-शास्त्रीय, पुराना (ऑर्थोडॉक्स) मार्क्सवाद और संस्थागत अर्थशास्त्र। इन तीनों में से नव-शास्त्रीय अर्थशास्त्र ही शासकों की आर्थिक कल्पना पर उल्लेखनीय जोर देता है और इसे ही विद्यालय की पाठ्यपुस्तकों में संबोधित किया जाता है। अन्य दो को प्राय: अर्थशास्त्र की पाठ्यपुस्तकों में शामिल नहीं किया जाता।

ज्ञान की नारीवादी आलोचनाओं ने पिछले दो दशकों के दौरान मानविकी और समाज विज्ञानों के पारंपरिक क्षेत्रों पर निस्संदेह उल्लेखनीय प्रभाव डाला है। हालाँकि समाज विज्ञानों में मुख्यधारा के अर्थशास्त्र, जिसे नवशास्त्रीय अर्थशास्त्र भी कहा जाता है, ने ही एक सामाजिक-सांस्कृतिक निर्मिति के रूप में जेंडर के साथ संलग्न होने के प्रति सर्वाधिक प्रतिरोध का परिचय दिया है। इसने इसे स्वीकार करने के प्रति भी

प्रतिरोध दर्शाया है कि एक सामाजिक-सांस्कृतिक निर्मिति के रूप में जेंडर का प्रभाव ज्ञान-निर्माण पर पड़ता है। यद्यपि इसने विद्वता के एक क्षेत्र के रूप में नारीवादी अर्थशास्त्र के सफल उभार को प्रतिबंधित नहीं किया है, दुर्भाग्य से इसके समर्थक अपनी आलोचनाओं को प्रभावी तरीके से मुख्यधारा में लाने में सफल नहीं रहे।

अर्थशास्त्र विशेष रूप से ज्ञान का एक ऐसा अनुशासन है जिसे संबोधित किया जाना जरूरी है क्योंकि आज भी यह वर्चस्वशाली ज्ञानानुशासन है। पिछली आधी शताब्दी से अधिक समय के दौरान अर्थशास्त्र ने अपने अध्ययन क्षेत्र का विस्तार उन विषयों तक किया है जो दूसरे ज्ञानानुशासनों के विषय हैं—राजनीति का अर्थशास्त्रीय सिद्धांत, शिक्षा का अर्थशास्त्र, और यहाँ तक कि अन्य विषयों के साथ-साथ विवाह और तलाक के विषयों तक भी इसने अपना विस्तार किया है। अर्थशास्त्र ने न सिर्फ अन्य ज्ञानानुशासनों में प्रवेश किया है, बल्कि नीतिगत प्रक्रियाओं को सूचित करने में इसका उल्लेखनीय प्रभाव भी रहा है। इसलिए इस ज्ञानानुशासन की बुनियादी मान्यताओं पर सवाल उठाना अधिक महत्त्वपूर्ण है। इसके अतिरिक्त विद्यार्थियों को न सिर्फ अर्थशास्त्र के जेंडर के प्रति जागरूक बनाना जरूरी है, बल्कि जेंडर के अर्थशास्त्र के प्रति विद्यार्थियों में समझ विकसित करना भी बेहद महत्त्वपूर्ण है। पुरुषवादी पूर्वाग्रह चूँकि इस ज्ञानानुशासन में छिपे हुए रूपों में स्थापित हैं, इसलिए इस बात का अन्वेषण करना भी महत्त्वपूर्ण है कि जेंडर के अंतर, लैंगिकताएँ के लिए, किस प्रकार अलग-अलग परिणाम उत्पन्न करते हैं। इन परिणामों को कमाई, आय, निर्धनता दरों, कार्य के घंटों और अन्य रूपों में मापा जाता है, जिनका प्रयोग अर्थशास्त्री आर्थिक कल्याण को निर्धारित करने के लिए करते हैं। किसी व्यक्ति को 'कण' के रूप में एक व्यक्ति मान लेने की बजाय यह अधिक महत्त्वपूर्ण है कि उस व्यक्ति पर इस रूप में विचार किया जाए कि आर्थिक अभिकर्त्ता स्त्री हो सकते हैं या पुरुष हो सकते हैं और वे परिवारों के साथ-साथ कंपनियों और बाजारों में भी इसी रूप में अंतःक्रिया करते हैं (जैकबसन, 1994)।

तीन तरीके की आर्थिक जाँच-पड़ताल करना अर्थशास्त्र के जेंडर का अन्वेषण करने के लिए आवश्यक है—(i) दोनों लिंगों पर आधारित सैद्धांतिक प्रतिरूप (models), (ii) ऐसा आनुभविक अध्ययन जो दोनों लिंगों के बीच की समानताओं और अंतरों को संबोधित करता है, और (iii) आर्थिक नीतियों का विश्लेषण, जो अलग-अलग लिंगों को अलग-अलग तरीके से प्रभावित करती हैं। भारत के संदर्भ में यह भी महत्त्वपूर्ण है कि विद्यालय के पाठ्यक्रम में जेंडर और विकास के विमर्श से परिचय कराया जाए ताकि विद्यार्थियों की समझ बेहतर बन सके और वे इस बात का अन्वेषण कर सकें कि जेंडर किस प्रकार वृहत्तर आर्थिक विकास के प्रक्षेप-पथ का एक संघटक है। ऐसा करके विद्यार्थी विकास के वैकल्पिक तरीकों को समझ सकते हैं (कबीर 1994, सेन 1987)। कुछ महत्त्वपूर्ण क्षेत्र ऐसे हैं जिन पर विद्यालय के पाठ आमतौर पर मौन रहते हैं लेकिन जेंडर के मुद्दों का अन्वेषण करने के लिए निम्नलिखित क्षेत्रों को शामिल किया जा सकता है—

(क) **महिलाएँ और कार्य**—आर्थिक गतिविधि प्रत्यक्ष या अप्रत्यक्ष रूप से बाजार से जुड़ी रही है, अतः पारंपरिक अर्थशास्त्रीय विश्लेषण की इस प्रवृत्ति ने महिलाओं द्वारा किए गए कार्यों के एक बड़े हिस्से को अदृश्य बना दिया है। चूँकि कार्य की संकल्पना में उन्हीं गतिविधियों को शामिल किया जाता था, जिनसे आय का अर्जन होता था। यही हाल कृषि संबंधी गतिविधियों के दौरान किए गए उस पारिवारिक कामकाज का भी रहा, जिसके लिए महिलाओं के कार्य को किसी प्रकार का कोई पारिश्रमिक नहीं मिलता था। यद्यपि इस कार्य से बाजार के लिए वस्तुओं का उत्पादन होता था। ढेर सारी गतिविधियाँ ऐसी रही हैं, जिनके लिए महिलाओं को किसी प्रकार का कोई भुगतान नहीं मिलता, जैसे—परिवार की खपत के लिए वस्तुओं और सेवाओं का उत्पादन करना। ऐसी तमाम गतिविधियों को आर्थिक रूप से कार्य नहीं माना गया। इसके अलावा घरेलू उत्पादन और स्वैच्छिक तरीके से महिलाओं द्वारा किए गए अनेक सामुदायिक कामों को भी आर्थिक रूप से कार्य नहीं माना गया। इस तरीके के कामों में महिलाओं का एक बहुत बड़ा हिस्सा लगा हुआ है और इसका परिणाम यह हुआ कि महिलाओं द्वारा किए गए कार्य को अदृश्य बना दिया गया और इस कार्य को सांख्यिकीय गणना में बहुत ही कम महत्त्व दिया गया। इसके अतिरिक्त महिलाओं की गतिविधियों का अवमूल्यन इसलिए भी होता रहा क्योंकि 'आर्थिक' को परिभाषित करने में बाजार को ही केंद्रीय मानदंड माना गया। यहाँ तक कि अगर महिलाएँ 'आर्थिक रूप से सक्रिय' हैं भी, तो भी वे श्रम-बाजार के ऐसे अलग क्षेत्रों में ही कार्य कर रही हैं, जिन्हें मुख्यतया 'स्त्रियोचित' क्षेत्र के रूप में परिभाषित किया जाता है। ऐसे क्षेत्रों में यह प्रवृत्ति भी होती है कि इनमें काम के बदले पारिश्रमिक बहुत कम मिलता है। महिलाओं के कार्य को प्रकट या दृश्यमान (visible) बनाने के लिए सैद्धांतिक और आनुभविक स्तर पर अनेक उल्लेखनीय प्रयास किए गए हैं। जीवन-निर्वाह के लिए की जाने वाली गतिविधियों को शामिल करने के लिए 1991 की जनगणना में कार्य की श्रेणी को विस्तारित किया गया और उस परदे को हटाया गया जो स्त्रियों द्वारा किए गए कार्यों के ऊपर पड़ा रहता था और उन कार्यों को ढककर उन्हें अदृश्य बना दिया करता था। हालाँकि "देखभाल संबंधी कार्यों" पर वाद-विवाद अभी भी जारी है और इन कार्यों से जुड़ी अर्थव्यवस्था अभी भी "कार्य" के दायरे से बाहर ही है। अगर बच्चों को इस रूप में बड़ा करना है कि आगे चलकर वे संवेदनशील पुरुष और महिला बन सकें, तो यह आवश्यक है कि वे श्रम के लैंगिक विभाजन जिसे हम प्रायः प्राकृतिक मान लिया करते हैं से जुड़े मुद्दों और बहसों के प्रति जागरूक रहें।

(ख) घर-परिवार के भीतर की गतिविधियों का ध्यान रखना–अर्थशास्त्री घर-परिवार को इस रूप में देखते हैं कि यहाँ किसी तरीके का कोई भेदभाव नहीं मौजूद होता और यहाँ समरस संरचनाएँ मौजूद होती हैं। अत: घर परिवार को विश्लेषण की बुनियादी सामाजिक-आर्थिक इकाई माना जाता है। घर-परिवार को 'ब्लैक बॉक्स' के जिस मुहावरेदार अर्थ में नव-शास्त्रीय अर्थशास्त्री देखते हैं वह नजरिया घर-परिवार को ऐसी इकाइयों के रूप में स्वीकार करता है जहाँ किसी भी तरीके का कोई भेदभाव नहीं होता। यह नजरिया घर-परिवार को एक ऐसी सुरक्षित जगह के रूप में देखता है जहाँ परिवार के सदस्यों के पारस्परिक हितों की पूर्ति होती है और जहाँ घरेलू मामलों के लिए शीर्ष पर एक 'परार्थवादी' पितृसत्ता विराजमान होती है। यह 'परार्थवादी' पितृसत्ता घर-परिवार के नए अर्थशास्त्र की निर्मिति है (बेकर 1981)। चर्चा करते समय व्यक्तियों (individuals) और परिवारों को एक-दूसरे के स्थान पर प्रयुक्त किया जाता है मानो व्यक्ति और परिवार एक ही तरह की इकाई हों, मानो ये दोनों एक ही इकाई हों। एक तरफ तो परिवार को, एक अन्य नाम से, एक ऐसे व्यक्ति की तरह मान लिया जाता है, मानो उसके अपने हित और तर्क होते हों, और वहीं दूसरी तरफ व्यक्तिगत व्यवहार की व्याख्या यह कहकर भी दी जाती है कि व्यक्ति पारिवारिक हितों से प्रेरित होकर कार्य करता है और घरेलू आवश्यकताओं को प्रतिबिम्बित करता है।

(4) समाजशास्त्र–समाजशास्त्र की पाठ्यपुस्तकें भारत में आमतौर पर दो भागों क्रमश: सैद्धांतिक और तात्विक मुद्दों (substantive themes) में विभाजित रहती हैं। सैद्धांतिक हिस्से के अंतर्गत दुर्खाइम, मार्क्स और वेबर जैसे "प्रवर्तक पिताओं" के बारे में संदर्भों का मौजूद होना अनिवार्य होता है। हालाँकि यह महत्त्वपूर्ण है कि इसमें महिला समाजशास्त्रियों के अवदानों को जोड़ा जाए, किंतु फिर भी सिर्फ इतना जोड़कर ही, सरलीकृत तरीके से, इस मुद्दे का समाधान नहीं किया जा सकता। जो चीज जरूरी है, वह है चिंतकों का जेंडरीकृत विश्लेषण। वास्तव में, जेंडरीकृत समझ को आगे बढ़ाने के लिए आवश्यक संसाधन भी इन चिंतकों से जुटाए जा सकते हैं। इसके अतिरिक्त सैद्धांतिक दृष्टिकोणों को रेखांकित करने वाली जेंडरीकृत मान्यताओं पर अधिकांश पाठ्यपुस्तकों में विचार तो किया जाता है, लेकिन इन मान्यताओं पर सवाल नहीं उठाए जाते, जैसे–टैल्कॉट पार्सन्स के संरचनात्मक प्रकार्यवाद पर सवाल नहीं उठाया जाता, यद्यपि लगभग सभी पाठ्यपुस्तकों में टैल्कॉट पार्सन्स के इस सिद्धांत पर विचार जरूर किया जाता है। तात्विक समाजशास्त्र के अंतर्गत जिन चीजों पर फोकस किया जाता है, वे हैं–जाति, वर्ग, जनजाति, परिवार, संस्कृति जैसी संरचनाएँ तथा आधुनिकीकरण, पश्चिमीकरण, संवेदीकरण/सुग्राहीकरण, शहरीकरण, औद्योगीकरण और हाल-फिलहाल की भूमंडलीकरण जैसी प्रक्रियाएँ। न तो संरचनाएँ जेंडरीकृत इकाइयाँ हैं और न ही

प्रक्रियाएँ, परंतु फिर भी महिलाओं और पुरुषों के लिए उनके अलग-अलग अर्थ होने के तथ्य को प्रायः नजरअंदाज कर दिया जाता है।

समाज विज्ञानों में दृश्यता (visibility) बहुत महत्त्वपूर्ण रही है किंतु महिलाएँ समाज विज्ञानों में कुल मिलाकर गुम ही रही हैं। लेकिन अगर हम कहें कि समकालीन भारतीय समाज में महिलाओं के साथ बहुत अच्छा व्यवहार नहीं किया जा रहा है, तो यह तथ्य, भारतीय समाजशास्त्र में, आदर्श भारतीय समाज में महिलाओं की मानकीय स्थिति और उनकी भूमिका के साथ न्याय करना नहीं होगा। इसे इस संदर्भ में समझा जाना चाहिए कि भारतीय समाजशास्त्र में "जमीनी सच्चाई वाले दृष्टिकोण" की बजाय "किताबी दृष्टिकोण" का प्रभाव अधिक रहा है। "किताबी दृष्टिकोण" अक्सर भारतीय विद्या के परिप्रेक्ष्य के समान ही रहा है और इस ज्ञानानुशासन में "किताबी दृष्टिकोण" तथा "जमीनी सच्चाई वाले दृष्टिकोण" के बीच अंतर स्पष्ट करने के लिए बहुत परिश्रम किया गया है। तब भी, अधिकांश पाठ्यपुस्तकों में इस अंतर की कोई समझ नहीं दिखाई पड़ती।

इस प्रकार, सामाजिक परिवर्तन की शक्तियों के नीचे ढहती हुई लेकिन भारतीय स्त्रीत्व के मूल्यों का खुलासा करती हुई ठेठ "भारतीय संयुक्त परिवार" की छवि उन समस्त आनुभविक अध्ययनों पर भारी पड़ती है जो समाजशास्त्रियों द्वारा परिवार के प्रतिमानों में क्षेत्रीय, जातिगत और जनजातिगत परिवर्तनों के संबंध में किए गए हैं। महिलाओं को परिवार, वंश और जाति की शुद्धता और प्रतिष्ठा के मुख्य प्रतीकों के रूप में मानते हुए हिन्दू महिलाओं की उच्च प्रस्थिति की प्रशंसा की गई है। इसमें किसी भी प्रकार की कोई समस्या नहीं है कि किसी महिला को एक व्यक्ति के रूप में तभी स्वीकार किया जाता है, जब वह अपने पति के परिवार में चली जाती है। पति के परिवार में सम्मिलित होने के बाद ही किसी महिला को एक सामाजिक इकाई माना जाता है और इस अवस्था में उसे मंगलकारी, सुमंगली (मंगलकारी महिला) और सौभाग्यवती (भाग्यवान महिला) माना जाता है। सुमंगली और सौभाग्यवती – ये दोनों शब्द केवल उस महिला के लिए प्रयुक्त किए जाते हैं, जिसका पति जीवित हो।

पाठ्यपुस्तकों में जेंडर, जाति और श्रम के बीच के संबंधों को स्पष्ट करने के लिए प्रतिष्ठा की विचारधारा की जेंडरीकृत समझ को उदाहरण के लिए बहुत दूर तक आगे बढ़ाया जाता है। तब सम्मान-रक्षा के लिए की जाने वाली हत्याओं और यहाँ तक कि दहेज हत्याओं की अनेक घटनाओं को 'असामान्य' या 'सामाजिक समस्याओं' की तरह देखने की बजाय समाजशास्त्रीय रूप से व्याख्यायित किया जा सकता है। ज्ञानानुशासन में 'दृश्यता के सवालों' के मुकाबले 'संज्ञानात्मक संरचनाओं पर सवाल उठाने' के प्रश्नों का प्रायः अन्वेषण नहीं किया जाता।

समाजशास्त्र में पारंपरिक रूप से माना जाता रहा है कि अध्ययन की विषयवस्तु विवाह, परिवार और नातेदारी है, प्रथाएँ और अनुष्ठान हैं, जहाँ महिलाओं की उपस्थिति की उपेक्षा करना आसान नहीं है। इसलिए यह समस्या तो कभी रही ही नहीं कि इस

ज्ञानानुशासन में महिलाएँ पूर्ण रूप से अनुपस्थित ही रही हों। वास्तव में समाजशास्त्र को एक आसान वैकल्पिक विषय के रूप में देखा जाता रहा है, एक ऐसे विषय के रूप में जो महिला विद्यार्थियों के लिए सर्वाधिक उपयुक्त हो।

प्रासंगिक संरचनाओं और प्रक्रियाओं को परिवार और नातेदारी के अध्ययन में एक पुरुष की निगाह से और एक पुरुष के दृष्टिकोण से देखा गया है। इसलिए पितृरेखीयता को, चीजों के पिता में निहित होने को और कन्यादान जैसी प्रथाओं को स्पष्ट रूप से इस तरह प्रस्तुत किया गया है, मानो जेंडर को लेकर ये प्रथाएँ बिल्कुल बेपरवाह ही हों। परिवार के आनुभविक पहलुओं की पूर्ण रूप से उपेक्षा की गई है। उदाहरण के लिए, पितृरेखीय समाजों में विवाह के अवसर पर गाने के लिए जो विवाह गीत शामिल किए जाते हैं, वे एक अच्छी शिक्षणशास्त्रीय युक्ति हैं जिनकी सहायता से पितृरेखीयता की और चीजों के पिता में निहित होने की जेंडरीकृत प्रकृति को समझाया जा सकता है, और यही हाल आमतौर पर कहीं जाने वाली उन कहावतों का भी है, जिन्हें मातृरेखीय समाजों में शामिल किया जाता है।

अक्सर ही ऐसा होता है कि उत्तर भारतीय, उच्च जाति वाले, पितृसत्तात्मक संयुक्त परिवार के मानक को "भारत का मानक" बनाकर पेश किया जाता है। परिवार और नातेदारी की जो अन्य संरचनाएँ अलग-अलग क्षेत्रों में और जाति-वर्ग के श्रेणीतंत्रों के आर-पार विद्यमान हैं, उन अन्य संरचनाओं के साथ भी समावेशी व्यवहार किया जाना आवश्यक है। यहाँ "समावेशी व्यवहार" शब्दों का प्रयोग इसलिए किया है क्योंकि इसके स्थान पर बहुधा "अन्य प्रथाएँ" शब्दों का प्रयोग कर दिया जाता है जिससे ऐसा लगता है मानो ये "अन्य" प्रथाएँ अजीब हों, विदेशी और अनोखी हों और मानों ये कम विकसित हों या वर्चस्वशाली समरूप मानकों के अवशेष हों।

यह तो स्पष्ट है कि महिलाएँ परिवार और नातेदारी पर केंद्रित अध्यायों में दृश्यमान (visible) होती हैं, लेकिन बुनियादी बिंदु तो यह है कि समाजशास्त्र की मानक पाठ्यपुस्तकों में आमतौर पर यह चीज पूर्ण रूप से गायब रहती है कि सार्वजनिक और निजी एक-दूसरे से परस्पर संबंधित हैं। महिलाओं को दृश्यमान बनाने का या स्टीरियोटाइप्ड हो चुकी जेंडर भूमिकाओं पर सवाल उठाने का एक प्रचलित तरीका यह है कि सफल महिलाओं की कहानियाँ समाविष्ट कर दी जाती हैं या फिर लड़कों को घरेलू कामकाज जैसे विचित्र कामों को करते हुए दिखा दिया जाता है। खुद समाजशास्त्र की संज्ञानात्मक संरचना को चुनौती देना तो और भी अधिक कठिन है। समाजशास्त्र की किसी भी पाठ्यपुस्तक के लिए यह अनिवार्य होता है कि वह परिवार और नातेदारी के समाजशास्त्र पर एक अध्याय को जरूर शामिल करें।

उन्नीसवीं शताब्दी के सामाजिक आंदोलन के विषयों में विधवाओं की दशा सुधारने का मुद्दा केंद्रीय रहा था। आधुनिक इतिहास की शायद ही कोई ऐसी पुस्तक हो, जो इसका उल्लेख न करती हो। तब भी धर्म, जाति, परिवार, क्षेत्र, संस्कृति आदि विषयों पर दिए गए अध्यायों में विधवाएँ अदृश्य या अनुपस्थित रहती हैं। इस मामले में, यहाँ

तक कि उन्हें दृश्यमान बनाना भी एक संज्ञानात्मक अस्थिरता से कम नहीं होगा। दृश्यता के प्रश्नों को बेचैन करने के अलावा, इस चीज पर सवाल उठाना भी महत्त्वपूर्ण है कि महिलाओं पर "वंचित समूहों" या "सामाजिक समस्याओं" जैसे शीर्षकों के अंतर्गत क्यों विचार किया जाता है। यह उस व्यापकतर समस्या को प्रतिबिम्बित करता है जहाँ जेंडर को एक ऐसे अतिरिक्त अध्याय के रूप में समझा जाता है, जिस पर बातचीत करना आवश्यक हो। बाल-विवाह, वैधव्य, सती, बलात्कार, दहेज और पत्नियों पर अत्याचार जैसे मुद्दों को असामान्य ही माना जाता है, न कि इन्हें उन संरचनाओं और प्रक्रियाओं में केंद्रीय माना जाता है जिनका अध्ययन समाजशास्त्र करता है। किसी जेंडरीकृत समाजशास्त्र के लिए यह भी आवश्यक है कि वह इन्हें सामाजिक व्यवस्थाओं के एक आंतरिक अंग के रूप में अवस्थित करे। जेंडरीकृत समाजशास्त्र के लिए, यह भी आवश्यक है कि वह व्यष्टि और समष्टि के बीच संपर्क सूत्र स्थापित करे और सार्वजनिक और निजी के बीच संबंधसेतु बनाए। जेंडर को समाज का एक संगठनात्मक सिद्धांत होना चाहिए, न कि एक विषय (topic) – भले ही जाति या औद्योगीकरण पर, धर्म या भूमंडलीकरण पर, आदिवासियों या मीडिया पर, बिना जेंडर परिप्रेक्ष्य के ही, विचार क्यों न किया जा सकता हो। अंततः, यह महत्त्वपूर्ण है कि जेंडरीकृत समाजशास्त्र की दिशा में किया गया कोई प्रयास जेंडर-पदार्थवाद (gender essentialism) की तरफ नहीं ले जाता। अगर समाज विज्ञानों की भूमिका यह है कि वे एक आलोचनात्मक जागरूकता का विकास करें तो सही दिशा में एक उपर्युक्त कदम समाजशास्त्र को जेंडरीकृत करना होगा।

(5) राजनीति विज्ञान–दलीय राजनीति और दल प्रणालियों पर, निर्वाचन और भारतीय समाज में अलग-अलग समूहों के बीच किए जाने वाले चुनावी गठबंधन पर, संस्थाओं के रूपांतरण आदि पर आधारित होने के कारण राजनीति विज्ञान का मुख्यधारा का ज्ञानानुशासन अभी भी संकीर्ण संदर्भों वाली राजनीति पर केंद्रित रहा है। सामाजिक आंदोलनों का अध्ययन कुछ हद तक किया जाता है, खासकर दलित और महिलाओं के आंदोलनों का, लेकिन इनका अध्ययन भी संस्थाओं और दलीय राजनीति के दृष्टिकोण से ही किया जाता है। उदाहरण के लिए, 73वें और 74वें सांविधानिक संशोधनों के माध्यम से महिलाओं के प्रतिनिधित्व का अध्ययन या व्यापक रूप से कहें तो आरक्षणों के माध्यम से किया जाने वाला प्रतिनिधित्व का अध्ययन। इस ढाँचे के भीतर जेंडर और नारीवादी सिद्धांत अदृश्य हो जाया करते हैं। जेंडर और राजनीति पर जो भी वर्तमान अध्ययन उपलब्ध हैं वे दूसरे ज्ञानानुशासनों से आए नारीवादी अध्येताओं द्वारा किए गए हैं – समाजशास्त्र से, अर्थशास्त्र से और इतिहास से आए हुए अध्येताओं द्वारा। यह स्वाभाविक है कि कोई व्यक्ति राजनीतिक सिद्धांत के उप-क्षेत्र में उन नारीवादियों के मौजूदा समृद्ध विचारों से संलग्नता की उम्मीद करे, जिन्होंने सैद्धांतीकरण का कार्य करते हुए मुख्यधारा के राजनीतिक सिद्धांतकारों को चुनौती दी है। लेकिन यहाँ भी हालत यह है कि समकालीन राजनीतिक सिद्धांत या पश्चिमी और भारतीय

राजनीतिक चिंतन के पूरे पाठ्यक्रम को बिना किसी नारीवादी समझ के ही पढ़ाया जा सकता है, उदाहरण के लिए, समाजवादी नारीवाद का संदर्भ दिए बिना मार्क्सवादी चिंतन, सुजैन मोलर ओकिन की आलोचना का संदर्भ दिए बिना रॉल्स का न्याय सिद्धांत आदि। हाँ, इसके अपवाद वे अध्यापक जरूर हो सकते हैं जो बीच-बीच में पाठ्यक्रम में अपना हस्तक्षेप करके नारीवाद के बारे में कुछ बता दिया करते हों।

"महिलाएँ और राजनीति" जैसे विषयों पर कुछ ऐच्छिक पाठ्यक्रम अवश्य शुरू किए गए लेकिन ऐसे पाठ्यक्रम अधिकांशत: अलग-थलग ही पड़े रहे हैं। इससे भी अधिक चिंता की बात तो यह है कि ऐसे पाठ्यक्रमों को भी, नारीवादी विद्वता का कोई भी संदर्भ दिए बिना ही, पढ़ाया जा सकता है क्योंकि इनके पढ़ाने के आयाम "भारत में महिलाओं की स्थिति" और "जेंडर और सशक्तिकरण" पर सरकारी नीतियों के अनुसार ही सीमित रह जाया करते हैं। असली चुनौती मुख्यधारा के पाठ्यक्रमों में नारीवादी परिप्रेक्ष्य को सुनिश्चित करने की है, पाठों के विशिष्ट समुच्चयों के साथ शिक्षण के रूप को नया आकार देने की है, ताकि पाठ्यक्रम को पढ़ाने वाला कोई भी व्यक्ति उन पाठों का संदर्भ दिए बिना पढ़ा ही न पाए, जिन पाठों का विकास नारीवाद के क्षेत्र के विद्वानों के साथ परामर्श करके इस विषय में रुचि रखने वाले अध्यापकों द्वारा किया गया होता है। वास्तव में यह अंतिम बिंदु ऐसा है जिसकी राजनीति विज्ञान के अध्यापन में सर्वाधिक आवश्यकता है क्योंकि यह पाठ्यपुस्तक-केंद्रित होने की तरफ अग्रसर होता चला गया है। हमें पाठों का एक ऐसा समुच्चय (पुस्तकों के अध्याय/अनुभाग, महत्त्वपूर्ण लेख) विकसित करने की आवश्यकता है जो पाठ्यक्रम में शामिल विषयों के इर्द-गिर्द होने वाले वाद-विवाद का वर्णन करते हों और यह भी जरूरी है कि इस तरीके से विकसित किए गए पाठों के समुच्चय शिक्षकों को उपलब्ध हो सकें। इसके अतिरिक्त इस बात की भी आवश्यकता है कि पाठों के इन समुच्चयों का स्थानीय भाषाओं में अनुवाद भी उपलब्ध कराया जाए।

(6) विज्ञान एवं प्रौद्योगिकी–विश्व में अनेक देशों ने हालिया वर्षों में, शिक्षा में अधिक जेंडर समानता लाने के लिए नीतियाँ अंगीकार कर ली हैं। शिक्षा तक पहुँच को बढ़ाने के लिए और विद्यालयों में एक सामान्य यानी साझा पाठ्यक्रम बनाने के लिए अनेक उपाय किए गए हैं। हालाँकि, पूरी दुनिया में, तृतीयक स्तर के विज्ञान एवं प्रौद्योगिकी में महिलाओं का नामांकन पुरुषों के नामांकन की तुलना में कम है और अन्य विषयों में महिलाओं के नामांकन की तुलना में भी कम है। उच्च शिक्षा को जारी रखने में और अध्ययन के लिए विषय का चुनाव करने में विद्यालयी शिक्षा का अनुभव बहुत महत्त्वपूर्ण भूमिका निभाता है। विज्ञान और प्रौद्योगिकी तक महिलाओं की पहुँच ऐतिहासिक रूप से सीमित रही है तथा बौद्धिक, वैज्ञानिक और तकनीकी समुदायों से वे लगभग बहिष्कृत ही रही हैं। उन्हें हमेशा पोषण विज्ञान से, बच्चों को पालने से और घर-परिवार की देखभाल करने से संबद्ध कर दिया जाता रहा है। पोषण या धात्री (midwife) जैसे जिन क्षेत्रों में महिलाओं ने अपनी दक्षता साबित की, उन क्षेत्रों को

विज्ञान एवं प्रौद्योगिकी के अंतर्गत कभी रखा ही नहीं गया। इसके अलावा, विज्ञान एवं प्रौद्योगिकी में महिलाओं के योगदान का दस्तावेजीकरण शायद ही कभी किया गया हो अतः वह इतिहास से छिपा ही रह गया।

पुरुषों और स्त्रियों की छवियों में ऐतिहासिक रूप से देखें, तो उनकी जेंडर भूमिकाओं में बदलाए आए हैं और तद्नुसार विभिन्न आधारों पर इन बदलावों का औचित्य स्थापन भी किया गया है। इन औचित्य-स्थापनों की पहुँच अतार्किक से लेकर छद्म-वैज्ञानिक तक रही है। हालाँकि आधुनिक विज्ञान यह घोषित करता है कि वह वस्तुनिष्ठ है, लेकिन विरोधाभासी रूप से आधुनिक विज्ञान महिलाओं से संबंधित पूर्वाग्रहयुक्त समझ को समाप्त करने के बजाय इन्हें मजबूत कर रहा है। प्राचीन युगों के संगठित ज्ञान (या विज्ञानों) के अंतर्गत महिलाओं को प्रायः, पुरुषों से भिन्न, एक अनोखी रचना के रूप में देखा जाता था। इन विज्ञानों ने यह तर्क स्थापित किया था कि महिलाएँ अपूर्ण पुरुष हैं और इसलिए हीनतर हैं। मस्तिष्क से जुड़े 'विज्ञान' – क्रैनियोलोजी ने दावा किया कि महिलाएँ बौद्धिक रूप से हीनतर होती हैं क्योंकि उनका मस्तिष्क हल्का होता है। शरीर के आकार के लिए सुधारों (corrections) की उपेक्षा की गई और यह तथ्य इंगित करता है कि विज्ञान की प्रक्रियाएँ पूर्वाग्रह से मुक्त नहीं हैं (गुल्ड, 1981)।

प्रकृति, जिस पर वैज्ञानिक अध्ययन फोकस करते हैं, को आलंकारिक रूप से मादा माना गया और प्रतीकात्मक रूप से प्रकृति का चित्रण एक मादा के रूप में किया गया। अधिकांश भाषाओं में विज्ञान और ज्ञान जैसी अमूर्त संज्ञाओं के लिए स्त्रीलिंग का प्रयोग किया जाता है। हालाँकि वैज्ञानिकों का चित्रण पुल्लिंग के रूप में किया गया और समय के साथ विज्ञान की लोकप्रिय छवियाँ पुरुषवाचक होती चली गईं (शीबिंजर, 1989)। वैज्ञानिक उद्यम की जो सामाजिक संरचनाएँ उभरीं (जैसे रॉयल सोसायटी का गठन) उन्होंने इन छवियों को प्रतिबिम्बित करने के साथ-साथ इन छवियों को मजबूत भी किया (हैगर्टी, 1995)।

वैज्ञानिक हलकों में प्रयुक्त की जाने वाली भाषा ने भी विज्ञान की पुरुषवाचक छवि को ही सशक्त बनाया। इन विचारों की जड़ें सामाजिक वातावरण में धीमे-धीमे गहरी और मजबूत होती चली गईं। यहाँ तक कि आज भी विज्ञान में पहले की तुलना में शायद कुछ कम आक्रामक रूप से सही, जेंडरीकृत भाषा का ही उपयोग जारी है।

ज्ञान की आत्मनिष्ठ (subjective) शाखाओं (समाजशास्त्र, मनोविज्ञान) को कोमल या मृदु विज्ञानों के रूप में देखा जाता है और इससे यह इंगित होता है कि ये शाखाएँ महिलाओं के लिए अधिक प्रासंगिक हैं जबकि वस्तुनिष्ठ विज्ञानों (गणित, भौतिकशास्त्र) को कठोर विज्ञानों के रूप में पेश किया जाता है, जिसमें यह लाक्षणिक अर्थ छिपा रहता है कि यह पुरुषवाचक है। ये जिस तरीके के रूढ़िवादिता को पैदा करते हैं, वे अपने तरीके से अपना काम करते रहते हैं। दूसरे विषयों की तुलना में गणित और विज्ञान पढ़ने का चुनाव बहुत ही कम महिलाएँ करती हैं (जोन्स और व्हिटले 1988)। विज्ञान और

प्रौद्योगिकी में महिलाओं के कम प्रतिनिधित्व की 'व्याख्या' इस सुझाव के साथ की जाती है कि पुरुषों और महिलाओं की संज्ञानात्मक योग्यता में जीव-वैज्ञानिक अंतर मौजूद होते हैं। हार्वर्ड विश्वविद्यालय के अध्यक्ष लारेन्स एच समर्स की यह सुझावपरक टिप्पणी, कि विज्ञान और गणित में कम महिलाओं की सफलता का कारण, निहित जेंडर अंतर होते हैं, दर्शाती है कि इस तरह के विचार अकादमिक जगत के शीर्ष स्तरों पर भी विद्यमान हैं।

संज्ञानात्मक योग्यता में लैंगिक अंतरों का मुद्दा नियमित रूप से अपना सर उठाता रहता है और अक्सर इस मुद्दे को मीडिया में भी प्रमुखता से दिखाया सुनाया जाता है। इस क्षेत्र में किए गए बहुत सारे अनुसंधान ऐसे हैं जिनका कोई निष्कर्ष नहीं होता। योग्यता में अंतर, अगर कुछ हों, केवल उन्हीं समयों में देखे जा सकते हैं जब आनुवंशिक कारकों के प्रभावों को समाजीकरण से अलग करना कठिन हो। सीखने की प्रक्रिया में लैंगिक अंतरों की जीव-वैज्ञानिक व्याख्याएँ हो भी सकती हैं या नहीं भी हो सकती हैं, लेकिन यह तो स्पष्ट है कि सामाजिक कारकों की भूमिका अत्यधिक महत्त्वपूर्ण होती है। लड़कों और लड़कियों के साथ बिल्कुल बचपन से ही उनके निकट रहने वाले लोगों द्वारा अलग-अलग तरीके का व्यवहार किया जाता है। इस वजह से उनसे की जाने वाली अपेक्षाएँ अलग-अलग होती हैं और बाद में मीडिया और जनमाध्यम लगातार ऐसे संदेशों की बरसात करते रहते हैं कि समाज में पुरुष होने या स्त्री होने के मायने क्या हैं।

पूर्वाग्रह के जिन महत्त्वपूर्ण रूपों की पहचान पाठ्यपुस्तकों में की गई हैं, वे हैं-(क) पाठ्यपुस्तकों से लड़कियों और महिलाओं का बहिष्करण या उनकी अदृश्यता, (ख) लैंगिक भूमिकाओं की रूढ़िवादिता, (ग) पाठों और चित्रों में लड़कों और पुरुषों के प्रति लड़कियों और महिलाओं की अधीनता, और (घ) इतिहास में महिला चरित्रों का अभाव (ए.ए.यू.डब्ल्यू., 1992)। पाठ्यक्रम सामग्री में व्याप्त ये पूर्वाग्रह अक्सर न सिर्फ महिलाओं से, बल्कि समस्त अल्पसंख्यक समूहों से भी, संबंधित होते हैं (सैडकर और अन्य, 1989)। पाठ्यपुस्तकों का विश्लेषण अभी भी यही दर्शाता है कि भारतीय पाठ्यपुस्तकों में ये पूर्वाग्रह आज भी मौजूद हैं। अधिकांश विद्यार्थियों के मन में अभी तक यह समझ मजबूत बनी हुई है कि विज्ञान और प्रौद्योगिकी की छवि सिर्फ पुरुषवाचक ही होती है। अध्ययनों ने दर्शाया है कि छोटे बच्चों को "मानव जाति (mankind)" और "वह (he)" जैसे जातीय (generic) भाषा की जानकारी देने के बाद जब इन जानकारियों या उन्हें सुनाई गई कहानियों को दृश्यात्मक रूप से चित्रित करने को कहा गया तो बच्चों ने पुरुषों और लड़कों के ही चित्र बनाए।

विद्यार्थीगण विज्ञान और वैज्ञानिकों को किस तरह देखते हैं? यह होमी भाभा सेंटर फॉर साइंस एजुकेशन में कराए गए एक अध्ययन में पाया गया कि लड़कियों और लड़कों ने एक पुरुष वैज्ञानिक का चित्र बनाया, जो युवा था और रसायन विज्ञान की एक प्रयोगशाला में अकेले काम कर रहा था। जहाँ वैज्ञानिकों का एकवचनमूलक संदर्भ

देना होता था, वहाँ इन लड़कियों और लड़कों ने पुरुषवाचक सर्वनामों (जैसे वह, उसका) का प्रयोग किया था। समय विशेष के सामाजिक और सांस्कृतिक वातावरण का प्रभाव सिर्फ वैज्ञानिक फोकस और अनुप्रयोग पर ही नहीं पड़ता, बल्कि वैज्ञानिक ज्ञान के संकल्पनात्मक गठन जैसी बुनियादी चीजों पर भी पड़ता है। नारीवादी सिद्धांत इस अंतर्दृष्टि को अपना आधार बनाता है और विस्तृत रूप से इस बात की जाँच करता है कि ज्ञान की सामाजिक निर्मिति में जेंडर विचारधारा किस प्रकार व्याप्त होती है (केलर, 1985)। प्रौद्योगिकी के संदर्भ में यह समझ अभी भी कायम है कि महिलाएँ जो कुछ भी करती हैं, वह गैर-प्रौद्योगिकीय ही होता है। ऐसी समझ इस तथ्य के बावजूद कायम है कि महिलाएँ जीवन और अस्तित्व की रक्षा करने वाली प्रौद्योगिकियों में, इतिहास के प्रारंभ से ही, संलग्न रही हैं। इस तरीके की समझ का एक कारण उस तरीके में भी निहित है, जिस तरीके से हम प्रौद्योगिकी को परिभाषित करते हैं। यहाँ तक कि 'कार्य' शब्द का प्रयोग भी केवल उन्हीं गतिविधियों के संदर्भ में किया जाता है जिनके परिणामस्वरूप कोई मौद्रिक लाभ या भुगतान हासिल होता हो। महिलाओं के कार्य को 'घरेलू' माना जाता है और इसे प्रौद्योगिकी के दायरे से बाहर ही रखा जाता है।

जिन क्षेत्रों को स्पष्ट तौर पर प्रौद्योगिकी कहा जाता है, उन क्षेत्रों में प्रवेश करने से महिलाओं को विभिन्न सामाजिक-सांस्कृतिक कारक रोकते हैं। इसी तरीके का एक कारक यह रहा है कि कार्य के कुछ निर्धारित क्षेत्रों से महिलाओं का जान-बूझकर बहिष्करण किया जाता है। व्यापार में महिलाओं के प्रवेश का विरोध करने में शिल्पकार यूनियनों (Craft Unions) की सक्रिय भूमिका रही है और इस प्रकार महिलाओं को निष्कासित करके उन्हें सिर्फ अकुशल नौकरियों तक सीमित रखा गया है और कुशल श्रम को पुरुषों के साथ संबद्ध किया गया है। नौकरियों की जेंडर रूढ़िवादिता उल्लेखनीय रूप से सर्वव्याप्त है और यहाँ तक कि बहुत छोटे बच्चे भी इस तरीके की दृढ़ कल्पनाएँ और प्रक्षेपण रखते हैं कि अलग-अलग लिंगों के लिए व्यवसाय अलग-अलग होते हैं। रूढ़िवादिता के इस तरीके से सर्वव्यापी होने का एक परिणाम यह हुआ है कि महिलाएँ उन क्षेत्रों का चुनाव करने से परहेज करती हैं जो उनके लिए प्रत्यक्ष रूप से प्रतिकूल हैं और जिन्हें करियर की तरह चुनने पर महिलाओं के प्रति समाज अप्रत्यक्ष रूप से प्रतिकूल व्यवहार करने लगता है। इसकी पुष्टि उन क्षेत्रों में प्रवेश करने वाली महिलाओं की कम प्रतिशतता से हो जाती है, जिन क्षेत्रों को विज्ञान और प्रौद्योगिकी के क्षेत्र का नाम दे दिया जाता है।

भारत में वैज्ञानिक कर्मचारियों में महिलाओं का हिस्सा महज नौ प्रतिशत है (विकास प्रक्रिया में महिला स्नातकों के प्रशिक्षण पर विशेषज्ञ समूह की मीटिंग, थाईलैंड, 1999)। प्रौद्योगिकी का जेंडरीकरण इसलिए घटित होता है क्योंकि प्रौद्योगिकी सामाजिक संबंधों और सामाजिक बलों का उत्पाद होती है। सभी संभव प्रौद्योगिकियों में से, केवल कुछ का ही चुनाव किया जा सकता है। हो सकता है कि उन प्रौद्योगिकियों के विकास पथ अलग-अलग हों तथा हो सकता है कि अलग-अलग सामाजिक समूहों

पर उनके प्रभाव भी अलग-अलग ही हों। सामाजिक व्यवस्थाओं द्वारा इन चयनों को आकार प्रदान किया जाता है और अक्सर इनसे समाज की शक्ति संरचना का पता चलता है।

(7) गणित–यूँ तो गणित का संबंध प्रत्येक व्यक्ति से होता है किंतु औपचारिक शिक्षा के दायरे में बहुत सारे विद्यार्थियों के लिए गणित आज भी ज्ञान का एक ऐसा क्षेत्र होता है जो उनकी पहुँच से बाहर होता है और जो उनके लिए कहीं बहुत दूर होता है। विद्यालयी ज्ञान के श्रेणीतंत्र में विद्यालयी गणित को मुख्य स्थान दिया जाता है, लेकिन इसकी निर्मिति एक ऐसी बंद प्रणाली के रूप में की जाती है जिसमें रटे जाने वाले नियम और विधियाँ शामिल होती हैं और जिसमें कौशलों का जबर्दस्त अभ्यास तथा निश्चित विधियों का अनुप्रयोग सम्मिलित होता है। इस तरीके की निर्मिति समाजों में शक्ति और विशेषाधिकार के गठन से गणित के संबंध पर पर्दा डाल देती है। आधुनिक राष्ट्र-राज्य तार्किक, विगल (detached), स्वायत्त ज्ञानमीमांसीय विषय को अपने केंद्र में रखता है और इसीलिए आधुनिक राष्ट्र-राज्य के विद्यालयी पाठ्यक्रम में एक ज्ञानानुशासन के रूप में गणित को यह कहकर बहुत ऊँचा स्थान दिया जाता है कि इसमें पूर्ण रूप से विवेकी और तार्किक वाद-विवाद की प्रक्रिया शामिल रहती है। इस निर्मिति को इस समझ के आधार पर बनाया जाता है कि गणित में मानवीय विवेक का उच्चतम बिंदु शामिल रहता है और 'तार्किक गणितीय संरचनाएँ विवेकपूर्ण चिंतन की संरचनाएँ हैं' (वाल्करडीन, 1988)। जैसा कि वाल्करडीन ने तर्क के विचार के बारे में विस्तार से बताया भी है कि तर्क की प्रक्रिया को जेंडर पर विचार किए बिना नहीं समझा जा सकता।

अगर हम बहुत पहले की चर्चा न करें और सिर्फ प्रबोधन के बाद के काल की ही चर्चा करें तो कहा जा सकता है कि तर्क की कार्टीजियन (Cartesian) संकल्पना प्रकृति को नियंत्रित करने के प्रयासों में ही गंभीरतापूर्वक उलझी रही है। तार्किकता को पुनर्जन्म के एक ऐसे प्रकार के रूप में देखा गया, जहाँ, महिलाओं के किसी भी हस्तक्षेप के बिना ही, स्व के बारे में चिंतन किया जाता है। तार्किक स्व (Self) गंभीर रूप से पुरुषवाचक ही था, जिसमें से महिलाओं को बहिष्कृत कर दिया गया था, जहाँ महिलाओं की शक्तियाँ न सिर्फ हीनतर थीं, बल्कि अनुसेवी भी थीं। इस प्रकार एक ज्ञानानुशासन के रूप में गणित का ऐतिहासिक विकास कुछ इस तरीके से हुआ कि इसे एक पुरुषवाची क्षेत्र के रूप में परिभाषित कर दिया गया। इस परिभाषा में महिलाओं के साथ-साथ ऐसे दूसरे शक्तिहीन समूह भी यह सोचकर बाहर कर दिए गए कि इनके पास गणितीय ज्ञान तक पहुँच स्थापित करने के लिए आवश्यक ज्ञान ही नहीं है।

महिलाओं के मामले में, इस दृष्टिकोण को महिलाओं की 'निहित' हीनता की धारणा के कारण वैधता मिली। यह धारणा उन्नीसवीं शताब्दी में शुरू हुई और यह धारणा समकालीन समय में भी प्रचलन में है। यद्यपि ऐसा लगता है कि गणित विषय मूल्यमुक्त होता है और इसमें सार्वभौमिक सत्यों का उद्घाटन किया जाता है, लेकिन यह समझ भी पुरुषवाचक मूल्यों और प्रत्यक्षणों (perceptions) पर ही आधारित है।

गणित का विषय 'पुरुषवाचक दायरे का' है, इस निर्मिति को इसलिए बल मिलता है क्योंकि पाठ्यपुस्तकों में महिला गणितज्ञों का कोई भी संदर्भ नहीं दिया जाता। पाठ्यक्रमों का अभिकल्पन (design) करने में उन सामाजिक चिंताओं का अभाव रहता है, जिनके कारण बच्चे हासिल की गई जेंडर विचारधाराओं पर सवाल उठाने में समर्थ हो सकते हों, क्योंकि यहाँ समग्रता में सवाल ऐसे होते हैं जिनमें महिलाओं की जिंदगियाँ अनुपस्थित रह जाया करती हैं। गणित की पाठ्यपुस्तकों के एक अध्ययन में यह पाया गया कि एक भी ऐसा सवाल शामिल नहीं था जिसमें महिलाओं के कपड़ों का कोई संदर्भ दिया गया हो, वगैरह वगैरह यद्यपि उनमें कपड़े खरीदने से जुड़े हुए सवाल शामिल थे।

गणित के अध्यापन से संबंधित कक्षा-कक्ष के अनुसंधान भी यही इंगित करते हैं कि लड़कियों का यह कहकर व्यवस्थित तरीके से अवमूल्यन किया जाता है कि वे गणित में 'महारत' हासिल नहीं कर सकतीं, भले ही लड़कियाँ गणित के कार्यों को, तार्किक रूप से, चीजों को मौखिक के साथ-साथ संज्ञानात्मक स्तर पर भी संपन्न ही क्यों न कर लेती हों। यह देखा गया है कि शिक्षक गणित के मामले में लड़कियों की तुलना में लड़कों को अधिक संबोधित करते हैं। इससे इस निर्मिति को बल मिलता है कि मानकीय गणित के शिक्षार्थी मुख्यत: पुरुष ही होंगे (न कि महिलाएँ)। इसके अतिरिक्त यदि निर्देशात्मक निर्णय शिक्षकों के हाथ में होता है तो उनकी जेंडरीकृत निर्मितियाँ लड़कियों और लड़कों की गणित सीखने की रणनीतियों को एक खास रंग में रंग डालती हैं जिसके तहत सवालों को हल करने के लिए लड़के अधिक आविष्कृत रणनीतियों का प्रयोग करते हैं, जो बेहतर संकल्पनात्मक समझ को प्रतिबिम्बित करता है (फेनेमा, 2000)।

अध्ययनों ने दर्शाया है कि शिक्षकों की प्रवृत्ति यह होती है कि वे लड़कों की गणितीय 'सफलता' का श्रेय उनकी योग्यता को अधिक देते हैं जबकि लड़कियों की गणितीय 'सफलता' का श्रेय उनके प्रयत्नों को अधिक देते हैं (वीसबेक, 1992)। कक्षा-कक्ष की चर्चाएँ भी संकेत करती हैं कि गणित का 'पुल्लिंगीकरण' किस प्रकार घटित होता है तथा विद्यालय में अकादमिक सक्षमता की धारणाओं का प्रतिमान गढ़ने में जेंडर विचारधाराओं का कितना गहरा प्रभाव पड़ता है (मांजरेकर, 2001)। गणित में निष्पादन का अर्थ विद्यालय की 'सफलता' से जोड़ा जाता है और लड़कियाँ स्पष्टत: इस मामले में नुकसान की स्थिति में रहती हैं। यह स्वीकार करना महत्त्वपूर्ण है कि उन सामाजिक स्थितियों और गतिविधियों द्वारा गणितीय सक्षमता को अवस्थिति और आकार प्रदान किया जाता है, जिनके बीच सीखने की प्रक्रिया घटित होती है। हालाँकि विद्यालयी गणित का बच्चों के उस सामाजिक जगत से बहुत कम संबंध होता है, जहाँ वे दैनिक जीवन के एक हिस्से के रूप में गणितीय गतिविधियों में संलग्न रहते हैं।

हमारे विद्यालयों में गणित के प्रति जो दृष्टिकोण मौजूद है, उसमें खुले सिरों वाले (Open-ended) प्रश्न अनुपस्थित रहते हैं। इसके अलावा अनेक दृष्टिकोणों, विधियों को शामिल करने वाले प्रश्न भी अनुपस्थित रहते हैं। इन अनुपस्थित प्रश्नों में ऐसे प्रश्न

भी शामिल हैं जो सिर्फ इसी पर आधारित न हों कि किसी अंतिम, एकात्मक और सही उत्तर तक कैसे पहुँचा जाए। विद्यालयी गणित की एक कुचलने वाली मान्यता यह है कि गणितीय दावों के लिए चीजों को पुष्ट करने (validation) के बाह्य स्रोत (शिक्षक, पाठ्यपुस्तकें, गाइडबुक्स) सदैव आवश्यक ही होते हैं। यह दृष्टिकोण समस्त शिक्षार्थियों को हानि पहुँचाता है लेकिन लड़कियों को तो अक्सर ही हानि पहुँचाता है।

(8) भाषा—भाषा संस्कृति के मूल्यों और पूर्वाधिकारों को कूटबद्ध (encode) करती है तथा उनका संचरण और प्रसार करती है। अत: इस रूप में भाषा संस्कृति का एक अभिन्न संघटक है। इसकी व्याप्ति समस्त ज्ञानानुशासनों के आर-पार होती है, ज्ञान की निर्मिति के लिए यह बुनियादी तत्त्व होती है तथा जेंडर संबंधों के लिए इसके निहितार्थ बहुत व्यापक और विस्तृत प्रसार वाले होते हैं। इसलिए इस बात की जाँच करना बहुत महत्त्वपूर्ण है कि जेंडर को भाषा में किस प्रकार कूटबद्ध किया जाता है। अन्य चित्रणों की ही तरह भाषाई चित्रण भी समाज में महिलाओं की स्थिति का एक संकेतक होता है। सहजबोध से उत्पन्न अपनी इस मान्यता पर हमें सवाल उठाने की आवश्यकता है कि सभी लैंगिकताएँ "एक सामान्य (common) भाषा" की साझेदारी करती हैं। विद्यमान भाषा पितृसत्तात्मक है और यह समाज के अन्यायपूर्ण शक्ति संबंधों के साथ अंकित की जाती है। चूँकि भाषा नरकेंद्रित है, इसलिए इसे परिवर्तित करने की आवश्यकता है : ताकि न सिर्फ महिलाओं के उपयोग के लिए, बल्कि समाज के लिए भी इसे अनुक्रियात्मक (responsive) बनाया जा सके।

भाषा किस प्रकार अलग-अलग तरीके से कार्य करती है, इसे समझने के लिए यद्यपि जेंडर के अंतर बहुत महत्त्वपूर्ण हैं, लेकिन यह याद रखना भी महत्त्वपूर्ण है कि पुरुष और महिला कोई एकरूप (homogeneous) समूह नहीं हैं — बल्कि वे वर्ग, संस्कृति और नृजातीयता के अंतरों द्वारा परिभाषित किए जाते हैं। इसलिए भाषा के उपयोग में लैंगिक अंतरों की रूढ़ियों को अस्वीकार करते समय इन अंतरों का संज्ञान लेना भी हमारे लिए आवश्यक है। भाषा की नारीवादी आलोचना का चित्रण अनेक अक्षों के अनुरूप किया जा सकता है : नारीवादी आलोचकों का तर्क है कि भाषा की बुनियादी अर्थ-संबंधी और व्याकरण-संबंधी संरचनाएँ नर की निर्मिति सकारात्मक के रूप में और नारी की निर्मिति नकारात्मक के रूप में करती हैं और ऐसा करते हुए ये संरचनाएँ "पुरुषवाचक" गुणों पर तो मूल्य का आरोपण करती हैं लेकिन "स्त्रीवाचक" गुणों पर मूल्य आरोपित नहीं करतीं।

भाषा उन विचारों और मान्यताओं के वाहक का कार्य करती है, जिन्हें दैनिक कार्य-व्यापार और दैनन्दिन आदान-प्रदान के माध्यम से प्राकृतिकीकृत और प्रवर्तित किया जाता है। ये विचार और मान्यताएँ इतनी पारंपरिक हो जाती हैं कि हम उनके महत्त्व पर ध्यान ही नहीं दे पाते। लिंगवाद भाषा में व्याप्त होता है — यह भाषा के शब्दरूप विज्ञान (Morphology) का वेधन करता है (उदाहरणार्थ, शब्दों का समापन किस तरह हो), दैनिक जीवन में प्रचलित शैलीगत परिपाटियों और प्रकार्यों को प्रभावित करता है

(जैसे–संपूर्ण मानवता को वर्णित करने के लिए आमतौर पर "आदमी" यानी Man शब्द का ही प्रयोग किया जाता है)। इसी तरह नामों का उल्लेख करने की परिपाटियाँ ऐसी रही हैं कि महिलाओं को चिह्नित करने के लिए उनके नामों के साथ पारंपरिक रूप से या तो उनके पिता का या फिर उनके पति का उपनाम (surname) जोड़ा जाता रहा है – ये उपनाम एक महिला से दूसरी महिला तक आगे चलते रहते हैं। महिलाओं के नाम के पहले लगाए जाने वाले कुमारी (Miss) और श्रीमती (Mrs.) जैसे शीर्षक महिलाओं की वैवाहिक स्थिति को इंगित करते हैं जबकि पुरुषों के संबंध में इस तरीके की स्थिति को इंगित करने के लिए कोई सूचक नहीं है। इसलिए इस बात की व्यापक आवश्यकता है कि विद्यार्थियों को उन तरीकों के बारे में संवेदीकृत किया जाए जिन तरीकों के माध्यम से भाषा अपने प्रकार्य करती है, विचारों को खाई से घेर देती है और शक्ति के अंतरों को प्राकृतिक बना देती है। यह मुद्दा सिर्फ इतना ही नहीं है कि कुछ शब्द ऐसे हैं जो आक्रामक हैं। हालाँकि इस बात को रेखांकित करना भी बहुत महत्त्वपूर्ण है कि चूँकि इन मानकों की रचना ऐतिहासिक रूप से की गई है इसलिए नारीवादी विखंडन (deconstruction) और पुनर्रचना/पुनर्निमिति (reconstruction) की अत्यधिक आवश्यकता के रूप में इन मानकों को समाप्त भी किया जा सकता है।

भाषा की नारीवादी आलोचना की चिंता यह भी है कि विश्व को क्या एक "नाम" दिया गया है या इसे पुरुषवाची नजरिए से चित्रित किया गया है या फिर कहीं यह लिंगों के बारे में किसी स्टीरियोटाइप्ड दृष्टिकोण का उत्पादन तो नहीं कर रहा है। "नाम (names)" चीजों को स्थिरबद्ध (fix) करने का संस्कृति का एक तरीका है, जिसे वास्तविकता की तरह माना जाता है। यह तर्क दिया गया है कि भाषा सिर्फ उस चीज का प्रक्षेपण ही नहीं करती जो बाहर है और जो साफ-साफ विद्यमान है, बल्कि इन विद्यमान चीजों को आकार भी प्रदान करती है और इसको संघटित भी करती है तथा इसके साथ ही साथ वह इन विद्यमान चीजों के प्रति हमारी अभिवृत्तियों को भी प्रभावित करती है। इसलिए अलग तरीके से किया गया भाषा का प्रयोग दशाओं और स्थितियों को परिवर्तित कर सकता है। इसलिए विद्यार्थियों को यह पढ़ाया जाना चाहिए कि भाषा का बहुत महत्त्व होता है। यह महत्त्व "राजनीतिक रूप से सही" होने के सतही स्तर पर ही नहीं होता, बल्कि अभिवृत्तियों को और इस प्रकार विश्व में उपलब्ध दशाओं को, परिवर्तित करने के अपेक्षाकृत गहरे स्तर पर भी होता है। "नीग्रो" की जगह "अश्वेत", "अक्षम (disabled)" की जगह "विशिष्ट रूप से योग्य (Differently abled)" या "वेश्या (prostitute)" की जगह "यौनकर्मी (Sex Worker)" शब्द का प्रयोग करना सिर्फ व्यापकतर सामाजिक स्वीकृति का मामला नहीं है, बल्कि यह दमन, पृथक्करण और नैतिक धिक्कार के इतिहासों के प्रति जागरूकता का और इन्हें परिवर्तित करने की इच्छा का भी मामला है।

यदि हम मानवीय यौनिकता की लिंगवादी शब्दावली का आलोचनात्मक अन्वेषण करें तो यह स्पष्ट नजर आता है कि महिलाओं की निष्क्रियता को शब्दकोश के जरिए

किस प्रकार भाषा-वैज्ञानिक तरीके से पुष्ट किया जाता है। इसके अतिरिक्त यह भी स्पष्ट हो जाता है कि लड़कों और लड़कियों की पहचान की निर्मिति में इस निष्क्रियता के क्या निहितार्थ होते हैं। चाहे बोलचाल में या फिर चिकित्सकीय संदर्भ में जब भी संभोग का वर्णन किया जाता है, तो यह वर्णन एक भाषा के माध्यम से ही किया जाता है और यह ऐसी भाषा होती है जो नर की निर्मिति सक्रिय के रूप में करती है ("घेरे" यानी "enclosure" के स्थान पर "भेदन" यानी "penetration" का प्रयोग आदि)।

नारीवादी वैज्ञानिकों ने दर्शाया है कि जीव-विज्ञान की भाषा किस प्रकार कोशिका-उत्पादन के क्षेत्र में भी इन रूढ़िवादिता को पुष्ट करती है। यहाँ तक कि जो शब्द "उदासीन" होते हैं, उनका भी प्रयोग जब लैंगिक (sexual) रूप से महिलाओं के संदर्भ में किया जाता है, तब ये नकारात्मक अर्थ को सूचित करने लगते हैं। शुल्ज का संकेत है कि किस प्रकार "पेशेवर (Professional)" और "उन्मुक्त (tramp)" जैसे शब्दों का प्रयोग जब महिलाओं के संदर्भ में किया जाता है तो किस प्रकार ये शब्द "ढीली-ढाली (loose) औरत" का अर्थ अख्तियार कर लेते हैं। इसके अतिरिक्त यह बात भी ध्यान देने योग्य है कि "कचरा (slag)" और "फूहड (slut)" आदि जैसे कुछ शब्द अपने अनुप्रयोग और उपयोग में केवल स्त्रीवाचक ही हैं, यानी ये शब्द केवल स्त्रियों के लिए ही प्रयुक्त किए जाते हैं। पुरुषों की दुराचार-वृत्ति को चित्रित करने के लिए इन शब्दों के समानांतर कोई शब्द मौजूद ही नहीं है या अगर कुछ शब्द मौजूद भी हैं तो वे बहुत विरले ही हैं। लड़कियों को उत्पीड़ित करने के लिए और इसके साथ ही साथ उनकी यौनिकता को विनियमित करने के लिए इन शब्दों का प्रयोग धड़ल्ले से किया जाता है। लड़कियाँ सिर्फ यौन उत्पीड़न के अधीन ही नहीं होतीं, बल्कि यौनिकता की भाषा तक उनकी पहुँच भी नहीं होने दी जाती। महिलाएँ यदि सेक्स के बारे में कुछ लिखती या बोलती हैं तो उन्हें स्त्रीवाचक-विरोधी (unfeminine) और अशिष्ट मान लिया जाता है। यह बहुत महत्त्वपूर्ण है कि यौनिकता, शारीरिकता और देहों की एक ऐसी भाषा गढ़ने की आवश्यकता है, जो हमारे विद्यार्थियों, विशेषकर लड़कियों को उपलब्ध हो। ऐसी युवा लड़कियों के अनेक मामले सुनने में आते हैं जो इसलिए बीमार पड़ गईं क्योंकि वे अपनी देह की आवश्यकताओं, प्रकार्यों या अप्रकार्यों को स्पष्ट रूप से व्यक्त नहीं कर सकीं, खासकर तब जब ये लड़कियाँ लड़कों के साथ मिश्रित कक्षाओं में पढ़ती हैं या जब ये मिश्रित शिक्षणशास्त्रीय स्थितियों में होती हैं।

पाठ्यपुस्तकों में वर्णित यौनिकता की भाषा को नैतिक विज्ञान पाठों के भद्दे बहानों (या टालमटोलों) और जीव-विज्ञान की पुस्तकों के चिकित्सकीय अमूर्तनों के बीच रेखांकित किया जाता है। इनमें से कोई भी चीज विद्यार्थियों के यौनिक जीवन की जमीनी सच्चाइयों को संबोधित नहीं करती और विशेष तौर पर यौनिकता के सामाजिक-सांस्कृतिक पहलुओं को उस रूप में संबोधित नहीं करती, जिस रूप में जेंडर प्रणालियों के दायरे के भीतर ये सच्चाइयाँ विद्यमान होती हैं। साहित्य की भाषा, पारंपरिक रूपक और लिखने के तरीके भी महिलाओं के जीवन को, उनकी देह को

और उनके होने के तरीकों को प्रतिबिम्बित नहीं करते। पारंपरिक रूप से पुरुषों के प्रभुत्व वाले साहित्यिक विमर्श में स्त्रियों की आत्मनिष्ठता की भाषा अनुपस्थित है। इसके कारण विशेष रूप से साहित्य के पाठों को कक्षा-कक्षों में पढ़ाने का विषय बहुत चुनौतीपूर्ण हो जाता है क्योंकि साहित्य के ये पाठ आमतौर पर पुरुषों द्वारा ही लिखे गए होते हैं और माध्यमिक या हाईस्कूल की शिक्षा के पाठ्यक्रम की "सरसरी पुस्तकों (rapid readers)" या साहित्यिक चयनों में बहुत ही कम महिला लेखकों को शामिल किया गया होता है।

साहित्य के अध्यापन के लिए पाठ्यपुस्तकों को तैयार करते समय और इसके साथ-साथ कक्षा-कक्ष की स्थितियों के दौरान भी हमारे लिए यह आवश्यक है कि हम उन "सार्वभौमिक मूल्यों" या "मानवीय (human)" मूल्यों के उदार मानवतावादी वंदन पर सवाल उठाएँ जिनके अंतर्गत वर्ग, जेंडर, अवस्थिति और पहचान के भौतिक विभेदों पर विचार नहीं किया जाता। यह ऐसा मनोभाव है जो हमारे यहाँ कक्षा-कक्षों में साहित्य के अध्यापन में अत्यधिक व्याप्त है। इसकी व्याख्या करने के लिए शिक्षकों को बहुत संघर्ष करना पड़ता है कि डैफोडिल फूलों से संबंधित और वर्ड्सवर्थ को मगन करने वाली कोई कविता एक "सार्वभौमिक" और "मानवीय (human)" दस्तावेज क्यों है। इसका कारण यह है कि अगर एक बच्चा, उदाहरण के लिए, पश्चिमी मिदनापुर से आता है तो उस बच्चे के लिए इस भाषा को समझना बहुत ही कठिन होता है। हालाँकि इसका उद्देश्य यह सुझाव देना नहीं है कि जो साहित्य हमारा अपना नहीं है या जिसमें हमारे अपने अनुभव वर्णित नहीं हैं, उसे पढ़ाया ही न जाए। न ही इसका उद्देश्य यह सुझाव देना है कि "प्रासंगिकता" का निर्धारण उपयोगितावादी दिशा में चलते हुए संकीर्ण तरीके से किया जाना चाहिए। बल्कि अनुभवों की "सार्वभौमिकता" (जो सचमुच बहुत ही विशिष्ट हो सकती है और हो सकता है कि विद्यार्थियों के लिए यह किसी अजनबी या परग्रहीय चीज जैसे लगे) पर जोर दिए बिना भी शायद साहित्यिक श्रेष्ठता के उसी अभिप्राय को विद्यार्थियों को समझाया जा सकता है।

इसके अतिरिक्त, यह कार्य विद्यार्थियों से इस उम्मीद के बगैर भी किया जा सकता है कि वे उन चीजों से पूर्ण तादात्म्य करें ही क्योंकि अगर उनसे पूर्ण तादात्म्य की उम्मीद की जाएगी तो इससे विद्यार्थी भ्रमित हो जाएगा/जाएगी और विषय से खुद को दूर महसूस करेगा/करेगी। पुरुषों द्वारा लिखे गए विमर्शों के शिक्षण के मामले में भी यह बात समान रूप से सत्य है। ऐसे विमर्शों के दौरान लेखकीय स्थिति की विशिष्टताओं को पारदर्शी बना देना चाहिए ताकि पाठकों के रूप में विद्यार्थियों को ऐसी परिस्थितियों के साथ तादात्म्य स्थापित करने के लिए बाध्य न होना पड़े जो स्पष्ट तौर पर उनकी अपनी हैं ही नहीं। हालाँकि इसका तात्पर्य यह नहीं है कि विद्यार्थियों को इन अलग तरीके की परिस्थितियों के प्रति सहानुभूतिपूर्ण होने के लिए प्रोत्साहित ही न किया जाए। ऐसा करने से तो साहित्य के शिक्षण का उद्देश्य ही समाप्त हो जाएगा क्योंकि अपने आदर्श रूप में इस उद्देश्य को एक ऐसे साधन के रूप में होना चाहिए जो मानवीय अनुभवों और अनुभूतियों की विशिष्टताओं के प्रति विद्यार्थियों को संवेदनशील बनाए।

हमारे लिए यह बहुत आवश्यक है कि हम महिलाओं की वाणी और उनके लेखन में मौन के मुद्दे को संबोधित करें। महिलाएँ चुप रहती हैं क्योंकि उपयुक्त शब्दों का अस्तित्व ही नहीं होता, क्योंकि समाज महिलाओं की अभिव्यक्तियों के कुछ रूपों पर प्रतिबंध लगाता है, क्योंकि मौन कभी-कभी विध्वंसक भी हो सकता है। विरोधाभास तो यह है कि इसके बावजूद महिलाओं को, स्टीरियोटाइप्ड तरीके से, वाचाल और बकबक करने वाली के रूप में वर्णित या चित्रित किया जाता है। लेकिन उनके बोलने की निंदा और उपेक्षा की जाती है। इसके अतिरिक्त, महिलाओं को प्राथमिक रूप से बोलने के कुछ निश्चित प्रकारों, जैसे–निजी स्वीकारात्मक अभिव्यक्तियों (पत्र, डायरी आदि), कहानी कहने/लिखने आदि के साथ संबद्ध किया गया है। इनमें से भी अधिकांश विधाओं को तो गंभीर ही नहीं माना जाता। ये भाषा के "निजी" रूप हैं जो घर, परिवार और समुदाय तक ही सीमित रहते हैं। ऐसा विरले ही होता है कि महिलाओं को आम जनता के साथ किए जाने वाले संचार, जैसे–धार्मिक संस्कारों (साधु-संतों के रूप में नियुक्त किए जाने, प्रार्थनाएँ करने या सार्वजनिक रूप से धर्मोपदेश देने के मामले में महिलाओं पर अनेक प्रतिबंध यानी निषेध मौजूद हैं), राजनीतिक व्याख्यानों, कानूनी विमर्शों, विज्ञान या कविता आदि से संबद्ध किया जाता हो।

महिलाओं की आवाज या महिलाओं की चिंताएँ उच्च संस्कृति में अनुपस्थित हैं। लेकिन इसी तरह ये चिंताएँ उप-संस्कृतियों से भी बहिष्कृत हैं। महिलाओं, विशेष तौर पर उच्च और मध्यम वर्ग से संबंध रखने वाली महिलाओं के लिए यह अनुपयुक्त माना जाता है कि वे शपथ लें, हँसी-मजाक करें या बोलचाल के असाहित्यिक शब्दों का प्रयोग करें। न सिर्फ यह आवश्यक है कि महिलाओं के मौन को सुना जाए, बल्कि यह भी आवश्यक है कि विद्यमान संस्कृति में महिलाओं के विरुद्ध खड़े किए गए प्रतिबंधों और सिद्धांत पर सवाल उठाते हुए इस मौन को तोड़ा भी जाए। मौन बने रहने और बहिष्कृत किए जाने की इस व्यवस्था को पाठ्यपुस्तकों में दोहराया नहीं जाना चाहिए। शिक्षकों के लिए यह आवश्यक है कि वे विद्यार्थियों को भाषा और संस्कृति के इन मुद्दों के प्रति जागरूक रहने के लिए संवेदित करें।

पारंपरिक भाषाविदों ने सुझाव दिया है कि महिलाओं की भाषा अपनी विषयवस्तु में कायर (डरपोक), रूढ़िवादी, आवश्यकता से अधिक विनम्र और निरर्थक (तुच्छ) होती है तथा इनकी वाक्य-रचना में दोहराव होता है, यह वाक्य-रचना बहुत मामूली, अतार्किक और अपूर्ण होती है। लेकॉफ के अनुसार, भाषा के संदर्भ में, महिलाओं की अनुपयुक्तताएँ (inadequacies) इस चीज की सूचक नहीं है कि महिलाओं में कोई जीव-वैज्ञानिक या "प्राकृतिक" निर्योग्यता मौजूद होती है, बल्कि ये अनुपयुक्तताएँ उस संस्कृति की अनुपयुक्तताएँ होती हैं, जो महिलाओं को डरपोक, कोमल, विनम्र और आदर दिखाने वाली (जो कि अधीनस्थ होने के लिए दिए जाने वाले प्रशिक्षण का ही एक हिस्सा है) के रूप में समाजीकृत करती हैं।

कुछ अन्य भाषाविदों (इरिगरे आदि) ने दर्शाया है कि महिलाएँ भाषा का प्रयोग अनोखे और अद्वितीय तरीके से करती हैं तथा इस संदर्भ में दिखने वाले अंतर को उन्होंने

"अनुपयुक्तता" के रूप में नहीं, बल्कि महिलाओं के एक सकारात्मक गुण के रूप में देखा है। इन अध्ययनों ने भाषा के उपयोग के संदर्भ में "अच्छे" या "उपयुक्त" के पुरुषकेंद्रित मानकों को चुनौती प्रदान की है। यह तथ्य कि महिलाएँ प्रश्न ज्यादा करती हैं या रक्षात्मक और अस्पष्ट शब्दों (जैसे–"वस्तुत:", "कमोबेश", "आपको पता है" आदि) का प्रयोग अधिक करती हैं, उनकी असुरक्षा का सूचक नहीं है बल्कि यह उनके अधिक समावेशी होने और वार्तालाप के दौरान कम आक्रामक या कम प्रभुत्वशाली होने के तरीकों का सूचक है। वार्तालाप की एक खास तरीके की शैली को "पुरुषोचित" कहा जाता है और इस शैली या तरीके के नीचे दबे हुए मूल्यों का पुन:परीक्षण करना शायद बहुत महत्त्वपूर्ण है। इसलिए, कक्षा में लड़कियों को निश्चयात्मक (assertive) होने के लिए प्रोत्साहित तो किया ही जाना चाहिए, लेकिन इसके साथ-साथ उन्हें यह भी पढ़ाया जाना चाहिए कि इन मूल्यों को महज वांछनीय मानते हुए वे इन पर सवाल उठाएँ। किसी लड़की को अवश्य सुना जाना चाहिए, उसकी उपेक्षा बिल्कुल नहीं की जानी चाहिए लेकिन किसी लड़की को यह कभी नहीं सोचना चाहिए कि ऐसा करने का एकमात्र तरीका विरोधपूर्ण या टकरावपूर्ण या अलोकतांत्रिक हो जाना ही होता है। इसलिए, पुरुषों के विशेषाधिकारों के विनियोग के साथ ही खेल के बुनियादी नियमों पर सवाल उठाने की प्रक्रिया भी चलती रहनी चाहिए। न सिर्फ बोलचाल की भाषा के क्षेत्र में महिलाएँ मौन रही हैं बल्कि लिखित भाषा पर भी शक्तिशाली द्वारा एकाधिकार जमा लिया गया है। महिलाओं का समूह ऐसा अकेला समूह नहीं है जिस पर निरक्षरता का प्रभाव पड़ता हो, लेकिन साक्षरता दरों में व्याप्त जेंडर अंतर चौंकाने वाले और चिंताजनक हैं। जहाँ शिक्षा एक दुर्लभ संसाधन हो, वहाँ लड़कों को शिक्षित करने को अधिक लाभप्रद माना जाता है। लेकिन इन आर्थिक विवशताओं के अतिरिक्त राजनीतिक विवशताएँ भी मौजूद होती हैं। शक्तिशाली समूहों को यह भय रहता है कि शिक्षा कहीं शक्तिहीन समूहों को सशक्त न कर दे और कहीं वे विरोध की तरफ न प्रवृत्त हो जाएँ। इस संदर्भ में, मौखिक और लिखित संचार के बीच की खाई बहुत महत्त्वपूर्ण हो जाती है। आधुनिक समाजों में, स्थायित्व और प्राधिकार की भाषा लिखित भाषा होती है और इस लिखित भाषा को मौखिक भाषा की तुलना में ऊपर और विशेषाधिकार संपन्न रखा जाता है। यह समस्याजनक है क्योंकि मौखिक भाषा ही वह भाषा होती है, जिस पर शक्तिहीन समूह की आसान पहुँच होती है और यह मौखिक भाषा ही उनके संचार का साधन होती है। हमारी पाठ्यपुस्तकों में और हमारे कक्षा-कक्षों में – 'दोनों जगह' हमें सामान्यतया लिखित शब्द को लेकर थोड़ा आलोचनात्मक होने की जरूरत है। इसके अतिरिक्त यह भी आवश्यक है कि हम पुस्तक के मताग्रही प्राधिकार को चुनौती देना सीखें। यह ठीक है कि विद्यार्थीगण लिखित पाठ को महत्त्व देना सीखें, लेकिन उन्हें लिखित शब्द की ताकत से अभिभूत होकर संचार के अन्य रूपों की संभावनाओं को कमतर नहीं आँकना चाहिए। जी.पी.एच. की पुस्तकों का मुख्य उद्देश्य ज्ञान के साथ-साथ अच्छे नम्बर दिलाना है।

प्रश्न 7. शिक्षा के हितधारकों के लिए दृष्टिकोण सिद्धांत के निहितार्थों को समझाइए।

उत्तर– जिन आधारों पर महिलाओं की शिक्षा का औचित्य स्थापित किया जाता रहा है, वे हैं–पूरक आय के अर्जन में सहायता, प्रजनन की दरों का कम होना और जनसंख्या-नियंत्रण, मातृत्वमूलक कौशलों का बेहतर होना, "परंपरा" और आध्यात्मिक मूल्यों को बनाए-बचाए रखना तथा सामाजिक सामंजस्य और समरसता को बेहतर बनाना। इनमें से अधिकतर आधार या हित महिलाओं को परिवार व समाज को बनाए रखने और उसे चलाने के लिए आवश्यक एक उपकरण के रूप में देखते हैं, चाहे ऐसा करते हुए महिलाओं को वैयक्तिक रूप से एक मानव होने की अपनी पहचान और अधिकारों का ही बलिदान क्यों न करना पड़े। यहाँ विरोधाभास यह है कि शिक्षा, जो सशक्तिकरण का भी माध्यम रही है, वही बाँधने वाले और प्रतिबंधित करने वाले सामाजिक मूल्यों और रूढ़िवादिता के पुनरुत्पादन का एक माध्यम भी रही है। इसके अतिरिक्त, पाठ्यक्रम और शिक्षणशास्त्र के माध्यम से शिक्षा को "आकार प्रदान करने" वाले और उसे प्रसारित करने वाले राज्य और अन्य अभिकरण भी इस विरोधाभास के दायरे में आते हैं।

राज्य और अन्य अभिकरण एक तरफ तो अधीनस्थता को प्रवर्तित करने और यथास्थिति को बनाए रखने के लिए उपकरण की तरह काम करते हैं, वहीं दूसरी तरफ वे प्रगतिशीलता का आवरण भी ओढ़ते हैं। ऐसी दशा में, इस परिस्थिति के कारण जो विरोधाभास और तनाव उत्पन्न होते हैं, वे पाठ्यपुस्तकों के जरिए की जाने वाली ज्ञान की निर्मिति में भी विरोधाभासी संदेशों या वर्णनों के रूप में निहित रहते हैं। बहुधा यह देखा गया है कि एक ही पाठ्यपुस्तक में किसी अध्याय में तो महिलाओं को पुरुषों के बराबर दिखाया गया है और किसी दूसरे अध्याय में उन्हें पुरुषों से कमतर दिखाया गया है। यदि शिक्षा नीति जेंडर समानता के प्रति कटिबद्ध है तो इस विरोधाभास को संबोधित करने की आवश्यकता है। इसके साथ ही ज्ञान की बुनियादी निर्मिति में असंदिग्ध रूप से प्रगतिशील परिप्रेक्ष्यों के विकास को भी संबोधित करने की आवश्यकता है, जिसे रूपांतरण के एक आधार या फोकस के रूप में स्वीकार किया जाना चाहिए।

जेंडर संबंधों की जो प्रस्तुति पाठ्यक्रम करता है, वह अक्सर लोकप्रिय मान्यताओं पर या फिर प्रभुत्वशाली समूहों द्वारा चिरस्थायी बना दिए गए विचारों पर आधारित होती है। इसके अतिरिक्त, आमतौर पर इसमें नर यानी पुरुष को मानकीय ज्ञानमीमांसीय कर्त्ता के रूप में स्थान दिया जाता है। महिलाओं के विभेदीकृत योगदानों, उनकी अलग क्षमताओं और उनके भिन्न परिप्रेक्ष्यों पर शायद ही कभी विचार किया जाता हो। ज्ञान के वैकल्पिक जेंडरीकृत ढाँचों के लिए यह आवश्यक है कि उसके भीतर न्यायपूर्ण सामाजिक रूपांतरण के बीज भी मौजूद हों, वह पुरुष और महिलाओं, दोनों, के विश्वों को समान रूप से प्रतिबिम्बित करे।

प्रच्छन्न/छिपा/गुप्त पाठ्यक्रम को संबोधित करना–इस पाठ्यक्रम से अभिप्राय ऐसे पाठ्यक्रम से है जो कहीं लिखित नहीं होता लेकिन स्कूल की गतिविधियों में परोक्ष

रूप से शामिल होता है। Dwyer, 1982 and Print 1987 के अनुसार पाठ्यक्रम के औपचारिक व लिखित रूप से इतर भी एक रूप है जिसे 'छिपा पाठ्यक्रम' कहा जाता है। इस तरह के पाठ्यक्रम के अनियत प्रभाव शामिल होते हैं परंतु यह कभी स्पष्ट कहें नहीं जाते। इसमें सीखने के अनौपचारिक तत्त्व शामिल होते हैं। छिपा पाठ्यक्रम नॉन अकादमिक व स्थापित मान्यताओं व अधिगम उत्पादों को आकार देता है।

Witt, 1997 ने बताया है कि छिपा पाठ्यक्रम एक प्रकार का शक्तिशाली तरीका है जो सूक्ष्म रूप से शिक्षक और छात्रों को प्रभावित करता है। इन सूक्ष्म रूपों के प्रति शिक्षक व शिक्षार्थी सचेत भी नहीं होते हैं। छिपा पाठ्यक्रम एक समय पर उद्देशित पाठ्यक्रम से अलग होता है। यह स्कूल की सामान्य और विशेष प्रक्रियाओं में व्यक्त होता है।

यहाँ कुछ ऐसी घटनाएँ दी गई हैं जिन्हें संभवत: आपने आस-पास के स्कूल के परिवेश में होते हुए देखा होगा – इन्हें ध्यान से पढ़िए और सोचिए-

- स्कूल में सुबह प्रार्थना सभा के दौरान लड़के या लड़कियों का अलग-अलग पंक्तियों में खड़ा होना।
- कक्षा में बैठने के दौरान लड़के व लड़कियों की अलग-अलग व्यवस्था का होना।
- स्कूल में साज सज्जा के कार्य सामान्यत: लड़कियों द्वारा किया जाना।
- स्कूल में भारी भरकम कार्य सामान्यत: लड़कों द्वारा किया जाना।
- स्कूल में राष्ट्रीय त्योहारों के अतिरिक्त किन त्योहारों को विशेष रूप से मनाया जाता है।
- स्कूल में जो बच्चे उनके घर में बोली जाने वाली भाषा का इस्तेमाल करते हैं उनको किस तरह से देखा जाता है।
- स्कूल में गृह विज्ञान का विषय कौन से बच्चे ले सकते हैं, आदि-आदि।

जब हम इन घटनाओं पर विचार करेंगे तो संभवत: इस तरह के जवाब आएँ कि सभा में लड़के व लड़कियों की पंक्तियाँ अलग-अलग बनाई जाती हैं, कक्षा में लड़के व लड़कियाँ अलग-अलग बैठते हैं, भारी भरकम कार्य लड़के करते हैं और लड़कियाँ साज सज्जा के कार्य करती हैं, स्कूल में प्राय: उन त्यौहारों को मनाया जाता हो जिस त्यौहार को मनाने वाले शिक्षक व बच्चे ज्यादा हों और अल्पसंख्यक वर्ग के त्यौहार नहीं मनाएँ जाते हों। स्कूल में जो बच्चे अपने घर पर बोली जाने वाली भाषा का प्रयोग करते हैं उन्हें व्यावहारिक रूप से कमतर होने का बोध किया जाता हो।

छात्रवृत्ति वितरण के समय बच्चों को उनकी जाति के आधार पर 'निम्न' होने का बोध कराया जाता हो और गृह विज्ञान विषय को केवल लड़कियों के लिए अनिवार्य किया जाता हो।

यह कुछ ऐसी घटनाएँ हैं जो संभवत: आपने अपने स्कूल के दिनों में या सामान्यत: स्कूलों की दैनिक प्रक्रिया में अवलोकन की हों। इस तरह का व्यवहार किसी राष्ट्रीय

नीतिगत व दिशा-निर्देशक दस्तावेज में लिखित नहीं है, लेकिन व्यवहारगत रूप से स्कूल में इस तरह के व्यवहार को देखा जा सकता है। स्कूल में व्यवहारगत स्तर पर की जाने वाली ये चीजें समाज की पारंपरिक मान्यताओं को ही पुष्ट करती हैं। यदि जेंडर भेदभाव के संदर्भ में बात करें तो स्कूल में होने वाली दैनिक क्रियाओं से लेकर पाठ्यपुस्तकों की विषय वस्तु, चित्र और भाषा में यह भेद दिखाई देता है।

सुविधा-प्रदायक के रूप में शिक्षक–सीखने की और शिक्षण की सहभागितामूलक प्रक्रिया पर नारीवादी शिक्षणशास्त्र जोर देता है, जिसके भीतर व्यक्तिनिष्ठता, भावना और अनुभव का एक निश्चित और मूल्यवान स्थान होता है। यह ठीक है कि सहभागिता एक शक्तिशाली रणनीति है, फिर भी इसका शिक्षणशास्त्रीय पहलू तब बहुत कुंद होता है, जब इसे प्रयोग में लाया जाता है। सहभागिता का तब कोई अर्थ नहीं रह जाता, जब इसे निश्चित, पूर्व-निर्धारित लक्ष्यों को हासिल करने का एक साधन माना जाता है। इसका वहाँ भी कोई अर्थ नहीं रह जाता, जहाँ कक्षा-कक्षों में की जाने वाली चर्चाओं के दौरान शिक्षक के अपने विचार ही हावी रहते हैं। इसका महत्त्व तभी होता है, जब यह विद्यार्थियों और शिक्षकों दोनों के अनुभवों का प्रारंभ से ही संज्ञान लेता है। एक शिक्षणशास्त्रीय रणनीति के रूप में संघर्ष का उपयोग करना, विद्यार्थियों को संघर्ष से निपटने की दिशा में सक्षम बनाने जैसा है। ऐसा करने से विद्यार्थियों के अंदर संघर्ष की प्रकृति और उनके जीवन में इस संघर्ष की भूमिका के संबंध में जागरूकता का आगमन होगा।

संघर्ष के मुद्दों को संबोधित करके ही कक्षा-कक्ष में बच्चों के सामाजिक अनुभवों को समाविष्ट किया जा सकता है। संघर्ष बच्चों के जीवन का एक ऐसा हिस्सा है, जिससे पलायन नहीं किया जा सकता। उनके सामने निरंतर ऐसी परिस्थितियाँ आती रहती हैं, जो नैतिक मूल्यांकन और कार्यवाही की तरफ प्रेरित करती हैं, चाहे ये स्थितियाँ खुद को, परिवार को, समाज को शामिल करते हुए संघर्ष के व्यक्तिनिष्ठ अनुभवों के संबंध में हों या फिर ये स्थितियाँ ऐसी हों जहाँ बच्चों का सामना समकालीन विश्व में हिंसक संघर्षों से होता हो। तब भी, औपचारिक पाठ्यक्रम की प्रवृत्ति यही होती है कि वह ज्ञान को उदासीन (neutral) मानता है और संघर्ष का लोप कर देता है ताकि समाज और उसके ज्ञान के एक निर्धारित दृष्टिकोण जो वर्चस्वशाली विमर्शों से संबंधित है, को वैध बनाया जा सके।

एक शिक्षक की बहुत महत्त्वपूर्ण भूमिका एक महिला विद्यार्थी के बारे में यह होती है कि वह अवस्थिति की समझ के बारे में उस महिला विद्यार्थी की समझ को – उसके वर्ग, जाति, जेंडर, धर्म, यौनिकता और धर्म के संदर्भ में – बनाए रखे, उसे सुधारे और उसे आकार प्रदान करे। यह ऐसा समय है जब ढेर सारे बच्चे अलग-अलग और विविध समूहों से संबंध रखने वाले होते हैं, उनकी सांस्कृतिक परंपराएँ और ज्ञान की प्रणालियाँ भिन्न-भिन्न होती हैं, चीजों को देखने के उनके तरीके अलग-अलग होते हैं तथा पहचान को लेकर समझ बनाने के उनके ढंग भिन्न-भिन्न

होते हैं। अतः वर्तमान समय में यह बात शिक्षकों के लिए और भी अधिक महत्त्वपूर्ण हो जाती है। शिक्षार्थी में विश्व को मूल्य प्रदान करने की प्रक्रियाओं का प्रारंभ करना और इसके साथ ही साथ शिक्षार्थी/बच्ची में अपने विश्व के प्रति चिंतन करने की योग्यता का विकास करना, शिक्षार्थी/बच्ची को ज्ञान के नवीन रूपों के साथ संलग्न होने के लायक बनाना – सकारात्मक पहचान के निर्माण में शिक्षक/शिक्षिका बच्चों को सुविधा प्रदान कर सकते/सकती हैं।

किसी भी शिक्षक/शिक्षिका के लिए यह आवश्यक है कि मानकों, मूल्यों और आदर्शों को लेकर अभी तक उसकी जो मान्यताएँ रही हैं, उन्हें वह त्याग (unlearn) दे। ऐसा किए बिना तो सिर्फ यही होगा कि शिक्षक/शिक्षिका के अपने पूर्वाग्रह और उसकी अपनी पूर्व-मान्यताएँ इन उद्देश्यों और शिक्षणशास्त्रों को अंगीकार करने की प्रक्रिया को महज आलंकारिक कथन बनाकर रख देंगी – ऐसे आलंकारिक कथन जिन्हें यांत्रिक और संस्कारबद्ध प्रक्रियाओं के माध्यम से लागू किया जाता है। पाठ्यक्रम और शिक्षणशास्त्र के मुद्दे पर अत्यधिक ध्यान दिए जाने की आवश्यकता है ताकि शिक्षा को जेंडर संवेदी बनाया जा सके।

जेंडर संवेदी शिक्षा को किस पर केंद्रित होना चाहिए–जिन चीजों पर जेंडर संवेदी शिक्षा को अपना ध्यान केंद्रित करना चाहिए, वे हैं–स्वयं की पहचान को प्रोत्साहित करना, आलोचनात्मक चिंतन को उद्दीप्त करते हुए एक सकारात्मक आत्म-छवि और आत्म-सिद्धि को संभव बनाना, जेंडर को शामिल करते हुए शक्ति की जेंडरीकृत संरचनाओं की समझ को बेहतर और गंभीर बनाना, संसाधनों, विशेष रूप से सूचना और ज्ञान के विस्तृत हो रहे ढाँचे तक पहुँच को उपलब्ध कराना, उपलब्ध विकल्पों का विश्लेषण करने की योग्यता का विकास करना तथा संसूचित चयन संपन्न करने की संभावना के संदर्भ में सुविधा प्रदान करना, लड़कियों के अभिकरणों को शक्तिशाली बनाना ताकि वे अपने जीवन पर खुद अपना नियंत्रण रख सकें और शक्ति की जेंडरीकृत संरचना को चुनौती दे सकें।

असमानताओं को संबोधित करना और पूर्वाग्रहों को समाप्त करना आसान कार्य नहीं हैं, ये कार्य जटिल हैं और चुनौतीपूर्ण हैं। इस चुनौती का सामना करने के लिए, समस्त हितधारकों के लिए आवश्यक है कि वे शिक्षा को इसकी रूपांतरणकारी क्षमता के संदर्भ में देखें, वे शिक्षा को एक ऐसे सामाजिक हस्तक्षेप के रूप में देखें जो विद्यमान यथार्थों के पुनःपरीक्षण की दिशा में कार्य करती है। ऐसा करने पर शिक्षा, अकेले ही, जेंडर के कारण उत्पन्न अन्याय के समाधान के लिए सर्वाधिक शक्तिशाली प्रक्रिया हो जाएगी तथा यह समाज के नए रूपों और उनमें नए मूल्यों की स्थापना करने में उल्लेखनीय सहायता देगी। ये मूल्य ऐसे होंगे जो महिलाओं और पुरुषों – दोनों को इस संदर्भ में सक्षम बनाएँगे कि वे अपनी-अपनी मानवीय क्षमताओं का विकास करके उन्हें शिखर पर ले जा सकें।

GULLYBABA PUBLISHING HOUSE PVT. LTD.
ISO 9001 & 14001 CERTIFIED CO.

शिक्षा में स्नातक (बी.एड.)

First Year
बी.ई.एस.-121: बाल्यावस्था और वृद्धि
बी.ई.एस.-122: समकालीन भारत और शिक्षा
बी.ई.एस.-123: अधिगम और शिक्षण
बी.ई.एस.-124: पाठ्यचर्यापर्यंत भाषा
बी.ई.एस.-125: शास्त्रों एवं विषयों की समझ

Optional
बी.ई.एस.-141: विज्ञान का शिक्षा शास्त्र
बी.ई.एस.-142: सामाजिक विज्ञान शिक्षणशास्त्र
बी.ई.एस.-143: गणित शिक्षण
बी.ई.एस.-144: अंग्रेजी शिक्षण
बी.ई.एस.-145: हिंदी शिक्षण प्रविधि

Second Year
बी.ई.एस.-126: ज्ञान एवं पाठ्यचर्या
बी.ई.एस.-127: अधिगम हेतु आंकलन
बी.ई.एस.-128: एक समावेशी विद्यालय का सृजन
बी.ई.एस.-129: लिंग, विद्यालय एवं समाज

Optional
बी.ई.एस.ई.-131: मुक्त एवं दूरस्थ शिक्षा
बी.ई.एस.ई.-132: निर्देशन एवं उपबोधन
बी.ई.एस.ई.-133: किशोर एवं परिवार शिक्षा
बी.ई.एस.ई.-134: व्यावसायिक शिक्षा
बी.ई.एस.ई.-135: सूचना एवं संप्रेषण प्रौद्योगिकी

अध्याय 7

सहभागितापूर्ण कक्षा-कक्ष
(PARTICIPATORY CLASSROOM)

भूमिका

विदेशी भाषा के कौशल को अर्जित करने के लिए सहभागितापूर्ण कक्षाकक्ष एक संरचित प्रतिमान प्रस्तुत करती है। यह प्रतिमान ऐसे अवसरों का निर्माण करता है जिसमें विद्यार्थी अध्यापन, मूल्यांकन तथा लक्ष्यों के निर्धारण में भागीदारी कर सकें। विद्यार्थी के अपने प्रारंभिक स्व-मूल्यांकन की आवश्यकताओं तथा लक्ष्यों के आधार पर दूसरी भाषा की प्रवीणता का यह दृष्टिकोण व्यक्तिगत विद्यार्थी के लिए प्रभावी समर्थन को उपलब्धि के गैर प्रतिस्पर्धात्मक टीमवर्क दृष्टिकोण के साथ जोड़ता है। विद्यार्थियों को सामान्य अधिगम कौशल को विकसित करने की चुनौती प्रस्तुत की जाती है जो उन्हें इस पाठ्यक्रम तथा भावी पाठ्यक्रमों में भली-भाँति सहायता करेगी।

कक्षाकक्ष सहभागिता कई पाठ्यक्रम डिजाइनों की विशिष्टता होती है। इसके परिणाम व्यावहारिक टिप्पणियों के रूप में तथा विद्यार्थियों द्वारा बनाए गए रोचक संपर्कों के रूप में हो सकते हैं जो कक्षाकक्ष अधिगम वातावरण में उच्च स्तरीय ऊर्जा तथा जोश को बढ़ाने में सहायक हो सकते हैं। हालाँकि घटिया स्तर के प्रबंध वाली सहभागिता प्रशिक्षक के लिए कुंठा तथा विद्यार्थियों के लिए संभ्रम की स्थिति पैदा कर सकती है।

प्रश्न 1. कक्षाकक्ष व्यवहार में जेंडर लेखा-परीक्षण क्या है? विस्तार से बताइए।

अथवा

कक्षाकक्ष अंतरण में जेंडर लेखा से आपका क्या तात्पर्य है? चर्चा कीजिए।

[जून-2018, प्र.सं.-3 (क)]

अथवा

कक्षाकक्ष में छिपी या गुप्त हुई पाठ्यचर्या क्या है?

अथवा

गुप्त पाठ्यचर्या को किस प्रकार जेंडर संवेदी बनाया जा सकता है?

उत्तर— जेंडर पुरुषों तथा महिलाओं के मध्य के ऐसे अंतरों को संदर्भित करता है, जो सांस्कृतिक रूप से विशिष्ट होते हैं तथा जिनका निर्धारण सामाजिक रूप से किया जाता है। जेंडर संबंधी मुद्दे सिर्फ महिलाओं से ही संबंधित नहीं होते, बल्कि ये ऐसे मुद्दे होते हैं जिनमें पुरुषों और महिलाओं दोनों की चिंताएँ समाहित होती हैं। कक्षा-कक्ष की प्रक्रियाओं की योजना बनाने, उनका प्रबंधन करने और उनकी निगरानी करने के लिए एक महत्त्वपूर्ण सामाजिक निर्मिति के रूप में जेंडर की संकल्पना अत्यधिक महत्त्वपूर्ण है। इसके लिए, लड़कियों और महिलाओं से संबंधित मुद्दों को लड़कों और पुरुषों के संबंध में देखा जाना चाहिए तथा इन मुद्दों को पृथक् तरीकों से नहीं देखा जाना चाहिए।

महिला और पुरुष जिन जेंडर भूमिकाओं का निर्वहन करते हैं, वे भूमिकाएँ जीव-वैज्ञानिक रूप से निर्धारित नहीं होतीं बल्कि समाज में सामाजिक-आर्थिक और सांस्कृतिक कारकों द्वारा उनका निर्धारण किया जाता है। अधिकांश समाजों में महिलाएँ घरेलू और प्रजननमूलक (पुनरुत्पादक) गतिविधियों को निष्पादित करती हैं, इसके अतिरिक्त वे अकुशल आर्थिक उत्पादक भूमिकाओं में भी संलग्न रहती हैं। कार्य के इस दोहरे बोझ का परिणाम यह होता है कि पुरुषों की तुलना में महिलाओं पर बहुत अधिक भार पड़ जाता है। इस प्रकार, महिलाएँ भुगतान वाले और गैर-भुगतान वाले, दोनों क्षेत्रों में कार्य करती हैं तथा बहुधा ऐसा होता है कि भुगतान वाले कार्यों के लिए भी उन्हें कोई भुगतान नहीं किया जाता। शायद यह उन मुख्य कारणों में से एक कारण है, जिसकी वजह से महिलाओं को हमारे आर्थिक सर्वेक्षणों में कोई स्थान नहीं दिया जाता। कक्षा-कक्ष की गतिकी में ये जेंडर भूमिकाएँ शिक्षकों और विद्यार्थियों द्वारा चेतन या अचेतन रूप में चित्रित की जाती हैं। जेंडर समानता को प्रोत्साहित करने हेतु और कक्षाकक्ष की प्रक्रियाओं में इसे हासिल किए जाने योग्य एक लक्ष्य के रूप में बनाने के लिए अलग-अलग आयु समूहों के बच्चों के मध्य महिलाओं के कार्य को मूल्य प्रदान करने की अभिवृत्ति को संचारित करने की आवश्यकता है।

बच्चे बहुत सारी चीजों को विद्यालय के बाहर सीखते हैं तथा उनके सामने लगातार ऐसी स्थितियाँ आती हैं, जिनमें उन्हें स्वयं को समाहित करते हुए परिवार और समाज का मूल्यांकन करना होता है, उन पर निर्णय देना होता है। उन्हें सीखने की ऐसी स्थितियाँ

उपलब्ध कराई जानी आवश्यक हैं, जिनमें वैयक्तिक और सामूहिक दोनों स्तरों पर, (अभी तक सीखे गए) जेंडर को भुला देना (unlearn) शामिल हो। इस कार्य को उन शिक्षणशास्त्रीय रणनीतियों द्वारा संपन्न किया जा सकता है, जो इस पर विचार करती हों कि समकालीन समाज में क्या प्रेक्षित किया जा रहा है और जो भी प्रेक्षित किया जा रहा है, वह एक जेंडर समावेशी समाज में कैसा हो सकता है। पाठ्यचर्या व्यवहार को जेंडर संवेदी बनाने के लिए अलग-अलग सामाजिक-सांस्कृतिक संदर्भों में पुरुषों और महिलाओं द्वारा हासिल की गई स्थैतिक और परिवर्तित हो रही भूमिकाओं और स्थितियों का विश्लेषण करना महत्त्वपूर्ण है। इसके अलावा असमानताओं तथा विविधताओं के समस्त रूपों की पहचान करना और उन्हें संबोधित करने की भी आवश्यकता है ताकि हम कक्षा-कक्ष के व्यवहारों में जेंडर समानता को विकसित करने और उसे मजबूत करने योग्य हो सकें।

जेंडर के दृष्टिकोण से लेखा-परीक्षा शिक्षकों द्वारा की जाती है ताकि कक्षा-कक्ष में लड़कों और लड़कियों के बीच विद्यमान जेंडर संबंधी अंतराल को, ज्ञान के निर्माण और निहित पाठ्यक्रम के पदों में, पूर्णरूपेण समझा जा सके।

छुपी हुई या गुप्त पाठ्यचर्या वह शैक्षिक व्यवहार, मानक व नियम हैं जो लिखित नहीं होते हैं या अलिखित हैं परंतु उनका पालन शैक्षिक संस्थाओं द्वारा बहुत ही निष्ठा के साथ किया जाता है। इनका थोड़ा भी उल्लंघन जबरदस्त प्रतिक्रिया उत्पन्न करता है। अलिखित होने के बावजूद विद्यालय के सभी हितधारक (शिक्षक/प्रबंधक) इसके बारे में सचेत होते हैं। दूसरे शब्दों में हम कह सकते हैं कि छुपी हुई पाठ्यचर्या का लिखित स्वरूप नहीं होता लेकिन यह पाठ्यक्रम का वह स्वरूप है, जिसके तहत स्कूली तंत्र एवं समाज के द्वारा मान्यता मूल्य एवं सूचनाएँ बच्चों को प्रभावित करती हैं। रोजमर्रा के विद्यालयी जीवन में औरतपन व मर्दपन को गढ़ने वाले विद्यालय के अंदर होने वाले व्यवहारों के प्रतिरूप लैंगिकता के छुपे पाठ्यक्रम के लिए पृष्ठभूमि का कार्य करते हैं। ये प्रतिरूप एक तरह के लैंगिक नियम-कायदे गढ़ते हैं।

विद्यालयों में बच्चे लैंगिकता के बारे में कैसे सीखते हैं, इसको विद्यालय के संदर्भ में व्यक्तिगत अनुभवों के आधार पर समझने का प्रयास किया गया है। यद्यपि प्राथमिक स्तर पर विद्यालय सहशिक्षा प्रदान करते हैं परंतु अधिकांश विद्यालय में लड़के एवं लड़कियों हेतु बैठने की व्यवस्था अलगाव पर आधारित होती है। लड़के एवं लड़कियों को अलग-अलग बैठाया जाता है। शुरुआती कक्षाओं में यह अध्यापकों द्वारा सचेत रूप से लागू की जाती है और बाद की कक्षाओं में विद्यार्थी स्वयं इस मानक का अनुकरण करने लगते हैं। कक्षा में बैठने के अलावा प्रार्थना सभा में भी लड़के और लड़कियाँ अलग-अलग पंक्तियों में खड़े होते हैं या फिर लड़कियाँ आगे व लड़के उनके पीछे खड़े होते हैं। अतः सामान्य तौर पर प्रार्थना कराने की जिम्मेदारी लड़कियों की ही होती है।

बहुत सारे शिक्षक विद्यालयों में, पारंपरिक जेंडर भूमिकाओं का समर्थन करते हैं तथा वे लड़कियों और लड़कों की, क्रमशः उनके "स्त्रीवाचक" और "पुरुषवाचक"

गुणों के लिए, प्रशंसा भी करते हैं। विद्यालयों में लड़कों और लड़कियों के पोशाक (uniform) को लेकर बनाए गए नियमों में अंतर होता है। विद्यालय संबंधी कार्य में लड़कों और लड़कियों से जब कोई सहायता माँगी जाती है तो यह विशिष्ट रूप से जेंडर को ध्यान में रखकर माँगी जाती है। उदाहरणार्थ, लड़कों से कुर्सी-मेज हटाने में मदद करने के लिए कहा जाता है तथा लड़कियों से साफ-सफाई और सेवा करने के लिए कहा जाता है। यहाँ तक कि लड़कों और लड़कियों को विषय और करियर के संबंध में सलाह देते समय भी इस बात का ध्यान रखा जाता है कि उन्हें उनके जेंडर के हिसाब से सलाह दी जाए। पाठ्यचर्या संबंधी अन्य गतिविधियों, जैसे–खेलकूद में लड़कों को मुक्केबाजी या क्रिकेट आदि में जाने के लिए प्रोत्साहित किया जाता है तथा लड़कियों को आमतौर पर खो-खो या बैडमिण्टन जैसे खेलों की तरफ जाने के लिए प्रेरित किया जाता है। गुप्त पाठ्यचर्या जेंडर समाजीकरण की प्रक्रिया के माध्यम से जेंडर से जुड़ी स्टीरियोटाइप्ड पहचानों पर जोर देती है तथा औपचारिक पाठ्यचर्या प्रकट रूप से लड़कों और लड़कियों के बीच भेदभाव नहीं करती।

कक्षा-कक्ष का व्यवहार चाहे यह व्यवहार औपचारिक हो या निहित जेंडर के दृष्टिकोण से किया गया विश्लेषण प्रत्येक विद्यार्थी की विशिष्ट आवश्यकताओं और उसकी शक्तियों की पहचान करने में शिक्षक की सहायता करता है – चाहे वह विद्यार्थी लड़का हो या लड़की। इससे अलग-अलग व्यवस्थाओं में कक्षा-कक्षों के बारे में योजना बनाने और उनका प्रबंधन करने में सहायता मिलती है ताकि लड़कों और लड़कियों – दोनों – की समान सहभागिता को, उनकी पहचानी गई आवश्यकताओं और क्षमताओं के अनुसार, सुनिश्चित किया जा सके।

जेंडर असमानता को चित्रित या वर्णित करने का सर्वाधिक प्रचलित तरीका समाज में जेंडर आधारित रूढ़िवादिता है। शिक्षक अपनी अभिवृत्तियों का निर्माण उस रूढ़िवादिता के आधार पर करते हैं जिसे वे अपने वयस्क होने की प्रक्रिया के दौरान तथा औपचारिक या अनौपचारिक रूप से ग्रहण किए गए सांस्कृतिक प्रसारणों के दौरान हासिल करते हैं। इस प्रकार, कक्षा-कक्ष के व्यवहार की जेंडर के दृष्टिकोण से लेखा-परीक्षा करने हेतु शिक्षक के लिए यह आवश्यक है कि सबसे पहले वह स्वयं जेंडर-संवेदी हो। शिक्षकों को पहले उन जेंडर अंतरों की पहचान करनी चाहिए, जिनका अनुभव समस्त विद्यालयी गतिविधियों में किया जाता है। इसके पश्चात् शिक्षकों को इस चीज का विश्लेषण करना चाहिए कि कक्षा-कक्ष के भीतर और बाहर की गतिविधियों की योजना बनाने और इन गतिविधियों को लागू करने के लिए इन अंतरों के क्या निहितार्थ हैं। लड़कों और लड़कियों को उनकी जेंडर आवश्यकताओं के आधार पर सौंपे गए कार्यों की पहचान और गहन अध्ययन करना आवश्यक है। इसके अतिरिक्त, सहभागिता के संबंध में लड़के और लड़कियाँ जिन जेंडर प्रतिबंधों का अनुभव करते हैं, उनकी पहचान और अध्ययन करना भी आवश्यक है। शिक्षक कक्षा-कक्ष के व्यवहारों की जेंडर के दृष्टिकोण से लेखा-परीक्षा निम्नलिखित तरीके के कुछ सरल प्रश्नों के उत्तर देकर कर सकते हैं–

- सामूहिक गतिविधियों के दौरान क्या वह शिक्षक/शिक्षिका लड़कों के समूह को लड़कियों के समूह से अलग करता/करती है?
- क्या उस शिक्षक/शिक्षिका के पास कक्षा के लिए केवल एक ही मॉनीटर, (चाहे यह लड़का हो या लड़की) है?
- क्या वह शिक्षक/शिक्षिका भूमिकाओं और जिम्मेदारियों के जेंडर-आधारित वितरण को हतोत्साहित करता/करती है, उदाहरण के लिए, इस तरीके के काम को निरुत्साहित करना कि किसी मुख्य अतिथि का स्वागत कोई लड़की करेगी और व्यवस्था आदि को देखने की जिम्मेदारी किसी लड़के की होगी?
- क्या वह शिक्षक/शिक्षिका लड़कों और लड़कियों से जुड़ी नकारात्मक रूढ़िवादिता को तोड़ने के लिए गतिविधियों का आयोजन करता/करती है?
- क्या वह शिक्षक/शिक्षिका लड़कियों और लड़कों को कक्षा-कक्ष में अलग-अलग बैठने के लिए कहता/कहती है, उदाहरणार्थ—लड़कियों से कक्षा-कक्ष में एक तरफ और लड़कों से दूसरी तरफ बैठने के लिए कहना?
- क्या सभी प्रकार की गतिविधियों में सहभागिता करने के लिए वह शिक्षक/शिक्षिका लड़कियों और लड़कों – दोनों – को अवसर उपलब्ध कराता/कराती है?
- कक्षा-कक्ष में क्या वह शिक्षक/शिक्षिका पारंपरिक व्यवहार को सशक्त बनाता/बनाती है, जैसे—लड़कों को पहले बुलाना, हस्तक्षेप करने और तर्क करने के लिए उन्हें प्रोत्साहित करना या उन्हें उस तरीके के व्यवहार करने के लिए प्रोत्साहित करना जिन्हें पारंपरिक रूप से पुरुषोचित व्यवहार कहा जाता रहा है, जबकि इसी तरीके के व्यवहारों के लिए लड़कियों को हतोत्साहित करना?
- क्या शिक्षक/शिक्षिका या विद्यालय लड़कों और लड़कियों – दोनों को इस बात के लिए प्रोत्साहित करता/करती है कि वे अपने मतों (opinions), आवश्यकताओं और चिंताओं को स्वतंत्र रूप से अभिव्यक्त कर सकें?
- क्या पुरस्कार या दंड देने के मामले में वह शिक्षक/शिक्षिका लड़कों और लड़कियों के साथ अलग-अलग प्रतिमान अपनाता/अपनाती है?
- क्या विद्यालय में और विद्यालय के बाहर भी आयोजित की जाने वाली खेलकूद संबंधी और सांस्कृतिक गतिविधियों में बच्चों की जेंडर आधारित सहभागिता को वह शिक्षक/शिक्षिका हतोत्साहित करता/करती है?
- क्या सहभागिता बढ़ाने के संदर्भ में लड़कियों के लिए कोई उपाय किया गया है, उदाहरण के लिए, लड़कियों से यह कहना कि वे कक्षा में ऊँची आवाज में पढ़ें, उनसे प्रश्न पूछना और उत्तर देने के लिए उन्हें प्रोत्साहित करना?
- क्या शिक्षक/शिक्षिका या विद्यार्थियों द्वारा खेलकूद और सांस्कृतिक कार्यक्रमों जैसी गतिविधियाँ आयोजित की जाती हैं, जो जेंडर-आधारित भेदभाव को

समाप्त करती हों और विद्यालय में जेंडर के दृष्टिकोण से मैत्रीपूर्ण वातावरण को प्रोत्साहित करती हों?

प्रश्न 2. जेंडर-संवेदी शिक्षण तथा अधिगम वातावरण निर्माण के उपागमों की चर्चा कीजिए।

अथवा

'भाषा शिक्षण द्वारा जेंडर संवेदनशीलता' पर संक्षेप में टिप्पणी लिखिए।

उत्तर– जेंडर का मुद्दा ज्ञान के निर्माण में एक बुनियादी मुद्दा है जो समस्त ज्ञानशास्त्रों पर्यंत व्याप्त है। प्रत्येक ज्ञानशास्त्र में जिस ज्ञान को आकार प्रदान किया गया है और भाषा के माध्यम से जिसे आकार प्रदान किया गया है, उसने जेंडर की असमानताओं को ऐसा बना दिया है कि वे तटस्थ या निष्पक्ष (neutral) प्रतीत होती हैं। अन्यायसंगतता का समाधान करने के लिए ज्ञान को विखंडित करना और आलोचनात्मक रूप से इसे चुनौती देना महत्त्वपूर्ण है।

प्रयुक्त की गई भाषा और समाज में लोगों की विशेषाधिकारमूलक अभिवृत्तियों के कारण किसी समाज में भेदभावपरक परंपराएँ और व्यवहार कायम रहते हैं। ये अभिवृत्तियाँ किसी व्यक्ति के अपने सामाजिक-सांस्कृतिक पर्यावरण से प्रभावित होती हैं। विद्यार्थियों को अपनी व्यक्तिगत मूल्य व्यवस्थाओं और जेंडर संबंधी मुद्दों के प्रति अपनी समझ पर चिंतन करने के लिए शिक्षक को विद्यार्थियों की सहायता करनी चाहिए। इस संबंध में निम्न प्रकार के कथनों पर चर्चा की जा सकती है, जैसे–

- विकास की समस्त प्रक्रियाओं में पुरुषों और महिलाओं को बराबरी का साझेदार होना चाहिए।
- घर-परिवार की जिम्मेदारियों और निर्णयों में पुरुषों और महिलाओं – दोनों – की साझेदारी होनी चाहिए।
- पुरुष घर के मुखिया होते हैं और परिवार से जुड़े सभी निर्णय उन्हीं के द्वारा लिए जाने चाहिए।
- धार्मिक स्थलों पर प्रार्थना करने के महिलाओं के अधिकारों से संबंधित कार्टूनों (व्यंग्य-चित्रों) पर चर्चा की जा सकती है।
- महिलाओं को उसी तरह के अधिकार और अवसर मिलने चाहिए, जिस तरह पुरुषों को मिलते हैं।
- महिलाओं की जगह घर में है और उन्हें घरेलू कामों की देखरेख करनी चाहिए तथा उन्हें बच्चों का पालन-पोषण करना चाहिए।

हमारी चर्चा प्रचलित और प्रभावी अभिवृत्तियों पर केंद्रित होने के अलावा इस बात पर भी की जानी चाहिए कि जेंडर भूमिकाएँ क्या स्थैतिक (static) हैं या फिर समय और स्थान के अनुसार ये भूमिकाएँ परिवर्तित होती हैं। लोगों के सारे मूल्य उस समाज द्वारा प्रभावित और निर्धारित किए जाते हैं, जिसमें वे रहते हैं। महिलाओं और पुरुषों की

भूमिकाओं के साथ मूल्य संलग्न कर दिए जाते हैं। चूँकि इन भूमिकाओं का निर्धारण जीव-वैज्ञानिक रूप से नहीं होता, बल्कि इनका निर्धारण सामाजिक-आर्थिक और सांस्कृतिक परिस्थितियों द्वारा किया जाता है, इसलिए इन भूमिकाओं को परिवर्तित किया जा सकता है। जब भूमिकाएँ व्यक्तिगत मूल्य को परिवर्तित कर देती हों, तो यह आवश्यक हो जाता है कि व्यवस्था को भी परिवर्तित किया जाए।

पूरक आय का अर्जन करने, प्रजनन दर को कम करने और इस प्रकार जनसंख्या को नियंत्रित करने और परिवार को बेहतर स्थिति में रख सकने के लिए लड़कियों और महिलाओं की शिक्षा को महत्त्वपूर्ण माना जाता है। महिलाओं को कभी भी इस तरीके से नहीं देखा गया है कि वे वैयक्तिक रूप से मनुष्य हैं या उनकी अपनी भी कोई पहचान है। ऐसे विचार हमारी शिक्षा व्यवस्था और कक्षा-कक्षों को आकार भी प्रदान करते हैं।

पाठ्यक्रमों में जेंडर संबंधों की जिस तरीके से प्रस्तुति की जाती है, वह बहुधा प्रभुत्वशाली समूहों यानी पुरुषों द्वारा चिरस्थायी बनाए गए विचारों पर आधारित होती है। महिलाओं के योगदानों, उनकी क्षमताओं और उनके परिप्रेक्ष्यों का स्वतंत्र रूप से बहुत विरले ही कभी संज्ञान लिया जाता है। जेंडर संवेदनशीलता पर कक्षा-कक्ष में निम्नलिखित गतिविधियों का आयोजन करके विद्यार्थियों में जागरूकता उत्पन्न की जा सकती है–

- शिक्षक विद्यार्थियों से समाचारपत्रों की कतरनों का आलोचनात्मक विश्लेषण करने के लिए कह सकता/सकती है ताकि विद्यार्थी यह जान सकें कि जेंडर विश्लेषण शून्य में संचालित नहीं होता बल्कि इसका संचालन जाति, वर्ग और धर्म जैसी शक्तियों के वाहनों के इर्द-गिर्द ही होता है।
- एक गतिविधि विद्यार्थियों को यह समझाने के लिए की जा सकती है कि पुरुष और महिला के बीच के अंतर लड़कियों और लड़कों दोनों पर दबाबों का निर्माण कर सकते हैं। यह गतिविधि इस तथ्य पर अपना ध्यान केंद्रित करेगी कि स्त्री और पुरुषों के बीच का यह अंतर जीव-वैज्ञानिक नहीं है, बल्कि समाजीकरण की प्रक्रिया द्वारा रचा गया है। लड़कों और लड़कियों से यह कहा जा सकता है कि वे पुरुषों और महिलाओं में उभयनिष्ठ (common) अभिलक्षणों को लिखें, तीन ऐसे अभिलक्षणों को लिखें जो पुरुषों के लिए अनन्य हैं और तीन ऐसे अभिलक्षणों को लिखें जो महिलाओं के लिए अनन्य हैं। आदर्श स्थिति में, चूँकि पुरुषों का ऐसा कोई भी अनन्य अभिलक्षण नहीं होता, जो महिलाओं के पास न हो तथा चूँकि महिलाओं का ऐसा कोई भी अनन्य अभिलक्षण नहीं होता, जो पुरुषों के पास न हो, इसलिए विद्यार्थीगण दूसरे और तीसरे विकल्पों में कोई भी अभिलक्षण नहीं लिख पाएँगे। हालाँकि कुछ विद्यार्थी ऐसे हो सकते हैं जो अनन्य रूप से महिलाओं और अनन्य रूप से पुरुषों के लिए एकसमान अभिलक्षणों को लिखेंगे।

स्त्रीवाचक और पुरुषवाचक के बीच की उस बाधा या खाई (barrier) को प्रश्नांकित करने के लिए चर्चा की जानी चाहिए, जिसके कारण लड़कियों और लड़कों दोनों का आत्मविकास सीमित हो जाया करता है। लिंग संबंधी अंतरों पर ध्यान दिए बिना या लड़कियों और लड़कों के बीच के अंतर पर ध्यान दिए बिना, इस चीज पर चर्चा की जानी चाहिए कि वैयक्तिक रूप से लोगों के बीच सबसे बड़े अंतर कौन-कौन से हैं। वैयक्तिक रूप से लोगों द्वारा किए जाने वाले व्यावसायिक चुनाव या जीवन की प्राथमिकताओं पर ये अंतर प्रभाव डाल सकते हैं।

- लड़कियों और लड़कों से ऐसे अभिलक्षणों का उल्लेख करने के लिए कहा जा सकता है जो प्रचलित रूप से स्त्रीवाचक या पुरुषवाचक हैं। वे उन लाभों और हानियों पर भी विचार करेंगे जो महिलाओं और पुरुषों पर क्रमश: स्त्रीवाचक और पुरुषवाचक अभिलक्षणों के हिसाब से लाद दिए जाते हैं। इस पर चर्चा की जा सकती है कि पुरुषों के संबंध में, पुरुष की भूमिका के पारंपरिक स्टीरियोटाइप से किस-किस प्रकार के और कितने प्रतिबंध जुड़े हुए हैं तथा महिलाओं के संबंध में, महिला की भूमिका के पारंपरिक स्टीरियोटाइप से किस-किस प्रकार के और कितने प्रतिबंध जुड़े हुए हैं।

- समाचार पत्रों की ऐसी कतरनों को लेकर आने के लिए विद्यार्थियों से कहा जा सकता है जिसमें पुरुषों और महिलाओं को विभिन्न गतिविधियों में संलग्न दिखाया गया हो। इन गतिविधियों को उस तरीके से श्रेणीकृत किया जा सकता है, जिन्हें अक्सर "पुरुषों की" और "महिलाओं की" गतिविधियाँ कहा जा सकता है। इसके पश्चात् विद्यार्थियों से यह कहा जा सकता है कि वे इनमें इस तरह सुधार करें, जहाँ महिलाएँ पुरुषों की गतिविधियों को संपन्न करती हों और पुरुष महिलाओं की गतिविधियों को पूर्ण करते हों। विद्यार्थियों को ऐसे चित्र बनाने के लिए कहा जा सकता है जिनमें महिलाएँ उन कार्यों को कर रही हों जो "प्रचलित रूप से पुरुषों के" हैं तथा पुरुष उन कार्यों को कर रहे हों जो "प्रचलित रूप से महिलाओं के" हैं, उदाहरण के लिए किसी हृष्ट-पुष्ट पुरुष को एक बच्चा सँभालते हुए चित्रित किया जा सकता है। इससे बच्चों को यह समझने में सहायता मिलेगी कि महिलाएँ और पुरुष दोनों ही अधिकांश गतिविधियों को संपन्न कर सकते हैं।

ऐसी समस्त गतिविधियाँ जो किसी व्यक्ति की अपनी जेंडर भूमिका के विचार से संबंधित हैं, में यह बहुत महत्त्वपूर्ण है कि विद्यार्थियों के कथनों पर न्याय-निर्णय न दिया जाए और ऐसा करके विद्यार्थियों पर किसी तरीके का ठप्पा लगाने से बचा जा सकता है। बच्चों के लिए, बहुत सारे अनुभव पीड़ादायक हो सकते हैं या हो सकता है कि अपने जीवन या परिवार के बारे में कुछ भी कहना बच्चों को बहुत कठिन लगता हो। इसलिए एक ऐसे तरीके का उपयोग करना बेहतर होगा जिसके अंतर्गत बच्चे मीडिया

या ऐतिहासिक व्यक्तित्वों से लिए गए अन्य उदाहरणों का उल्लेख कर सकते हों। एक बार जब बच्चे रूढ़िवादिता को अपने शब्दों में स्पष्ट रूप से व्यक्त कर लेने लगें तो इन रूढ़िवादिता के विकल्पों पर चर्चा की जानी चाहिए। शिक्षक के लिए यह बहुत महत्त्वपूर्ण है कि ऐसी गतिविधियों को आयोजित करने के दौरान वह ऐसी चर्चा को प्रोत्साहन दे, जिसमें प्रत्येक व्यक्ति शामिल हो। चर्चाएँ इस रूप में आयोजित की जानी चाहिए कि उनमें खुले मस्तिष्क के साथ एक आदरपूर्ण दृष्टिकोण का भाव विद्यमान रहे।

विद्यार्थियों के साथ की जाने वाली चर्चा के विषय और प्रकार पर यह निर्भर करेगा कि गतिविधियों के लिए समूह बनाते समय, समूह मिश्रित प्रकार (जिसमें लड़के और लड़कियाँ दोनों शामिल हों) का हो या एक ही लिंग का हो। यदि जेंडर भूमिकाओं के विषय पर कोई चर्चा करानी है तो यह चर्चा अधिक मुक्त और खुली हुई होगी यदि इसमें शामिल सभी लोग एक ही लिंग के हों अर्थात् समूह के सभी सदस्य या तो सिर्फ लड़के ही हों या फिर सिर्फ लड़कियाँ ही हों। इससे अलग किसी दूसरे समूह में यह आशंका अधिक रहेगी कि जेंडर स्टीरियोटाइप की जड़ों तक जाने में लड़कियों और लड़कों का जीवन अपना कुछ नियंत्रण दर्शाए। वे अपनी स्वयं की जेंडर भूमिका पर, विपरीत जेंडर वाले व्यक्ति की भूमिका की तुलना में बेहतर तरीके से ध्यान केंद्रित कर सकते हैं। मिश्रित रूप में जेंडर भूमिकाओं पर होने वाली चर्चा इस वजह से कमजोर पड़ सकती है क्योंकि वहाँ इस तरीके की प्रतिस्पर्धा भी सामने आ सकती है कि कौन अच्छा है और कौन बुरा। मौखिक रूप से उन चर्चाओं का सारांश बताकर, पोस्टरों के माध्यम से उन्हें व्यक्त करके, भूमिकाएँ निभाकर (role play) या फिर मूक अभिनय आदि के द्वारा समूह चर्चाओं के निष्कर्षों को विविध तरीकों से प्रस्तुत किया जाना चाहिए।

(1) **भाषा शिक्षण द्वारा जेंडर संवेदनशीलता**—भाषा जेंडर रूढ़िवादिता को अभिव्यक्त करने और उन्हें मजबूत बनाने के लिए एक मूल्यवान उपकरण है तथा शिक्षक के मौखिक कथनों को जेंडर संवेदी होना चाहिए। जब हम महत्त्वपूर्ण व्यक्तियों के बारे में बोल रहे होते हैं तो हमें यह बात स्पष्ट तौर पर कहनी चाहिए कि महत्त्वपूर्ण व्यक्तियों में पुरुष और महिला दोनों शामिल हैं। हमें महिला लेखकों, शासकों या वैज्ञानिकों के बारे में बोलना चाहिए। जब हम घरेलू कामकाज के बारे में बोलते हैं तो हमें पहले से ही यह मानकर नहीं चलना चाहिए कि ये कामकाज सिर्फ महिलाओं के ही हैं, बल्कि इस बात पर जोर देना चाहिए कि इन कार्यों को महिला और पुरुष दोनों कर सकते हैं। यदि पाठ्यपुस्तकों की भाषा जेंडर के रूढ़िवादिता से युक्त है तो शिक्षक पाठ को उन्नत करने और उसे जेंडर संवेदी बनाने के लिए विद्यार्थियों को प्रेरित कर सकते हैं। भाषा में, पुरुषों और महिलाओं के लिए स्टीरियोटाइप से जुड़े अनेक विशेषणों का प्रयोग किया जाता है जो उनको पुरुषवाचक (masculine) और स्त्रीवाचक (feminine) के रूप में चित्रित करते हैं। इसी प्रकार पुरुषों के लिए प्रयुक्त किए जाने वाले विशेषण हैं–ठंडा, भयंकर, महान, जोखिम उठाने वाला, सृजनात्मक, ऊर्जावान,

आक्रामक, महत्त्वाकांक्षी, दृढ़, विश्वासयुक्त, साहसी, हिम्मती, खूबसूरत, स्वतंत्र, तार्किक, विचारवान, आत्मविश्वासी, मजबूत, शक्तिशाली, कठोर, गैर-भावुक आदि। इसी प्रकार महिलाओं के लिए प्रयोग किए जाने वाले विशेषण हैं–प्रेम-भाजन, मोहित करने वाली, मधुर, सुंदर, दैवीय, रमणीय, विनीत (आज्ञाकारी), सुशील, भावुक, स्नेही (प्रिय), कोमलहृदय, बातूनी, कमजोर, जँचने वाली, आकर्षक, निर्भर और संवेदनापूर्ण आदि।

ज्ञान के निर्माण में भाषा बुनियादी होती है और समस्त ज्ञानानुशासनों में व्याप्त रहती है। इसका परिणाम यह होता है कि जेंडर संबंधों के लिए इसके बहुत व्यापक निहितार्थ होते हैं। आदमी (man) शब्द का जातीय (generic) प्रयोग समस्त मनुष्यों के लिए किया जाता है। इसी प्रकार, महिलाओं को पारंपरिक रूप से उनके संबंधों की श्रेणी के द्वारा पहचाना जाता है, उन्हें या तो उनके पिता के संबंध के कारण या फिर उनके पति के संबंध के कारण जाना जाता है या फिर इस रूप में उनकी पहचान होती है कि वे किसकी माँ हैं, किसकी बहन हैं या किसकी बेटी हैं आदि। इसलिए भाषा जिस तरीके के कार्य करती है और जिस तरीके से वह शक्ति के अंतर को उदासीन कर दिया करती है, उसके प्रति विद्यार्थियों को संवेदीकृत करना महत्त्वपूर्ण है। भाषा केवल उसको प्रक्षेपित या चित्रित ही नहीं करती जो पहले से ही मौजूद है, बल्कि उसके प्रति यह हमारी अभिवृत्तियों को आकार भी प्रदान करती है। इस प्रकार, भाषा का प्रयोग अलग तरीके से करने से स्थितियाँ और परिस्थितियाँ बदल सकती हैं। जेंडर के दृष्टिकोण से ज्ञान का निर्माण और संकल्पनाओं की रचना करते समय भाषा के शिक्षण में निम्नलिखित बिंदुओं को ध्यान में रखा जाना चाहिए–

(क) बच्चों को घर से लेकर विद्यालय तक के, उनके व्यक्तिगत अनुभवों के बारे में बोलने के लिए प्रोत्साहित कीजिए और ऐसा करते समय लड़कियों और लड़कों दोनों को समान अवसर प्रदान कीजिए।

(ख) भाषा का प्रयोग इस प्रकार करना चाहिए कि यह पारस्परिक आदर और गरिमा, सहयोग तथा लड़कों और लड़कियों के बीच साझेदारी को विकसित करे।

(ग) शिक्षक स्थानीय स्तर की बहादुर महिलाओं, शिक्षित महिलाओं, महिला लेखिकाओं/कवयित्रियों, महिला उद्यमियों, प्रसिद्ध और प्रतिभाशाली महिलाओं के बारे में उनकी वास्तविक कहानियों को स्थानीय संसाधनों जैसे–समाचार पत्रों, पत्रिकाओं आदि का उपयोग करके प्रेरक तरीके से बता सकते हैं।

(घ) लिंगवादी (Sexist) भाषा के प्रयोग से परहेज करना चाहिए और कक्षा-कक्ष में जेंडर-संवेदी भाषा का प्रयोग करते हुए संचार करना चाहिए।

(2) गणित शिक्षण द्वारा जेंडर संवेदनशीलता–प्राय: यह माना जाता है कि गणित विषय लड़कियों के लिए नहीं होता। एक दूसरा दृष्टिकोण यह है कि गणित के

पाठ्यक्रम या इसके शिक्षण में जेंडर-भेदभाव या रूढ़िवादिता की कोई गुंजाइश ही नहीं है। इस मिथक को हमारे पाठ्यक्रम और शिक्षकों द्वारा इसके संबंध में किए जाने वाले व्यवहार के माध्यम से तोड़ा जाना चाहिए।

ज्ञान का निर्माण और संकल्पनाओं की रचना करते समय गणित के शिक्षण में निम्नलिखित बिंदुओं पर ध्यान दिए जाने की आवश्यकता है–

(क) घर पर किया जाने वाला कार्य अन्य कार्यों के समान ही महत्त्वपूर्ण और उत्पादक है। इस कार्य के बारे में (गणितीय सवालों के माध्यम से) बताते समय इसे एक ऐसी जिम्मेदारी के रूप में चित्रित करना चाहिए जिसमें परिवार के सभी सदस्यों की साझेदारी हो।

(ख) महिलाओं/लड़कियों की बढ़ती सहभागितापरक भूमिकाओं पर जीवन के समस्त कार्यों में जोर देना चाहिए। महिलाओं का चित्रण गैर-पारंपरिक और नवीन व्यावसायिक भूमिकाओं के संदर्भ में करना चाहिए, जैसे–प्रबंधकों, व्यापारियों, अधिशासी कार्यकारियों, व्यावसायिक महिलाओं, अपना वाहन स्वयं चलाने वाली महिलाओं, पायलटों, वैज्ञानिकों, गणितज्ञों, उद्योगपतियों आदि के रूप में महिलाओं का चित्रण करना चाहिए।

(ग) धन के आदान-प्रदान से संबंधित सवालों/दृश्यात्मक वर्णनों (visuals), जैसे–खरीदने, बेचने और संपत्ति के स्वामियों के रूप में महिलाओं और पुरुषों दोनों को दिखाना चाहिए।

(घ) गणितीय प्रश्नों के माध्यम से इस चीज की व्याख्या कीजिए कि हमारे देश में महिलाओं की जनसंख्या पुरुषों की जनसंख्या की तुलना में कम है। घटते लिंगानुपात को भी गणितीय सवालों के माध्यम से व्याख्यायित कीजिए।

(ङ) गणितीय व्याख्याओं और प्रदर्शनों के जरिए इस बात को उभारिए कि पारिवारिक संपत्ति में दोनों लिंगों का समान अधिकार होता है।

(च) किसी इकाई या संकल्पना से परिचित कराते समय पुरुषवाचक और स्त्रीवाचक दोनों तरीकों के सर्वनामों/चित्रों का प्रयोग करना चाहिए।

(छ) प्रत्येक कार्य पर खर्च हुए समय, श्रम और ऊर्जा की गणना करने वाली प्रश्नावलियों के माध्यम से यह प्रतिबिम्बित होना चाहिए कि जीवन में किसी भी क्षेत्र के श्रम की एक गरिमा होती है।

(ज) गणित के शिक्षण के माध्यम से लड़कों और लड़कियों दोनों में निर्णय-निर्माण की क्षमता का विकास कीजिए।

(3) पर्यावरणीय अध्ययन शिक्षण द्वारा जेंडर संवेदनशीलता–मनुष्य के साथ प्रकृति का एकीकरण ही पर्यावरणीय अध्ययन है जो विद्यार्थियों को समग्र रूप से सामाजिक और भौतिक वातावरण के साथ अंतक्रिया करने के योग्य बनाता है। पर्यावरणीय अध्ययन विद्यार्थियों को अपने जीवन, अपने अधिकारों और कर्त्तव्यों के प्रति

तथा देखभाल करने और साझेदारी करने या एक-दूसरे का सम्मान करने आदि के प्रति संवेदनशील होना सिखाता है। पर्यावरणीय अध्ययन में ज्ञान का निर्माण और व्यवहार करते समय निम्नलिखित बातों का ध्यान रखा जाना चाहिए–

(क) लड़कों और लड़कियों की बुनियादी शारीरिक संरचना, प्रकार्य और आवश्यकताएँ एक जैसी ही हैं, इसलिए उन्हें भोजन, स्वास्थ्य देखभाल और सीखने के अनुभव उपलब्ध कराने में उनके साथ किसी भी तरीके का कोई भेदभाव नहीं किया जाना चाहिए।

(ख) महिलाओं और पुरुषों को स्टीरियोटाइप्ड भूमिकाओं के साथ चित्रित नहीं करना चाहिए, उदाहरण के लिए, महिलाओं का पानी एकत्रित करने जाना, खाना पकाना, बच्चों की देखभाल करना तथा पुरुषों का घर से बाहर जाकर दफ्तरों या खेतों में कार्य करना।

(ग) भौतिक गुण (या लक्षण) और अंतर किसी श्रेष्ठता या हीनता को प्रतिबिम्बित नहीं करते। इस आधार पर लड़कों और लड़कियों में किसी प्रकार का भेदभाव नहीं करना चाहिए कि उनके शारीरिक या भौतिक लक्षण अलग-अलग हैं। बच्चों की क्षमताओं, योग्यताओं और अभिवृत्तियों में वैयक्तिक अंतरों का उल्लेख करते समय सावधानी बरती जानी चाहिए।

(घ) आवासों (Habitat) को संरक्षित और सुरक्षित रखना हर किसी का दायित्व है।

(ङ) ऐसी श्रेष्ठ महिलाओं के बारे में जानकारियाँ एकत्रित कीजिए, जो वैज्ञानिक, इतिहासकार, सामाजिक कार्यकर्त्ता, पंचायत सदस्य, सक्रिय कार्यकर्त्ता, स्थानीय नेता आदि हो सकती हैं। पर्यावरणीय अध्ययन पढ़ाते समय प्रासंगिक स्थलों पर इन श्रेष्ठ महिलाओं के उदाहरण दीजिए। इससे उनके बीच अपनी स्वयं की एक सकारात्मक आत्म-छवि बन सकती है जिससे अपनी शिक्षा जारी रखने के लिए लड़कियाँ प्रोत्साहित होंगी।

(च) दृश्यात्मक तरीके से किए जाने वाले वर्णनों में व्यक्तियों को विभिन्न आर्थिक गतिविधियों में संलग्न दिखाएँ (उदाहरण के लिए, वैज्ञानिकों के कार्यों में), क्योंकि इन आर्थिक गतिविधियों में महिलाएँ भी अपना योगदान दे रही हैं।

(छ) पर्यावरणीय अध्ययन का शिक्षण करते समय प्रयोगों को संपन्न करने में और प्रयोगात्मक गतिविधियों में लड़कियों को शामिल कीजिए। यदि किसी वजह से लड़कियों में कोई संकोच होता है तो उन्हें प्रश्न पूछने के लिए उत्साहित किया जाना चाहिए।

(4) जेंडर संवेदनशीलता निर्माण हेतु एक परामर्शक के रूप में शिक्षक–कोई शिक्षक अपनी भूमिका को सिर्फ इस रूप में ही नहीं परिभाषित कर सकता/सकती कि

वह ज्ञान को देने वाला/वाली एक व्यक्ति भर है बल्कि उसके लिए यह आवश्यक है कि वह ज्ञान के लिए एक सुविधाप्रदायक (facilitator) हो तथा विद्यार्थियों के समग्र विकास के लिए वह एक सलाहकार के रूप में भी कार्य करें। लड़के और लड़कियाँ दोनों अपने जीवन में चुनौतियों, समस्याओं और कठिनाइयों का सामना करते हैं। लेकिन सामाजिक अपेक्षाओं के कारण किसी लड़की को, लड़की होने के कारण, ये चीजें अधिक झेलनी पड़ती हैं। शिक्षक को एक सलाहकार के रूप में कार्य करना चाहिए ताकि वह लड़कों और लड़कियों का सामाजिक और मनोवैज्ञानिक विकास करने के लिए उनका मार्गनिर्देशन कर सके। नीचे दी गई गतिविधि को शिक्षक द्वारा एक प्रारंभिक बिंदु की तरह प्रयुक्त किया जा सकता है—

कक्षा-कक्ष में लड़कों और लड़कियों दोनों को शामिल करने वाले मिश्रित समूह बनाते हुए साधारण समूह गतिविधि के जरिए विद्यार्थियों के बारे में जानकारियाँ एकत्रित की जा सकती हैं। उन लड़कों और लड़कियों से कहा जा सकता है कि वैयक्तिक रूप से वे एक पन्ने पर अपनी व्यक्तिगत सूचनाएँ लिखें, अपनी शक्तियों और अपनी कमजोरियों के बारे में लिखें तथा इस संबंध में भी लिखें कि उनके माता-पिता की उनसे क्या उम्मीदें हैं। लड़कों और लड़कियों से इस प्रकार मिलने वाले प्रत्युत्तरों के बारे में विचार मंथन (brain storming) किया जा सकता है। इससे एक सलाहकार के रूप में अपने कर्त्तव्य के निर्वहन में शिक्षक को प्रभावी तरीके से सहायता मिल सकेगी और जीवन की उस अवस्था में घटित होने वाले अंतरों का जेंडर विश्लेषण उपलब्ध हो सकेगा।

शिक्षक सभी समस्याओं को हल तो नहीं कर सकता/सकती है लेकिन समस्याओं को हल करने के लिए वह विद्यार्थियों में एक सकारात्मक अभिवृत्ति का विकास अवश्य कर सकता/सकती है। शिक्षकों को विद्यार्थियों की सहायता करनी चाहिए ताकि वे समस्या के समाधान तक पहुँच सकें बजाय इसके कि वह समस्या का समाधान स्वयं प्रस्तुत करें।

किशोरावस्था के कारण किशोर लड़कियों को होने वाले मनोवैज्ञानिक और शारीरिक परिवर्तनों से जूझना पड़ता है अतः उन्हें सलाह दिए जाने की आवश्यकता अधिक होती है। मासिक धर्म के कारण कुछ मान्यताएँ और प्रतिबंध बने हुए हैं, जैसे—मंदिर न जाना या लड़कों से खुलकर बातें न करना। इन सारी चीजों का प्रभाव लड़कियों की अपने बारे में की जाने वाली संकल्पना पर पड़ता है तथा इस संदर्भ में शिक्षक की सहायता आवश्यक होती है। एक सलाहकार के रूप में शिक्षक के लिए यह महत्त्वपूर्ण है कि वह समस्या को विद्यार्थियों के दृष्टिकोण से हल करे और अपने व्यक्तिगत पूर्वाग्रहों को अलग ही रखे।

शिक्षक को प्रत्युत्तर देते समय सावधान और संवेदनशील अवश्य होना चाहिए ताकि विद्यार्थियों में कोई गलत संदेश न जाए, उदाहरण के लिए—जब लड़कियाँ आपस में लड़ रही हों तो यदि शिक्षक उनसे कहे कि लड़कों की तरह लड़ो मत! या फिर कभी लड़के

भावुक हो जाएँ तो शिक्षक उनसे कहे कि लड़कियों की तरह रोओ मत! शिक्षक को जेंडर संवेदी होना चाहिए और उसे ऐसी टिप्पणियाँ नहीं करनी चाहिए, जैसी ऊपर वर्णित की गई हैं। मामलों का समाधान विद्यार्थियों में दूसरे जेंडर के प्रति सकारात्मक अभिवृत्ति का विकास करने के तरीके से किया जाना चाहिए।

यह भी संभव है कि कुछ मामलों में, विद्यार्थीगण, जो कक्षा-कक्ष का एक हिस्सा हैं, पहले से ही जेंडर रूढ़िवादिता के नकारात्मक निहितार्थों का सामना करके आए हों, जैसे–जेंडर आधारित हिंसा का, यौन दुर्व्यवहार का या उन्हें इस चीज के लिए दबाव झेलना पड़ा हो कि वे पुरुषवाचक और स्त्रीवाचक मानकों के अनुरूप व्यवहार करें। इस प्रकार यह आवश्यक है कि ऐसे मुद्दों तक संवेदनशीलता के साथ पहुँचा जाए। शिक्षार्थियों को आगे शिक्षा जारी रखने, उनकी नौकरी के परिप्रेक्ष्य और उनकी मनोवैज्ञानिक-सामाजिक आवश्यकताओं के संदर्भ में, शिक्षकों को महिला और पुरुष दोनों शिक्षार्थियों को सलाह देनी चाहिए और दोनों को प्रशिक्षित करना चाहिए। ऐसा सहयोग और समर्थन जेंडर संवेदी तरीके से दिया जाना चाहिए ताकि लड़के और लड़कियाँ दोनों स्टीरियोटाइप्ड रास्तों या विकल्पों को न चुनें। उदाहरण के लिए, लड़कों को उन विषयों का चुनाव नहीं करना चाहिए, जिन्हें पारंपरिक रूप से अधिक "पुरुषवाचक" विषय माना जाता रहा है या लड़कियों को उन विषयों का चुनाव नहीं करना चाहिए, जिन्हें पारंपरिक रूप से अधिक "स्त्रीवाचक" विषय माना जाता रहा है।

प्रश्न 3. सहभागिता और प्रतिनिधित्व द्वारा जेंडर संवेदी कक्षा-कक्ष का निर्माण किस प्रकार किया जा सकता है? विस्तार से समझाइए।

उत्तर– शिक्षण और सीखने के सहभागितापरक संदर्भ में महिला शिक्षार्थी की निर्मिति निष्क्रिय (Passive) के रूप में करना उस महिला शिक्षार्थी के विरुद्ध हो सकता है। कक्षा-कक्ष के अनुशासन के नाम पर लड़कियों और लड़कों के बीच एक कठोर विभाजन कायम रखा जाता है और किसी अंत:क्रियात्मक लड़की की यह कहकर खिंचाई की जाती है कि वह 'जेंडर संहिता' का उल्लंघन कर रही है। लड़कियों और महिलाओं की सहभागिता और प्रतिनिधित्व के माध्यम से पाठ्यक्रम और कक्षा-कक्ष के गठन में परिवर्तन करने से जेंडर संवेदी पर्यावरण का सृजन करने में सहायता मिलती है। सहभागितापरक गतिविधियों में सभी बच्चे फर्श पर बैठ सकते हैं ताकि समानता को बल मिले। उन्हें मिश्रित जेंडरों वाले या मिश्रित युग्मों के रूप में छोटे सामूहिक कार्य में संलग्न किया जा सकता है। गतिविधियों की योजना साथ-साथ बनाकर और उन्हें साथ-साथ निष्पादित करके समानता को प्रारूपित (modeled) किया जा सकता है।

लड़कियाँ आमतौर पर शर्माती हैं और लड़कों के सामने नहीं खुलतीं लेकिन सामूहिक सहभागितापरक गतिविधियाँ इस बाधा को पार करने में सहायता करेंगी। लड़कियाँ जब निजी रूप में रहती हैं तो वे एक विशिष्ट तरीके की स्वतंत्रता के साथ व्यवहार करती हैं लेकिन जब वे सार्वजनिक जगहों पर या लड़कों के बीच में होती हैं

तो उनके व्यवहार में होने वाला परिवर्तन बहुत महत्त्वपूर्ण है। इससे लड़कियों के भीतर लड़कों के सामने चीजों को कर सकने के आत्मविश्वास का संचार होगा।

लड़कों और लड़कियों को सहभागिता और निर्णय-निर्माण में समान रूप से साथी होना चाहिए। लड़कियों के कार्य को कम महत्त्व दिए जाने के कारण उनमें आमतौर पर आत्मविश्वास की कमी होती है। परिणामस्वरूप नेतृत्वकारी भूमिकाएँ स्वीकार करने के मामले में वे संकोची होती हैं। उन्हें प्रेरित किए जाने की आवश्यकता है ताकि वे नेतृत्वकारी भूमिकाओं को स्वीकार कर सकें।

साँप-सीढ़ी जैसे खेल लड़कियाँ और लड़के साथ-साथ खेल सकते हैं ताकि वे लड़कियों और लड़कों के सामने आने वाले अवरोधों के विभिन्न प्रकारों को समझ सकें। जेंडर संवेदी कक्षा-कक्ष के लिए एक मूल्य के रूप में सहभागिता और प्रतिनिधित्व को समझने हेतु शिक्षक को निम्नलिखित बातों पर ध्यान देना चाहिए–

- अपने शिष्यों के अनुभव और ज्ञान को महत्त्व दें तथा उनके शैक्षिक कार्य की योजना बनाने और उनका मूल्यांकन करने में विद्यार्थियों की संलग्नता को गहन बनाएँ।
- ऐसे श्रेणीतंत्रों और शक्ति नेटवर्क को तोड़ें, जो लड़कियों और महिलाओं का बहिष्करण करते हैं।
- कक्षा-कक्ष के बोर्ड (writing board) पर लिखने के लिए और अपने कार्य या उत्तरों को कक्षा के सामने प्रस्तुत करने के लिए महिला और पुरुष – दोनों – शिक्षार्थियों को समान अवसर प्रदान करें।
- कक्षा का नेता बनने के लिए महिला और पुरुष दोनों शिक्षार्थियों का समर्थन करें और उन्हें प्रेरित करें। कोशिश करें कि सह-नेताओं के रूप में एक महिला शिक्षार्थी और एक पुरुष शिक्षार्थी साथ-साथ हो।
- ऐसी सामग्री का उपयोग करें जिसमें महिला और पुरुष चरित्रों की समान संख्या दर्शाई गई हो तथा जिसमें महिला और पुरुष चरित्रों को एक जैसी गतिविधियों में संलग्न दिखाया गया हो। यदि यह संभव न हो, तो शिक्षक के लिए यह उचित होगा कि उपयोग की जा रही शिक्षण/पाठ्य सामग्रियों में महिला और पुरुष चरित्रों को जिस स्टीरियोटाइप्ड तरीके से चित्रित किया गया है, उन रूढ़िवादिता को तोड़ने के लिए वह शिक्षार्थियों को आमंत्रित करके उनकी सहायता करे।
- बेहतर समझ और दशाओं का विकास करे जो हुल्लड़बाजी, लिंगवाद (sexism) और समलैंगिकों के प्रति नापसंदगी वाले व्यवहार (homophobic behaviour) की तरफ ले जाती हैं।
- दीवारों पर ऐसे पोस्टरों को प्रदर्शित करें, जिनमें महिला और पुरुष चरित्रों को किन्हीं गतिविधियों में समान संख्या में और साथ-साथ संलग्न दिखाया गया हो।

- सलाह और प्रशिक्षण देने में सभी विद्यार्थियों पर समान रूप से ध्यान दें। क्षमतावान लेकिन शांत रहने वाले विद्यार्थियों की उपेक्षा न करें।
- संभव है कि अन्य महिला या पुरुष शिक्षार्थियों का वर्णन करते समय शिक्षार्थी कुछ ऐसी अभिवृत्तियाँ प्रदर्शित करते हों जो गैर-मैत्रीपूर्ण हों और जिनमें जेंडर-पूर्वाग्रही होने की आशंका हो। ऐसी अभिवृत्तियों पर शिक्षक को बहुत सावधानीपूर्वक प्रतिक्रिया देनी चाहिए।
- महिला और पुरुष – दोनों – शिक्षार्थियों को एक जैसे कर्त्तव्य सौंपे (उदाहरणार्थ, साफ-सफाई करने या कुर्सी-मेज आदि को इधर से उधर ले जाने के कर्त्तव्य)।
- यदि संभव हो तो कक्षा-कक्ष में बैठने की संरचना को पुन: व्यवस्थित करें। इससे कक्षा-कक्ष में विद्यार्थियों के बीच अनौपचारिक और व्यक्तिगत संबंध विकसित करने में सहायता मिलेगी।
- संचार करने की शैलियों में जेंडर अंतर होते हैं। सहभागिता करने के लिए सभी विद्यार्थियों को प्रेरित किया जाना चाहिए। आमतौर पर, लड़के सवालों के उत्तर अधिक आत्मविश्वास से, आक्रामक रूप से और जल्दी देते हैं। कक्षा में वे अधिक स्वत:स्फूर्त होते हैं। दूसरी तरफ, सवालों के उत्तर देने के लिए कक्षा में लड़कियाँ लंबे समय तक प्रतीक्षा करती हैं और बोलने के पहले अपने उत्तरों की निर्मिति करने के लिए अपने शब्दों का चयन करती हैं।
- शिक्षकों (Educators) ने बताया है कि आमतौर पर किशोरावस्था में प्रवेश करने वाली लड़कियों के विद्यालयी निष्पादन में गिरावट आ जाती है। इसका कारण यह हो सकता है कि यौवनागम के समय लड़कियों के आत्मविश्वास में गिरावट आ जाती है। इसलिए शिक्षकों के लिए यह आवश्यक है कि वे इसकी पहचान करें और इस समस्या से उबरने में लड़कियों की सहायता करें।
- पाठ्यक्रम पर चर्चा करते समय जेंडर-तटस्थ भाषा का प्रयोग करने की सावधानी बरती जानी चाहिए। प्रयास किया जाना चाहिए कि शिक्षक को सभी विद्यार्थियों के नाम याद हों। जीवन के समस्त क्षेत्रों में महिलाओं के योगदान पर प्रकाश डालिए। इससे महिला विद्यार्थियों के भीतर संलग्नता और समावेशन की भावना मजबूत होगी। महिलाओं को या उनके अनुभवों को सिर्फ स्टीरियोटाइप्ड तरीके से ही मत शामिल कीजिए और यदि आवश्यक हो तो पाठ्यक्रम में संशोधन कीजिए।
- सहकारी लघु समूह में सीखने के लिए विद्यार्थियों को प्रोत्साहित किया जाना चाहिए। विद्यार्थियों को प्रेरित करने और उन्हें उपलब्धिपरक बनाने के लिए यह एक प्रभावी रणनीति है। परियोजना कार्य (project works) और कक्षा-कार्य (class assignments) समूहों में सौंपे जा सकते हैं। इससे एक टीम के रूप में साथ-साथ कार्य करने के लिए विद्यार्थियों को प्रोत्साहन

मिलेगा। यह सुनिश्चित करने के लिए कक्षा-कक्ष की गतिकी (dynamics) की निगरानी कीजिए कि मौखिक रूप से आक्रामक विद्यार्थीगण चर्चा पर कहीं हावी तो नहीं हो गए हैं।
- इसे लेकर सावधान रहें कि प्रश्न करने या उत्तर देने के लिए किसे आमंत्रित करना है। इसे लेकर भी सावधानी बरतें कि प्रश्नों और उत्तरों पर प्रतिक्रिया किस प्रकार देनी है। लड़कों और लड़कियों – दोनों – द्वारा दिए गए उत्तरों पर सकारात्मक रूप से प्रतिक्रिया दें। उत्तर देने के लिए सभी विद्यार्थियों को प्रोत्साहित किया जाना चाहिए। प्रत्येक विद्यार्थी पर समान रूप से ध्यान दीजिए और प्रत्येक विद्यार्थी को समान रूप से प्रतिपुष्टि (Feedback) दीजिए।

प्रश्न 4. कक्षा-कक्ष में बदलते शक्ति समीकरणों की व्याख्या कीजिए।
उत्तर— शिक्षार्थी के भीतर, समाज में शक्ति के संबंध पर प्रश्न उठाने की योग्यता का विकास करना समानता की संकल्पना में शामिल है। शिक्षक के लिए इस पर जोर देना अत्यधिक महत्त्वपूर्ण है। जेंडर संवेदी शिक्षणशास्त्र के माध्यम से, शिक्षक कक्षा-कक्ष में शक्ति समीकरणों को परिवर्तित करने में सहायता कर सकता/सकती है। अध्यापन के दौरान शिक्षक को इस विषय में बहुत सावधानी बरतनी चाहिए कि किसका ज्ञान अधिक मूल्यवान है और कौन बोल सकता है। कक्षा में बोलने के लिए किसी बच्चे को प्रोत्साहित करना कुछ बच्चों के लिए महत्त्वपूर्ण हो सकता है। इसके अतिरिक्त संभव है कि किसी बच्चे की प्राथमिकता यह हो कि दूसरे को सुनना कैसे सीखा जाए, तो इस दृष्टिकोण से भी यह महत्त्वपूर्ण हो सकता है। एक शिक्षक की भूमिका यह होती है कि वह बच्चे को सुरक्षित अवसर उपलब्ध कराए ताकि बच्चे स्वयं को अभिव्यक्त कर सकें और साथ ही साथ स्वस्थ बातचीत प्रारंभ कर सकें। कक्षा में यदि विश्वास का वातावरण हो, तो कक्षा-कक्ष एक ऐसा सुरक्षित स्थल बन जाएगा जहाँ बच्चों का संज्ञान लिया जा सके, जहाँ प्रस्तावों या संकल्पों पर पारस्परिक रूप से कार्य किया जा सके, जहाँ एक-दूसरे से बातचीत करने के लिए बच्चे अनौपचारिक तरीकों का उपयोग कर सकें और विद्यालय के बाहर के संघर्षों का समाधान करने के लिए आवश्यक कौशलों का विकास कर सकें। विशेष तौर पर लड़कियों के लिए कक्षा-कक्ष को निर्णय-निर्माण के लिए, निर्णयों के आधारों पर प्रश्न उठाने के लिए और संसूचित विकल्पों का चयन करने के लिए प्रोत्साहित किए जा सकने वाले स्थलों के रूप में होना चाहिए।

शिक्षण और सीखने के सहभागितापरक संदर्भ में महिला शिक्षार्थी को निष्क्रिय (Passive) मानना, उस महिला शिक्षार्थी के विरुद्ध हो सकता है। कक्षा-कक्ष के अनुशासन के नाम पर विद्यालय आमतौर पर जेंडर आधारित निर्मितियों को आगे बढ़ाते हैं जहाँ लड़कियों और लड़कों के बीच एक कठोर विभाजन कायम रखा जाता है। बातचीत करने वाली किसी अंत:क्रियात्मक लड़की को उसका व्यवहार जेंडर संहिता के खाँचे के अनुरूप नहीं – कहकर हतोत्साहित किया जाता है।

शिक्षक कक्षा-कक्ष में विद्यार्थियों के सामाजिक वातावरण को समझकर और समाजीकरण के किसी पूर्वाग्रहयुक्त रूप को भुलाने (unlearn) में विद्यार्थियों की सहायता करके शक्ति संबंधों को अधिक प्रभावी तरीके से संबोधित कर सकते हैं। जिन इलाकों से बच्चे आते हैं, उन इलाकों में प्रचलित सामाजिक-सांस्कृतिक व्यवहारों के प्रति शिक्षक को अध्यापन के दौरान, जागरूक होना चाहिए। यहाँ तक कि शिक्षक को विद्यालय के आसपास के इलाके और परिवेश के प्रति भी जागरूक होना चाहिए। विद्यालयों और कक्षा-कक्षों को बंद संरचनाओं के रूप में नहीं होना चाहिए तथा इस बात की आवश्यकता है कि बाहर समुदाय और आसपास के इलाकों तक जाया जाए ताकि ज्ञान की निर्मिति को जेंडर संवेदी बनाया जा सके।

शिक्षक स्वयं जेंडर के बारे में, समुदाय की धारणाओं के बारे में सूचनाएँ एकत्रित कर सकते हैं और बच्चों की मदद से उस समुदाय को संवेदित करने का प्रयास कर सकते हैं। विद्यार्थीगण आसपास के इलाके में पुरुषों और महिलाओं द्वारा किए जाने वाले कार्यों के बारे में सूचनाएँ एकत्रित कर सकते हैं और इस संदर्भ में परिचर्चाओं का आयोजन किया जा सकता है। हो सकता है कि गाँव में जल का कोई स्रोत विद्यमान हो, जैसे–झील, नलकूप (tube well), हैंड पम्प आदि। विद्यार्थी कुछ विषयों के संबंध में सूचनाएँ एकत्रित कर सकते हैं, जैसे–पुरुष और महिलाएँ उस जल स्रोत का उपयोग कैसे करते हैं, जल से जुड़े श्रम के संबंध में जेंडर विभाजन कैसा है और इस जेंडर विभाजन से कौन अधिक प्रभावित होता है। इस प्रकार के उदाहरणों के माध्यम से विद्यार्थी शक्ति संबंधों को समझने में समर्थ हो सकेंगे।

समाचार पत्र/पत्रिकाओं के लेखों को शिक्षक विभिन्न प्रकार के कक्षा-कक्ष में ला सकता/सकती है और उन लेखों में उठाए गए मुद्दों पर चर्चा कर सकता/सकती है। वे धारावाहिक, फिल्म और लोकप्रिय कार्यक्रम देख सकते हैं और मीडिया का विश्लेषण करने के लिए आवश्यक कौशलों का विकास कर सकते हैं। विद्यार्थी जो महसूस करते और सोचते हैं, उसे कहने की उनको अनुमति दी जानी चाहिए। सहज तरीके से अभिव्यक्त करने और साफ-साफ कहने के लिए विद्यार्थियों को प्रोत्साहित कीजिए। हिंसा से संबंधित वाद-विवाद आयोजित कराए जा सकते हैं। इससे विद्यार्थियों के मस्तिष्क और उनकी भावनाओं को जाग्रत होने का अवसर मिलेगा। शिक्षक निम्नलिखित बिंदुओं पर अपने परिवार के सदस्यों के साथ सहभागितापरक तरीके से समूह-परिचर्चा करने के लिए भी विद्यार्थियों से कह सकता है–

- क्या समाज में महिलाओं को डायन (witch) मानना उचित है।
- क्या बलात्कार जैसे अपराध को महज इस आधार पर क्षमा किया जा सकता है कि पीड़िता का पाँव छूकर उसके प्रति आदर-भाव दर्शा दिया गया है।

विद्यार्थियों को झुग्गी-झोपड़ी वाले इलाकों में सशक्त प्रतिक्रिया और जागरूकता के लिए ले जाया जा सकता है। उन्हें भावनात्मक सहयोग देना चाहिए जिससे अपने आक्रोश, अपनी पीड़ा, निराशा और साथ ही साथ अपने आनंद, स्वप्न और अपनी आशाओं को

अभिव्यक्त करने में उन्हें सहायता मिले। ऐसा करने से वे मुद्दों पर काम करना और संतुलन का विकास करना सीखेंगे। यह आवश्यक है कि विचारों को साझा करने के लिए सुरक्षित अवसर (safe space) निर्मित करते हुए मुद्दों को बहुत सज्जनतापूर्वक उठाया जाए। इसके साथ ही साथ यह भी ध्यान रखना चाहिए कि विद्यार्थियों को उनकी पहचानों या उनके आरामदायक क्षेत्रों (comfort zones) के संदर्भ में कोई खतरा नहीं होना चाहिए।

शिक्षक संरक्षण प्रदान किए बिना या अपना बड़प्पन छोड़कर अतिशय नम्र हुए बिना, लड़कियों की, उनके काम के लिए, प्रशंसा कर सकते हैं और उन्हें प्रोत्साहित कर सकते हैं। इसके अलावा, आवश्यकता पड़ने पर वे लड़कियों से अतिरिक्त सहायताएँ भी माँग सकते हैं। कक्षा-कक्ष के भीतर या उसके बाहर भी यदि जेंडर-आधारित ताने मारे जाते हैं या दुर्व्यवहार किया जाता है तो इसे तनिक भी बर्दाश्त नहीं करना चाहिए और इसके लिए स्पष्ट रूप से दंडात्मक प्रावधान (उपाय) होना चाहिए। विद्यार्थी यदि समाज में शक्ति समीकरणों को समझ लेंगे, तो इससे उन्हें कक्षा-कक्ष के विद्यमान समता समीकरणों को बदलने में सहायता मिलेगी। समाज में शक्ति समीकरणों को समझने के लिए शिक्षक विद्यार्थियों से विभिन्न गतिविधियाँ निष्पादित करने के लिए कह सकते हैं, यथा–

- ऐसी कल्पना करने के लिए विद्यार्थियों से कहा जा सकता है मानो वे किसी और की खोल में हों, जैसे–लड़कों से कहा जा सकता है कि वे लड़कियों की भूमिकाओं में होने की कल्पना करें तथा इसी प्रकार लड़कियों से कहा जा सकता है कि वे लड़कों की भूमिकाओं में होने की कल्पना करें। अब इन विषयों पर चर्चाएँ आयोजित कराई जा सकती हैं : अब वे परिवार, विद्यालय, खेलकूद और अन्य गतिविधियों में कैसा व्यवहार करने जा रहे हैं? अब वे ऐसा क्या करना चाहेंगे, जो वे तब नहीं कर पाते थे, जब वे लड़की/लड़के थे? वे इस स्थिति में बने रहने की पसंद के बारे में भी अपने विचार व्यक्त कर सकते हैं।
- ऐसा दृश्य रचा जा सकता है जहाँ कक्षा-कक्ष में दो ऐसे मिश्रित समूह बनाए जा सकते हैं जहाँ विद्यार्थी अपने किसी रिश्तेदार के यहाँ किसी बच्चे के जन्म के अवसर पर आयोजित एक कार्यक्रम में गए हैं। जो बच्चा अभी-अभी पैदा हुआ है, वह बहुत छोटा है और विद्यार्थियों ने अभी तक बच्चे को देखा नहीं है। विद्यार्थी केवल इतना ही जानते हैं कि बच्चा एक लड़की है और उसका नाम खनक है। दूसरे समूह को यह बताया जाएगा कि बच्चा एक लड़का है और उसका नाम मिहिर है। लड़की या लड़के के रूप में बच्चे के लिए विद्यार्थी कैसा उपहार देना चाहेंगे, किस तरीके के और किस रंग के कपड़े, कौन-से खिलौने या किस-किस प्रकार की अन्य चीजें? इस विषय पर चर्चा कीजिए कि विद्यार्थियों ने ऐसा क्यों सोचा कि अमुक उपहार खनक और मिहिर के लिए अच्छा होगा।

- उन तरीकों का विश्लेषण करने के लिए विद्यार्थियों से कहा जा सकता है, जिन तरीकों से मुद्रित और गैर-मुद्रित – दोनों प्रकार के – माध्यमों में पुरुषों और महिलाओं को प्रदर्शित किया जाता है। विद्यार्थी उन प्रकारों की पहचान कर सकते हैं, जिन प्रकारों की गतिविधियाँ विज्ञापनों में महिलाओं और पुरुषों द्वारा की जाती हैं। पुरुष और महिलाएँ किन उत्पादों का प्रचार (promote) करते हैं? मीडिया द्वारा किए गए चित्रण (portrayal) में पुरुष और महिलाएँ कौन-कौन से काम कर रहे होते हैं? विद्यार्थीगण महिलाओं और पुरुषों की ऐसी स्टीरियोटाइप्ड विशेषताओं की पहचान कर सकते हैं जिन पर मीडिया में अत्यधिक जोर दिया जाता है। मीडिया द्वारा जेंडर रूढ़िवादिता का तोड़ना दिखाने वाले कुछ ऐसे चित्रणों पर चर्चा भी की जा सकती है।
- शिक्षक विद्यार्थियों से समाचारों का विश्लेषण करने के लिए कह सकते हैं तथा इस विषय में चर्चा आयोजित करा सकते हैं कि ये समाचार किस प्रकार जेंडर रूढ़िवादिता को तोड़ने में सहायक हो सकते हैं।
- हम विद्यार्थियों को बता सकते हैं कि साहित्य, फिल्म, ललित कला और दैनिक जीवन में पुरुषों और महिलाओं के बारे में विचारों में जिस सीमा तक अंतर विद्यमान है, इस पर चर्चाएँ आयोजित कराई जा सकती हैं कि पुरुषों और महिलाओं के एकतरफा प्रतिनिधित्व का लोगों के जीवन पर क्या प्रभाव पड़ता है।
- हम महिला या पुरुष होने से पहले मनुष्य (human being) हैं, यह विद्यार्थियों को समझाना चाहिए। इसके लिए विद्यार्थियों से कहा जा सकता है कि किसी दूसरे ग्रह से आने वाले किसी परग्रहीय (alien) व्यक्ति को समझाने के लिए वे एक मनुष्य की विशेषताओं का वर्णन करें। कुछ विद्यार्थी ऐसे भी हो सकते हैं जिन्होंने मनुष्य की विशेषताएँ वर्णित करते समय "पुरुष" की विशेषताओं का उल्लेख अधिक किया हो। इससे इस आभासी जेंडर उदासीनता को उद्घाटित करने में विद्यार्थियों को सहायता मिलेगी कि मनुष्य होने का तात्पर्य आमतौर पर पुरुष होना ही मान लिया जाता है तथा महिलाओं के अनुभव मुखर तरीके से सामने नहीं आ पाते (इसलिए महिलाओं के अनुभव कम दृश्यमान होते हैं)। इसी प्रकार पाठ्यपुस्तकों, मीडिया और अन्य स्रोतों में महिलाओं के अनुभवों की अदृश्यता (invisibility) तक इसका विस्तार किया जा सकता है।
- अपनी पाठ्यपुस्तकों को विद्यार्थीगण जेंडर संवेदनशीलता के चश्मे से देख सकते हैं ताकि वे जान सकें कि पुरुषों और महिलाओं का चित्रण पाठ्यपुस्तकें किस प्रकार करती हैं। पुरुषों और महिलाओं को चित्रित किए जाने के तरीकों पर तथा विषयवस्तु, चित्रों (visuals) और प्रदर्शनों (illustrations) में बार-बार ये चीजें किस प्रकार घटित होती हैं, उस पर चर्चाएँ कराई जा सकती हैं। जिस प्रकार की भूमिकाओं में पुरुष और महिलाओं को चित्रित किया गया

है, उसमें पाठ्यपुस्तकों से कौन गायब (missing) है और किस परिस्थिति में उसे इसमें शामिल किया जा सकता है। इस पर भी चर्चाएँ कराई जा सकती हैं कि जिन पात्रों और स्थितियों का वर्णन पाठ्यपुस्तकों में है, क्या वे पात्र और स्थितियाँ वास्तविक जीवन से मेल खाती हैं या वे वास्तविक जीवन से अलग हैं। लोगों के कुछ समूहों का एकतरफा या एकांगी चित्रण करने के क्या-क्या प्रभाव हो सकते हैं। महिलाओं और पुरुषों, लड़कियों और लड़कों का ऐसा एकतरफा चित्रण किस तरीके के रूढ़िवादिता पर जोर देता है। हम दैनिक जीवन की विविधताओं के बारे में बता सकते हैं, जिसका पाठ्यपुस्तकों में प्राय: अभाव पाया जाता है, जैसे–पिता द्वारा बच्चे की देखभाल करना, महिला वैज्ञानिक, महिला पाइलट, परिवारों के अलग-अलग प्रकार, अकेली माता, गोद लिए गए बच्चों वाले परिवार, संतानहीन दंपती, ट्रांसजेंडर परिवार आदि। समाचार पत्रों के कुछ लेखों के माध्यम से ट्रांसजेंडर लोगों के अधिकारों पर चर्चा का आयोजन किया जा सकता है।

प्रश्न 5. शिक्षण प्रविधि के विखंडन और पुनर्निर्माण के निहितार्थों का उल्लेख कीजिए।

उत्तर– नारीवादी आलोचकों द्वारा पिछले कुछ वर्षों में जेंडर और अन्य सामाजिक असमानताओं (जैसे–जाति, वर्ग और धर्म) से जुड़े मुद्दों को शामिल करते हुए, ज्ञान की सीमाओं का, ज्ञानानुशासनों के आरपार, विस्तार करने के लिए निरंतर प्रयास किए गए हैं। शक्ति और श्रेणीतंत्र की प्रकृति, श्रम के लैंगिक विभाजन के महत्त्व के विश्लेषण, सार्वजनिक और निजी के बीच के विभाजन तथा महिलाओं के अनुभवों को पुन: मूल्य प्रदान करने के बारे में अंतर्दृष्टियों की आवश्यकता है। जेंडर और पाठ्यक्रम के बीच के संबंध बहुत जटिल और चुनौतीपूर्ण हैं और जब तक पाठ्यपुस्तकों और शिक्षण-प्रविधियों में जेंडर के परिप्रेक्ष्य का समावेश नहीं किया जाता, तब तक पाठ्यक्रम जेंडर पूर्वाग्रहों को प्रदर्शित करता रहेगा। इसलिए शिक्षक के लिए यह महत्त्वपूर्ण है कि वह जेंडर के महत्त्व का संज्ञान ले और यह सुनिश्चित करे कि विद्यार्थीगण द्वारा जेंडर समानता के मूल्य को ग्रहण कर सकने के लिए शिक्षण-प्रविधियों में जेंडर का परिप्रेक्ष्य शामिल कर लिया गया है।

विद्यार्थी और शिक्षक का आपसी जुड़ाव कक्षा-कक्ष में महत्त्वपूर्ण है क्योंकि इस जुड़ाव में यह परिभाषित करने की शक्ति होती है कि किसका ज्ञान विद्यालय संबंधी ज्ञान का हिस्सा बनेगा और ऐसे ज्ञान को आकार प्रदान करने में किसकी आवाज अधिक सुनी जाएगी। विद्यार्थियों को सिर्फ प्रेक्षक भर नहीं होना चाहिए बल्कि उन्हें चर्चाओं का और अपनी शिक्षा से जुड़े मुद्दों के समाधान का हिस्सा होना चाहिए। यह आवश्यक है कि उनके मानसिक कौशलों का विकास किया जाए और उन्हें स्वतंत्र रूप से तर्कपूर्ण चिंतन करने के लिए सक्षम बनाया जाए। विद्यार्थियों की आवश्यकताओं के अनुसार

शिक्षक को अपनी शिक्षण-प्रविधि का विखंडन (deconstruct) करना पड़ेगा, विशेष तौर पर विशेषाधिकार-रहित पृष्ठभूमियों से आने वाले बच्चों, खासतौर पर लड़कियों, की आवश्यकताओं के अनुसार विखंडन करना पड़ेगा क्योंकि जिस दुनिया में ये रहते हैं, उस दुनिया का और उसकी वास्तविकताओं का प्रतिनिधित्व बहुत कम ही हो पाता है। शिक्षक को शिक्षण और सीखने की सहभागितापरक प्रक्रियाओं जैसी शिक्षण-प्रविधि का पुनर्निर्माण करना पड़ेगा जिसमें विद्यार्थियों की आत्मनिष्ठता, भावनाएँ और अनुभव शामिल हों। इससे अपने आसपास के परिवेश को आलोचनात्मक तरीके से समझने में और स्वयं को सशक्त करने में लड़की को सहायता मिलेगी। सहभागिता यद्यपि एक शक्तिशाली शिक्षण-प्रविधि है लेकिन तब भी, इसका प्रयोग करने में शिक्षक को सावधान रहना चाहिए कि कक्षा-कक्ष की चर्चाओं पर कहीं उसके अपने ही विचार न हावी हो जाएँ। यदि शिक्षक के विचार हावी हो गए तो विद्यार्थियों के लिए यह शिक्षण-प्रविधि सार्थक नहीं रह जाएगी। सहभागिता में विद्यार्थियों और अध्यापकों – दोनों के अनुभवों की सराहना करना भी शामिल होना चाहिए। सहभागिता सच्चे अर्थों में तभी सफल होती है जब वह अंतरों या भिन्नताओं का संज्ञान लेने के सिद्धांत पर चलती है। विद्यार्थी अपनी वैयक्तिक भिन्नताओं को साझा करते हैं और उस पर चिंतन करते हैं और इसके साथ ही वे दूसरे लोगों के उन अनुभवों से भी खुद को जोड़ पाते हैं जिनका उनके अपने सामाजिक यथार्थ का अंग होना आवश्यक नहीं है।

विद्यार्थियों को एक रणनीति के रूप में संघर्ष से भी सीखने की आदत डालनी चाहिए। विद्यार्थीगण विभिन्न प्रकार की हिंसा से जुड़े संघर्षों का सामना करते हैं, जैसे–बच्चों के साथ यौन-दुर्व्यवहार की घटनाएँ, बच्चे घर पर घरेलू हिंसा देखते हैं, सांप्रदायिक हिंसा तथा हुल्लड़बाजी के रूप में विद्यालय में की जाने वाली हिंसा। यहाँ तक कि यह भी हो सकता है कि बच्चे अपने स्व (self) के साथ ही संघर्ष कर रहे हों – जैसे परीक्षाओं में निष्पादन, माता-पिता की अपेक्षाएँ और किशोरावस्था से जुड़े अन्य मुद्दे। विद्यार्थी अपने समाजीकरण और अपने संघर्षों के साथ ही कक्षा-कक्ष में आते हैं। संघर्ष उनके जीवन का एक महत्त्वपूर्ण हिस्सा बन जाता है। उन्हें लगातार ऐसी स्थितियों का सामना करना पड़ता है जब परिवार और समाज द्वारा उन पर नैतिक फब्तियाँ कसी जाती हैं। पाठ्यक्रम में दिया गया ज्ञान उदासीन होता है और उसका इस तरीके के संघर्षों (conflicts) से कोई मतलब नहीं होता। शिक्षक के लिए यह आवश्यक है कि ऐसे संघर्षों का सामना करने के लिए वह वैयक्तिक और सामूहिक – दोनों स्तरों पर वैकल्पिक तरीके उपलब्ध कराए। विशेष तौर पर, जेंडर से जुड़े संघर्षों के संबंध में विद्यार्थियों के लिए यह आवश्यक है कि वे दोनों पक्षों के बीच के संघर्ष के विचार को समझें : एक तरफ वह है जिसे समकालीन समाज में प्रेक्षित किया जाता है और जिसे मूल्य प्रदान किया जाता है तथा दूसरी तरफ यह कि जेंडर के दृष्टिकोण से किसी समतामूलक समाज और कम हिंसक विश्व में प्रेक्षण या मूल्य प्रदान करने की यह प्रक्रिया किस प्रकार की हो सकती है। समकालीन समाज में चीजों को प्रेक्षित किए जाने

और उन्हें मूल्य प्रदान करने के संदर्भ में विद्यार्थियों के अलग-अलग सामाजिक जगतों में निवास करने को ध्यान में रखा जाना चाहिए।

यदि विद्यार्थीगण कक्षा-कक्ष में किसी विषय पर प्राप्त किए गए ज्ञान पर आलोचनात्मक दृष्टि से प्रश्न उठा रहे हैं तो शिक्षक को इस योग्य होना चाहिए कि वह समूह-चर्चाओं के द्वारा या सीखने की अन्य सहभागितापरक विधियों के द्वारा अपनी शिक्षण-प्रविधि का पुनर्निर्माण कर सके। इससे शिक्षार्थियों को उनके अपने वातावरण में विद्यमान तत्त्वों पर टिप्पणी करने, उनकी तुलना करने और उन पर चिंतन करने के लिए प्रोत्साहन मिलेगा। विद्यार्थियों को पढ़ने के उस तरीके से सुसज्जित करना आवश्यक होता है, जिससे वे पढ़ते समय वर्चस्वशाली दृष्टिकोण के विपरीत जाकर भी सोचना सीख सकें (यानी reading against the grain) – चाहे वह कोई पूर्वाग्रहग्रस्त पाठ्यपुस्तक पढ़ रहे हों या वे अपने वातावरणों में किसी अन्य साहित्यिक स्रोत को पढ़ रहे हों। जो संस्कृतियाँ प्राथमिक रूप से मौखिक परंपरा वाली हैं, उन संस्कृतियों में विद्यार्थी चर्चा, टिप्पणी और विश्लेषण करने के एक शक्तिशाली माध्यम के रूप में गीतों तक का भी प्रयोग कर सकते हैं। चूँकि ज्ञान के भंडार अलग-अलग माध्यमों में विद्यमान होते हैं, इसलिए स्वयं शिक्षार्थियों के बीच गतिशील (dynamic) अंत:क्रिया उत्पन्न करने के लिए इन सारे रूपों का प्रयोग किया जा सकता है चाहे वह टेलीविजन हो, विज्ञापन हों, गीत हों, चित्र (paintings) आदि हों।

अलग-अलग शिक्षक व्यवस्थाओं में अवस्थिति, शिक्षार्थियों की पृष्ठभूमि और अलग-अलग विषयों के आधार पर, इस प्रकार की शिक्षण-प्रविधियों से निकलने वाले अर्थ अलग-अलग हो सकते हैं। ऐसी प्रविधि के पुनर्निर्माण का परिणाम यह होता है कि पाठ्यक्रम और कक्षा-कक्ष के संगठन में अनेक परिवर्तन हो जाते हैं और उन परिवर्तनों का परिणाम यह होता है कि लड़कियों और महिलाओं की सहभागिता बढ़ जाती है तथा विद्यार्थियों के ऐसे समूहों की सहभागिता भी बढ़ जाती है, जिन्हें पर्याप्त रूप से प्रतिनिधित्व न मिला हो। यह पाठ्यक्रम पर सवाल उठाने में और उन श्रेणीतंत्रों और शक्ति-संजालों को तोड़ने में सहायता करता है, जो शिष्यों या अध्यापकों के रूप में लड़कियों और महिलाओं का बहिष्करण करते हैं। इससे उन स्थितियों के बारे में एक व्यापकतर समझ विकसित होती है जो हुल्लड़बाजी, प्रजातिवाद, हिंसा और अन्य उद्दण्ड व्यवहारों की तरफ ले जाती हैं। शिक्षक विद्यार्थियों के अनुभवों और ज्ञान को मूल्य और महत्त्व प्रदान करना शुरू कर सकते हैं तथा विद्यार्थियों के शैक्षिक कार्यों की योजना बनाने और मूल्यांकन करने में उन्हें संलग्न या शामिल कर सकते हैं। विद्यार्थियों के बीच इस आलोचनात्मक चेतना का विस्तार हुआ है कि वे संकीर्ण संकल्पनाओं, विशेषाधिकारों और रूढ़िवादिता को चुनौती दे सकते हैं। इस प्रकार, शिक्षण-प्रविधियों का विखंडन और उनका पुनर्निर्माण करने से विद्यार्थियों के लिए कक्षा-कक्ष में वैयक्तिक रूप से स्वयं को निर्णय या रूढ़िवादिता के भय से मुक्त होकर, स्वतंत्रतापूर्वक अभिव्यक्त करने का अवसर उपलब्ध हो सकेगा।

अध्याय 8

कक्षा-कक्ष में जेंडर समानता के प्रोत्साहन की रणनीतियाँ (STRATEGIES TO PROMOTE GENDER EQUALITY IN THE CLASSROOM)

भूमिका

महिला के प्रति न्याय पर होने वाली किसी भी चर्चा को तब तक पूरा नहीं माना जा सकता जब तक कि उसका संबंध भारत के संविधान से न जोड़ दिया जाए। भारत के संविधान में "एक राष्ट्र की आधारशिला" ठीक ही कहकर उसके अंतर्गत भारत के सामाजिक, आर्थिक तथा राजनैतिक क्रांति के प्रावधानों को समाविष्ट किया गया है। यह सबसे पहला दस्तावेज है जिसमें समानता, न्याय, स्वतंत्रता तथा प्रजातंत्र की परिभाषा देकर भारत के नागरिकों को उनकी गारंटी देने की व्यवस्था की गई है। उसकी प्रस्तावना में ही घोषणा की गई है कि सभी नागरिकों के लिए सामाजिक, आर्थिक तथा राजनैतिक न्याय की प्राप्ति संविधान की सर्वाधिक आधारभूत व्यवस्थाओं में से एक है।

समानता के प्रमुख प्रावधानों में से एक का उल्लेख अनुच्छेद 14 में किया गया है जो स्पष्ट करता है कि भारतीय राज्य के क्षेत्र में किसी भी व्यक्ति को कानून के सम्मुख अथवा कानूनों की समान रक्षा के संबंध में समानता के अधिकार से मना नहीं किया जा सकता।

प्रश्न 1. जेंडर से संबंधित संवैधानिक प्रावधानों और कानूनों पर चर्चा कीजिए।

अथवा

जेंडर संबंधी संवैधानिक प्रावधानों एवं नियमों की संक्षिप्त चर्चा कीजिए।

[जून-2018, प्र.सं.-3 (ख)]

अथवा

भारतीय संविधान के अनुच्छेद 15 के संबंध में विस्तार से लिखिए।

उत्तर— भारत में महिलाओं को सशक्त बनाने तथा जेंडर समानता की दृष्टि से कई कानून बनाए गए जिसमें महिलाओं के विरुद्ध भेदभाव की समाप्ति, निर्णय लेने में महिलाओं को महत्त्व, महिलाओं के विरुद्ध हिंसा की समाप्ति, महिलाओं को आरक्षण, महिला पुरुष समान वेतन, महिला आयोग, महिलाओं के लिए राष्ट्रीय नीति इत्यादि प्रयास किए गए। जिससे समाज में जेंडर के प्रति लोगों के दृष्टिकोण में परिवर्तन हो और महिला सबल हो।

भारतीय समाज पितृसत्तात्मक समाज है, जहाँ महिला व पुरुषों में संस्तरण देखने को मिलता है। इस उच्चता व निम्नता की स्थिति से निजात पाने के लिए तथा महिलाओं पर होने वाले अत्याचार को रोकने एवं महिला अधिकारों के हनन को कम करने के लिए भारतीय संविधान में महिलाओं के लिए मानवाधिकारों की व्यवस्था की गई है। भारतीय संविधान में मानवाधिकार को दो भागों में बाँटा गया है। प्रथम मौलिक अधिकार है जिसका उल्लेख संविधान में भाग तीन तथा धारा 12-35 तक में किया गया है। द्वितीय श्रेणी में राज्य के नीति निर्देशक तत्त्व आते हैं। जिसका उल्लेख संविधान के भाग चार में किया गया है। मूल अधिकारों को लागू करने के लिए सरकार बाध्य है। परंतु नीति निर्देशक तत्त्वों को लागू करने हेतु सरकार बाध्य नहीं है।

संविधान की धारा 38 से 51 तक में राज्य के नीति निर्देशक तत्त्वों का वर्णन किया गया है। मौलिक अधिकारों को न्यायालय का संरक्षण प्राप्त है, यदि किसी व्यक्ति के मौलिक अधिकारों का सरकार या अन्य व्यक्तियों द्वारा हनन किया जाता है तो वह न्यायालय की शरण ले सकता है। न्यायालय व्यक्ति के मौलिक अधिकारों की रक्षा करते हैं किंतु नीति निर्देशक तत्त्वों को न्यायालय का संरक्षण प्राप्त नहीं है। भारतीय नागरिकों को छह मूल अधिकार प्राप्त हैं—(1) समता या समानता का अधिकार, (2) स्वतंत्रता का अधिकार, (3) शोषण के विरुद्ध अधिकार, (4) धार्मिक स्वतंत्रता का अधिकार, (5) संस्कृति और शिक्षा संबंधी अधिकार, (6) संवैधानिक अधिकार।

संविधान में जेंडर समानता हेतु महिलाओं के अधिकारों के लिए, किए गए कुछ प्रमुख प्रयास निम्नलिखित हैं—

अनुच्छेद 14—इस अनुच्छेद के अंतर्गत स्पष्ट प्रावधान है कि कानून के समस्त सभी समान है। सभी को कानून के द्वारा समान सुरक्षा व संरक्षण प्राप्त होगा। किसी भी नागरिक को वर्ण, जाति, रंग, धर्म, लिंग, स्थान, भाषा आदि के आधार पर न तो विशेषाधिकार प्राप्त होगा और न ही उससे पूर्णत: वंचित किया जा सकता है।

अनुच्छेद 15–धर्म, मूलवंश, जाति, लिंग या जन्म स्थान के आधार पर विभेद का प्रतिषेध

(1) राज्य, किसी नागरिक के विरुद्ध केवल धर्म, मूलवंश, जाति, लिंग, जन्म स्थान या इनमें से किसी के आधार पर कोई विभेद नहीं करेगा।

(2) कोई नागरिक केवल धर्म, मूलवंश, जाति, लिंग, जन्म स्थान या इनमें से किसी के आधार पर–

(क) दुकानों, सार्वजनिक भोजनालयों, होटलों और सार्वजनिक मनोरंजन के स्थानों में प्रवेश, या

(ख) पूर्णत: या भागत: राज्य-निधि से पोषित या साधारण जनता के प्रयोग के लिए समर्पित कुँओं, तालाबों, स्नानघाटों, सड़कों और सार्वजनिक समागम के स्थानों के उपयोग, के संबंध में किसी भी निर्योग्यता, दायित्व, निर्बन्धन या शर्त के अधीन नहीं होगा।

(3) इस अनुच्छेद की कोई बात राज्य को पिछड़े हुए नागरिकों के किसी वर्ग के पक्ष में, जिनका प्रतिनिधित्व राज्य की राय में राज्य के अधीन सेवाओं में पर्याप्त नहीं है, नियुक्तियों या पदों के आरक्षण के लिए उपलब्ध करने से निवारित नहीं करेगी।

(4) इस अनुच्छेद की या अनुच्छेद 29 के खंड (2) की कोई बात राज्य को सामाजिक और शैक्षिक दृष्टि से पिछड़े हुए नागरिकों के किन्हीं वर्गों की उन्नति के लिए या अनुसूचित जातियों और अनुसूचित जनजातियों के लिए कोई विशेष उपबंध करने से निवारित नहीं करेगी।

अनुच्छेद 16–लोक नियोजन के विषय में अवसर की समता।

अनुच्छेद 17–अस्पृश्यता का अंत।

अनुच्छेद 19–वाक्-स्वातंत्र्य आदि विषयक कुछ अधिकारों का संरक्षण

- वाक्-स्वातंत्र्य और अभिव्यक्ति-स्वातंत्र्य,
- शांतिपूर्वक और निरायुध सम्मेलन,
- संगठन या संघ बनाना,
- भारत के राज्यक्षेत्र में सर्वत्र अबाध संचरण,
- भारत के राज्यक्षेत्र के किसी भाग में निवास करना और बस जाना,
- (संपत्ति का अधिकार - निरसित),
- कोई वृत्ति, उपजीविका, व्यापार या कारोबार करना।

अनुच्छेद 21–यह अनुच्छेद प्राण, दैहिक स्वतंत्रता और संरक्षण के अधिकार की व्यवस्था करता है। यह अधिकार स्त्री पुरुष को समान संरक्षण देता है।

अनुच्छेद 23–मानव के दुर्व्यापार और बलात्-श्रम का प्रतिषेध–

- मानव का दुर्व्यापार और बेगार तथा इसी प्रकार का अन्य बलात्-श्रम प्रतिषिद्ध किया जाता है और इस उपबंध का कोई भी उल्लंघन अपराध होगा, जो विधि के अनुसार दंडनीय होगा।

- इस उपबंध की कोई बात राज्य को सार्वजनिक प्रयोजनों के लिए अनिवार्य सेवा अधिरोपित करने से निवारित नहीं करेगी। ऐसी सेवा अधिरोपित करने में राज्य केवल धर्म, मूलवंश, जाति या वर्ग या इनमें से किसी के आधार पर कोई विभेद नहीं करेगा।

अनुच्छेद 24—कारखानों आदि में बालकों के नियोजन का प्रतिषेध : इस अनुच्छेद के अंतर्गत चौदह वर्ष से कम आयु के किसी बालक/बालिका को किसी कारखाने या खान में काम करने के लिए नियोजित नहीं किया जाएगा या किसी अन्य परिसंकटमय, नियोजन में नहीं लगाया जाएगा।

अनुच्छेद 39—पुरुष और स्त्री, नागरिकों को समान रूप से जीविका के पर्याप्त साधन प्राप्त करने का अधिकार है। पुरुष और स्त्री समान कार्य हेतु समान वेतन प्राप्त करने का अधिकार रखते हैं।

अनुच्छेद 39 ई—स्त्री व पुरुष कर्मचारी के स्वास्थ्य और शक्ति का दुरुपयोग न हो, की व्यवस्था करता है। स्त्रियों के लिए प्रसूतिकाल में अवकाश की व्यवस्था की गई है।

अनुच्छेद 42—राज्य काम करने की न्यायपरक एवं मानवीय परिस्थितियाँ पैदा करेगा और मातृत्व लाभ देना सुनिश्चित करेगा। इस प्रकार गर्भवती और दूध पिलाने वाली महिलाओं के हितों की रक्षा करने का प्रावधान है।

अनुच्छेद 51—प्रत्येक नागरिक का यह कर्त्तव्य है कि वह ऐसी प्रथाओं का त्याग करें जो स्त्रियों के विरुद्ध है। संविधान के नीति निर्देशक तत्त्वों में महिलाओं के अधिकार सुनिश्चित किए गए हैं।

अनुच्छेद 325, 326—निर्वाचक नामावली में महिला और पुरुषों को समान रूप से मत देने और चुने जाने का अधिकार देता है।

भारत के संविधान के अनुसार सभी नागरिक समान हैं। हालाँकि विभिन्न विधिक निर्णयों के माध्यम से किए गए कानूनों के कुछ हस्तक्षेप उल्लेखनीय हैं। महिलाओं की समानता और उनके अधिकारों के संबंध में हमारे संविधान के प्रावधान भी सकारात्मक रूप से हस्तक्षेप करते हैं। इसके अतिरिक्त महिला समूहों या महिला-आंदोलनों के प्रयास भी बहुत महत्त्वपूर्ण हैं। उदाहरण के लिए, इनमें से कुछ प्रावधान हैं–मातृत्व लाभ अधिनियम, 1961, समान पारिश्रमिक अधिनियम, 1976 के प्रवर्तन के अंतर्गत समान कार्य के लिए समान वेतन, घरेलू हिंसा से महिलाओं की सुरक्षा अधिनियम, 2005, कार्यस्थल पर यौन-उत्पीड़न से संबंधित अधिनियम, 2013 आदि। इसके अतिरिक्त, संसद में महिलाओं के लिए आरक्षण की माँग या राजनीतिक हिंसा, बलात्कार, दहेज, लिंग-निर्धारित करके कराए गए गर्भपात और किराए की कोख (सरोगेसी) तथा अन्य मुद्दे भी संबोधित किए गए हैं। 16 दिसम्बर 2012 के निर्भया कांड ने जस्टिस वर्मा समिति की अनुशंसाओं के साथ आपराधिक विधियों के संशोधन के संदर्भ में नया विमर्श उत्पन्न किया। ये अनुशंसाएँ तेजाब फेंककर किए जाने वाले हमलों, बाल यौन

दुर्व्यवहारों, खाप पंचायतों और प्रतिष्ठा के नाम पर की जाने वाली हत्याओं के बारे में भी चर्चा करती हैं। इस समिति ने वैवाहिक बलात्कार की श्रेणी का भी संज्ञान लिया, जिसे नारीवादी आंदोलन के लिए मील का एक पत्थर कहा जा सकता है।

महिलाओं के सशक्तिकरण के लिए बनाए गए श्रम कानून निम्नलिखित हैं–

- **कारखाना अधिनियम, 1948**–इस अधिनियम में महिलाओं को सुरक्षा प्रदान करने वाले कुछ प्रावधान विद्यमान हैं, उदाहरण के लिए, छोटे बच्चों को रखने वाले शिशुगृहों (creche) से संबंधित प्रावधान, व्यावसायिक सुरक्षा, साफ-सफाई के प्रावधान।
- **खान अधिनियम**–यह अधिनियम महिलाओं को भूमि के नीचे (अंडरग्राउंड) नियोजित करने का प्रतिषेध करता है तथा भूमि के ऊपर काम करने वाली महिलाओं के संदर्भ में कार्य करने के समय को विनियमित और प्रतिबंधित करता है।
- **समान पारिश्रमिक अधिनियम, 1976**–यह अधिनियम पुरुष तथा महिला श्रमिकों को समान कार्य के लिए समान पारिश्रमिक प्रदान करने का प्रावधान करता है।

प्रश्न 2. जेंडर समानता को संबोधित करने वाली नीतियाँ और कार्यक्रम क्या हैं? चर्चा कीजिए।

उत्तर– 1947 में स्वाधीनता प्राप्त करने के उपरांत महिलाओं की सामाजिक तथा शैक्षिक स्थिति में अनेक क्रांतिकारी परिवर्तन हुए। अज्ञानता, परतंत्रता, रूढ़िवादिता तथा असहायता के बंधनों से मुक्त होकर भारतीय महिलाएँ आज एक सम्मानजनक जीवन जी रही हैं। महिलाओं के प्रति पुरुषों के दृष्टिकोण में परिवर्तन आ रहा है। महिलाओं से संबंधित सामाजिक मान्यताएँ बदल रही हैं। भारतीय संविधान में पुरुषों तथा महिलाओं को पूर्णरूपेण समान दर्जा देते हुए शिक्षा के प्रसार पर बल दिया गया है। स्वतंत्रता के उपरांत महिला शिक्षा के मार्ग में आने वाली बाधाओं को जानने तथा उनका समाधान प्रस्तुत करने हेतु अनेक समितियों व आयोग का गठन किया गया।

भारत सरकार द्वारा स्त्री-शिक्षा पर विचार करने के लिए श्रीमती दुर्गाबाई देशमुख की अध्यक्षता में एक समिति का गठन किया गया। इस समिति का कार्य स्त्री-शिक्षा के प्राथमिक और माध्यमिक क्षेत्रों में सुझाव देना था। इस समिति ने रेखांकित किया कि लड़कियों और लड़कों में शिक्षा का अभाव सामाजिक पिछड़ेपन को निर्धारित करता है। महिला शिक्षा के लिए राष्ट्रीय परिषद् (1959) का गठन समिति की अनुशंसाओं के एक अंग के रूप में किया गया था ताकि लड़कियों की शिक्षा से संबंधित प्रथाओं और व्यवहारों को और अधिक विस्तृत बनाया जा सके। नवीन शैक्षिक कार्यक्रमों का प्रारंभ करके इसने सार्वजनिक विमर्श के दायरों को बढ़ाया। इन नवीन शैक्षिक कार्यक्रमों ने विभिन्न हिस्सों से आने वाली महिलाओं की चेतना और उनकी सामाजिक गतिशीलता को बढ़ाने का काम किया।

1964 में डॉ. दौलत सिंह कोठारी की अध्यक्षता में शिक्षा आयोग, जिसने अपना प्रतिवेदन 1966 में दिया था, ने भी महिला शिक्षा की समस्या पर विचार किया तथा अपने सुझाव प्रस्तुत किए। कोठारी आयोग ने मानव संसाधनों के विकास, परिवारों की उन्नति तथा बच्चों के चरित्र निर्माण में पुरुषों की अपेक्षा महिलाओं की शिक्षा को अधिक महत्त्वपूर्ण स्वीकार किया तथा महिला शिक्षा के लगभग सभी पक्षों पर अपने विचार प्रस्तुत किए। इसके कारण परीक्षा के राज्य बोर्डों और विद्यालयी शिक्षा आयोग की नींव पड़ी। इन संस्थाओं का गठन शिक्षा के क्षेत्र में समानता सुनिश्चित करने के लिए किया गया था। भारत में महिलाओं की प्रस्थिति पर समिति (1975) उन महत्त्वपूर्ण समितियों में से एक थी जिन्होंने शिक्षा और जेंडर समानता के वृहत्तर प्रश्नों पर विचार किया था। इसने महिलाओं के संदर्भ में कानून, संविधान और प्रशासन के विभिन्न पहलुओं का विश्लेषण किया था। इसका तर्क यह भी था कि महिलाओं की शिक्षा अल्पविकसित है। इस प्रकार, इसने सह-शिक्षण (co-education) का सुझाव शिक्षा और जेंडर समानता को आपस में जोड़ सकने के एक संभावित विकल्प के रूप में दिया था। इसने यह सुझाव भी दिया था कि दसवीं कक्षा तक की पढ़ाई पूर्ण होने तक लड़कियों और लड़कों के लिए शैक्षिक कार्यक्रम एक जैसा ही होना चाहिए। इसने लड़कों और लड़कियों को समानता के आधार पर यह अनुमति भी प्रदान की थी कि वे समस्त पाठ्यक्रमों (courses) का चयन कर सकें। इस प्रकार, इसने विद्यार्थियों की पहचानों, पाठ्यक्रमों या विषयों की प्रकृति और अन्य चीजों से जुड़ी जेंडर रूढ़िवादिता को कम करने का प्रयास किया था। इसने यह संस्तुति भी की थी कि प्राथमिक स्तर पर लड़कियों और लड़कों को नृत्य, संगीत और कार्य करने आदि के बारे में भी पढ़ाया जाना चाहिए।

नीतिगत दस्तावेज के कुछ अध्यायों में जेंडर समानता से संबंधित चेतना के उच्च स्तर के बारे में दृष्टांतों द्वारा स्पष्ट किया गया था। उदाहरण के लिए, शिक्षा पर राष्ट्रीय नीति (1986) के "महिलाओं की समानता के लिए शिक्षा" नामक अध्याय का तर्क था कि शिक्षा "महिलाओं की प्रस्थिति में बुनियादी परिवर्तन के लिए" एक अभिकर्त्ता (एजेंट) के रूप में कार्य कर सकती है। इसका लक्ष्य पहले की जेंडरीकृत असमानताओं को सुधारना तथा जेंडर समानता के एक उज्जवल विश्व की दिशा में आगे बढ़ना था।

राष्ट्रीय शिक्षा नीति (1986) ने भी स्त्री-पुरुष सबको समान शिक्षा के अवसर प्रदान करने की बात दोहराई है तथा यह माना है कि "लड़कियों को शिक्षा न केवल सामाजिक न्याय के लिए दी जानी चाहिए, अपितु इसलिए भी कि इससे परिवर्तन और विकास की गति भी तीव्र होती है।"

1986 की शिक्षा नीति और 1992 में उसमें किए गए संशोधन तथा इसकी कार्य योजना के अनुरूप सभी को प्राथमिक शिक्षा उपलब्ध कराने के लिए सन् 1994 में जिला प्राथमिक शिक्षा कार्यक्रम (DPEP) की नई पहल की गई। इसमें शिक्षा के संबंध में लड़कियों का समावेशन करने और उन्हें अवसर प्रदान करने के लिए प्रयास किए

गए। इसमें शिक्षा तक हाशियाकृत समूहों की पहुँच पर भी जोर दिया गया। इसमें ऐसे उपायों पर चर्चा की गई जो शिक्षा तक लड़कियों की पहुँच, लड़कियों की शिक्षा की गुणवत्ता और शिक्षा की प्रक्रिया में लड़कियों को बनाए रखने से जुड़े सवालों से निपट सकें। व्यापक तौर पर, इसका ध्यान महिला विद्यार्थियों की शैक्षिक ऊर्ध्वाधर गतिशीलता पर चिंतन करने वाले परिप्रेक्ष्यों पर था। इस कार्यक्रम के मुख्य उत्क्रम विकेंद्रीकरण, उन्नत पाठ्यक्रम एवं नामांकन में सुधार करना था।

महिलाओं की स्थिति को सुधारने में शिक्षा का महत्त्वपूर्ण योगदान है। साक्षरता जेंडर समानता को निर्धारित करने वाले पहलुओं में से एक है। अल्पविकसित राज्यों में महिलाओं की निरक्षरता के कारण महिलाओं के शैक्षिक अवसरों और उनकी प्रस्थिति के संदर्भ में समस्याएँ उत्पन्न हुईं। ये समस्याएँ उन राज्यों में तो विशिष्ट रूप से उत्पन्न हुईं ही, जहाँ निरक्षरता अधिक थी लेकिन इसके साथ-साथ ये समस्याएँ राष्ट्रीय स्तर पर भी पैदा हुईं। इसलिए, महिलाओं की निरक्षरता की वृहत्तर समस्या से निपटने के लिए राष्ट्रीय साक्षरता अभियान प्रारंभ किया गया। राष्ट्रीय साक्षरता अभियान के अतिरिक्त, संपूर्ण साक्षरता अभियान भी शुरू किया गया ताकि निरक्षरता और जेंडर संबंधी शैक्षिक विरोधाभासों को कम किया जा सके। हाशियाकृत वर्गों की लड़कियों की प्रारंभिक शिक्षा को प्रारंभिक स्तर पर लड़कियों की शिक्षा के लिए राष्ट्रीय कार्यक्रम (2003) के माध्यम से संबोधित किया गया है। इसमें अध्यापन के उपचारात्मक रूपों, सहायता प्रदान करने वाले पाठ्यक्रमों, स्टेशनरी (पढ़ाई-लिखाई से संबंधित सामग्रियाँ, जैसे कागज, कलम, रबर, पैंसिल आदि) आदि से संबंधित प्रावधानों पर भी ध्यान केंद्रित (Focus) किया गया है। इसके अलावा इसमें अनुसूचित जातियों, अनुसूचित जनजातियों, गरीबी रेखा से नीचे रहने वाले लोगों, अल्पसंख्यकों, अन्य पिछड़े वर्गों आदि से आने वाली लड़कियों पर और उनके विभिन्न पहलुओं, जैसे-उनके आवास की सुविधाओं पर, उनके व्यक्तित्व के विकास के लिए किए जाने वाले कार्यक्रमों आदि पर भी विशेष ध्यान दिया गया है। उदाहरण के लिए, इसमें हाशियाकृत वर्गों से आने वाली लड़कियों के लिए उच्च प्राथमिक शिक्षा के संबंध में आवासीय कार्यक्रम उपलब्ध कराए गए तथा ग्रामीण इलाकों से आने वाली लड़कियों के लिए शिक्षा के विभिन्न और बुनियादी स्तरों पर सुविधाएँ मुहैया कराई गईं। इसमें संचार के कौशलों के महत्त्व पर भी फोकस किया गया था। इसने स्वास्थ्य संबंधी जागरूकता की आवश्यकता को संबोधित किया था। केंद्रीय समाज कल्याण बोर्ड ने शिक्षा के एक विशिष्ट पाठ्यक्रम को प्रारंभ किया था ताकि उन महिलाओं की शैक्षिक आवश्यकताओं को संबोधित किया जा सके जो सर्वाधिक हाशियाकृत समुदायों/क्षेत्रों से आती हैं। इसका प्रारंभ उस कठोर जेंडर विभाजन को ध्यान में रखते हुए किया गया था जो माध्यमिक/उच्च शिक्षा के अवशेषों में छिपा रहता है। राज्य आधारित नीतियों ने महिलाओं की शैक्षिक गतिशीलता पर प्रभाव डाला है। उदाहरण के लिए, विकसित राज्यों की महिलाओं को अल्पविकसित राज्यों की महिलाओं की तुलना में शैक्षिक गतिशीलता का बेहतर स्तर मिलता है। शैक्षिक अल्प

विकास की यह रिक्ति विविध जातियों/वर्गों और विविध सामाजिक व्यवस्थाओं से आने वाली महिलाओं के बीच असमानता को प्रेरित करती है। प्रारंभिक स्तर पर लड़कियों और लड़कों के प्रतिनिधित्व में बढ़ोतरी के माध्यम से ग्यारहवीं पंचवर्षीय योजना (2007-2012) ने शिक्षा के संबंध में जेंडर समानता लाने में योगदान दिया है। सेकेंडरी शिक्षा का सार्वभौमिकरण, जो ग्यारहवीं पंचवर्षीय योजना का एक हिस्सा था, भारतीय शैक्षिक क्षेत्र को एक सकारात्मक दिशा में ले जाएगा।

प्रश्न 3. मानवाधिकार एवं महिलाधिकार क्या हैं?

[जून-2018, प्र.सं.-3 (ङ)]

उत्तर— मानवाधिकारों से अभिप्राय "मौलिक अधिकारों एवं स्वतंत्रता से है जिसके सभी मानव प्राणी हकदार हैं।" भूमंडलीय और राष्ट्रीय राजनीतिक वातावरणों के अनुसार मानवाधिकारों का प्रश्न रूपांतरणकारी है। इसके साथ ही, दुनिया भर में नागरिकता के प्रश्न भी जटिल होते गए हैं। नव-सामाजिक आंदोलनों ने महान् विचारधाराओं और पारंपरिक, राजनीतिक दलों से अपनी रूपावलियों को परिवर्तित किया है और इस प्रकार इन आंदोलनों ने अधिकारों की समझ को पुनर्परिभाषित किया है। हालाँकि, इन पुराने रीति-रिवाजों (praxis) के साथ-साथ नए रीति-रिवाज भी विद्यमान होते हैं और इन दोनों में किसी न किसी प्रकार की सहमति होती है, जैसे महिलाओं के अधिकारों से संबंधित वृहत्तर सामाजिक और राजनीतिक प्रहेलिकाएँ (conundrums)।

पितृसत्तात्मक व्यवस्था हमारे समाज की लंबे समय से चली आ रही व्यवस्था है। यह वह सामाजिक व्यवस्था है जिसने महिलाओं के ऊपर पुरुषों के प्रभुत्व को वैधता प्रदान की है। उत्कट नारीवादियों के अनुसार, परिवार को एक ऐसी केंद्रीय सामाजिक संस्था माना जाता है जो पितृसत्ता को वैधता प्रदान करती है। भारतीय समाज को परेशान करने वाली विसंगतियों में से एक विसंगति लोकतंत्र के राजनीतिक और सामाजिक आयामों के बीच के विरोधाभास वाली विसंगति है। संवैधानिक विशेषाधिकार समाज के विविध वर्गों को शक्तिसंपन्न बनाते हैं। हालाँकि समाज का अधिकांश हिस्सा अभी भी समाज के हाशियाकृत अनुभागों के संबंध में तमाम रूढ़िवादिता और वर्जनाओं (taboos) का अनुसरण करता है। इसलिए, महिलाओं के सशक्तिकरण और उनके हाशियाकरण की जटिलताओं का अन्वेषण इस संदर्भ के अंतर्गत ही करना चाहिए। भारतीय समाज के सम्मुख खड़े चिंताजनक प्रश्नों में से एक प्रश्न यह है कि क्या इस समाज ने उन चुनौतियों को संबोधित किया है जो भारतीय महिलाओं की सामाजिक गतिशीलता के सामने विद्यमान हैं। भारत में महिलाओं के अधिकारों का अतीत (antecedents) कैसा रहा है? इस प्रश्न की व्याख्या करने के लिए अभिकरण के ऐसे प्रभावों (vestiges) को जानना आवश्यक है जो अपने अधिकारों के लिए महिलाओं की मुखरताओं के वृहत्तर क्षेत्र में छिपे हुए हैं।

ऐसा माना जाता है कि 1970 के दशक के मध्य में, अपने बिल्कुल आरंभ से ही, भारतीय महिलाओं के समकालीन आंदोलन में "दो क्षण मौजूद हैं। पहला क्षण अनिवार्य

अस्मिताओं (identities) पर आधारित मुक्तिकामी माँगों को उठाने का है और दूसरा पूरक क्षण इन अस्मिताओं को विखंडित करने का है" (देसाई, 1997)। इसके अतिरिक्त यह विविध राजनीतिक मुखरनों (articulations) की तरफ आगे जाता है। इस आंदोलन ने कानून से संबंधित वृहत्तर प्रश्नों का अन्वेषण करने का प्रयास किया और इसके परिणामस्वरूप इसने भारत में मानवाधिकारों के अर्थ को व्यापक बनाया। इसके अतिरिक्त यह तर्क भी दिया गया है कि महिलाओं के स्वायत्त आंदोलन को उस राजनीतिक परिवर्तन की पृष्ठभूमि में देखना चाहिए, जो "1960 के दशक के अंत और 1970 के दशक की शुरुआत" में, सार्वजनिक क्षेत्र के कर्मचारियों, छात्रों, श्रमिकों, आदिवासियों और किसानों के अभिकथनों (assertions) के जरिए, भारत में घटित हो रहा था। ऐसा विश्लेषण किया गया है कि महिला कार्यकर्त्ताओं को पुरुष कार्यकर्त्ताओं से अलग कर दिया गया क्योंकि पुरुष कार्यकर्त्ताओं का मानना था कि महिलाओं का दमन "वर्गीय दमन की तुलना में गौण (secondary)" है। इस कारण महिला कार्यकर्त्ताओं को, प्रतिरोध आंदोलनों के भीतर, अपने "श्रम के जेंडरीकृत विभाजन" के संबंध में पुनर्विचार करना पड़ा (देसाई, 1997)। इस बात पर जोर दिया गया है कि पश्चिमी नारीवादी दृष्टिकोणों जैसे–समाजवादी और मार्क्सवादी नारीवादी हस्तक्षेपों ने भारतीय नारीवादी चिंतन/व्यवहार को प्रभावित किया तथा इसके कारण आचार (praxis) पर पुनर्विचार करने और उसका पुनर्पाठ करने के नए रूप उभरे। "महिलाओं की प्रस्थिति पर राष्ट्रीय समिति के प्रतिवेदन" ने भारत में नारीवादी समझ में अंतर उत्पन्न किया। इसने भारतीय समाज में महिलाओं की हाशियाकृत अवस्थिति को संबोधित किया। इसने स्वतंत्र नारीवादी समूहों की गतिविधियों को रफ्तार भी प्रदान की। इसने महिलाओं और विकास से संबंधित मुद्दों को संबोधित किया। व्यापक तौर पर, पूरे भारत में महिला समूहों ने अन्य मानवाधिकार कार्यकर्त्ताओं के साथ गठबंधन बनाए। उदाहरणार्थ, मथुरा बलात्कार काण्ड पर आधारित सक्रियतावाद ने एक चौदह-वर्षीय आदिवासी लड़की के साथ किए गए क्रूर बलात्कार की भर्त्सना की। इसके कारण, सर्वाधिक दमित महिलाओं की प्रस्थिति और सामाजिक/राजनीतिक असमानता के बीच के संपर्क सूत्रों (linkages) के बारे में नए परिप्रेक्ष्य उभरे। इस प्रकार कानूनी सक्रियतावाद और महिला सक्रियतावाद ने कानून और सामाजिक परिवर्तन के संदर्भ में नया आयाम उपलब्ध काराया। उदाहरणार्थ, दिल्ली विश्वविद्यालय में कानून के चार प्रोफेसरों ने, जिन्होंने 1978 में एक कानूनी लड़ाई लड़ी थी, महिलाओं के आंदोलन को प्रोत्साहित किया ताकि सामाजिक रूपांतरण के लिए कानून का प्रविस्तारण (deployment) किया जा सके। महिला-समूहों ने भी महत्त्वपूर्ण मुद्दों को संबोधित किया, जैसे–लिंग-निर्धारण करवाने के बाद चयनित गर्भपात, लैंगिक हिंसा और संप्रदायवाद, दहेज आधारित हिंसा तथा इसी प्रकार के अन्य मुद्दे। महिला समूहों ने विचारधारात्मक अंतर्वस्तु और प्रतिरोध करने के तरीकों को, भारत के अलग-अलग क्षेत्रों में विविधतापूर्ण बनाया। उदाहरण के लिए उन्होंने अपराध के दोषियों को "सार्वजनिक रूप से शर्मनाक" बताते हुए, जनता

के सामने इन दोषियों का पर्दाफाश किया। विरोध प्रदर्शनों के कारण समाज के शिक्षित और निरक्षर वर्गों के बीच अत्यधिक जागरूकता उत्पन्न हुई। पोस्टर-प्रदर्शनियों, नुक्कड़ नाटकों और पोस्टरों के माध्यम से किए जाने वाले विरोधों के कारण अधिकारों, कानून और न्याय के संबंध में उन महिलाओं के बीच नए तरीके की जागरूकता उत्पन्न हुई जिन्हें जेंडरीकृत दमन के अनेक रूपों का सामना करना पड़ता है। महिला समूहों ने आपराधिक कानून के क्षेत्र में हस्तक्षेप किया ताकि व्यापक पैमाने पर सामाजिक संक्रमण (transition) के लिए कानून को रूपांतरित किया जा सके। इस प्रकार, महिला समूहों द्वारा महिलाओं की स्थिति में सुधार लाने हेतु महत्त्वपूर्ण कदम उठाए गए।

मनीषा देसाई के अनुसार, "विरोध करने वाले समूहों" ने महिलाओं के ऐसे स्व-समूहों को प्रेरित किया जो महिलाओं के जीवन की विभिन्न अवस्थाओं में उनकी मदद करते थे। हालाँकि यह प्रेक्षित किया गया है कि "स्वायत्त महिला समूहों" ने यथास्थिति के द्वारा सहयोजन (co-option) और विराजनीतिकरण की राजनीति का अनुभव किया। पितृसत्ता की प्रकृति का गंभीरतापूर्वक अध्ययन करने वाले कार्यकर्त्ताओं ने इसे समझा कि पितृसत्ता पति के परिवार में बुरी तरह मौजूद है तथा इसके साथ ही यह उस परिवार में भी मौजूद है जिसमें स्त्री का जन्म हुआ होता है। इस प्रकार, महिलाओं की दमित अवस्थिति को समझने के लिए इन कार्यकर्त्ताओं ने नवाचारी विचार उपलब्ध कराए। उन्होंने हिंसा की सार्वभौमिक प्रकृति पर जोर दिया। उदाहरण के लिए, स्वायत्त महिला समूहों ने बलात्कार को "महिला के शरीर पर नियंत्रण स्थापित करने के लिए उसके मानवाधिकार उल्लंघन" के रूप में देखा। "बलात्कार सिर्फ एक लैंगिक अपराध भर नहीं है, यह शक्ति का पुष्टीकरण और प्रदर्शन है।" महिला समूहों के वर्ग-आधारित नारीवाद ने महिला कार्यकर्त्ताओं के बीच विघटन पैदा किया, जिनका तर्क था कि जाति पितृसत्ता को पुनरुत्पादित करती है। इन्होंने यह भी तर्क दिया था कि महिला समूहों की नेताओं का सामाजिक संघटन इस प्रकार का है कि ये महिला-नेता विशेषाधिकार-संपन्न वर्गों/जातियों से आती हैं और क्या इन संभ्रांतवर्गीय महिला नेताओं के पास निम्न वर्ग या निम्न जाति की महिलाओं के अधिकारों के बारे में बोलने के लिए ज्ञानमीमांसीय प्राथमिकता विद्यमान है। वर्ग से जाति तक का खिसकाव (shift) विवादास्पद है। इसके साथ ही साथ, महिला समूहों ने इस तरीके के सैद्धांतिक/व्यावहारिक खिसकावों में परिवर्तन का संज्ञान लेना शुरू कर दिया है। महिला समूहों ने धर्म के संबंध में महिलाओं के लिए पुरुषों के समान अधिकारों के लिए तर्क दिया और जेंडरीकृत/राजनीतिकृत धर्म को चुनौती प्रदान की। उन्होंने धर्म के राजनीतिकरण, सांप्रदायिक हिंसा आदि से जुड़े मुद्दों के विषय में बहुत सावधानीपूर्ण दृष्टिकोणों को अंगीकार किया है। इस प्रकार, ये महिला समूह महिलाओं के सशक्तिकरण में महत्त्वपूर्ण योगदान कर रहे हैं। जी.पी.एच. की पुस्तकों का मुख्य उद्देश्य ज्ञान के साथ-साथ अच्छे नम्बर दिलाना है।

प्रश्न 4. 'विद्यालयों में यौन उत्पीड़न को सम्बोधित करना' पर विस्तार से चर्चा कीजिए।

अथवा

POCSO अधिनियम, 2012 क्या है?

उत्तर– किसी भी तरह का भेदभाव, बहिष्कार, अपमानजनक या अनादरपूर्ण टिप्पणी या कथन जो किसी की गोपनीयता और गरिमा का उल्लंघन करता है; वह यौन उत्पीड़न कहलाता है, यह अनुचित और गैर-कानूनी है। यौन उत्पीड़न महिलाओं और लड़कियों के खिलाफ गंभीर अपराध है। यौन उत्पीड़न के संबंध में चर्चा को समाज में वर्जना की तरह देखा जाता है और लैंगिक रूप से इसे हर मामले में दबाया जाता है। इस प्रकार, पूरी दुनिया में मानक और विनियमन लैंगिकता के विभिन्न पहलुओं से जुड़े विमर्श को अनुकूलित (condition) करने का काम करते हैं। हालाँकि लैंगिकता के बारे में इस प्रकार के अनुकूलित विमर्श लैंगिक व्यवहार से संबंधित शोषण की आलोचनात्मक जाँच-पड़ताल करने की अनुमति नहीं देते। इसलिए वंशगत (patrimonial) व्यवस्था और बड़े-बुजुर्गों की भूमिका पर इस व्यवस्था की संदिग्धार्थक चुप्पी के कारण बच्चों के यौन शोषण पर अधिक वाद-विवाद नहीं किया जाता। इस प्रकार यह चुप्पी बच्चों पर पड़ने वाले दर्दनाक प्रभाव की रक्षा करती है। हालाँकि अंतर्राष्ट्रीय राजनीतिक विमर्शों और मानवाधिकार-रूपावलियों ने उस बर्बादी का संज्ञान लिया है जो बच्चों के दैनिक जीवन में उनके यौन उत्पीड़न के कारण उत्पन्न होती है। इस बात का भी संज्ञान लिया गया है कि यह बर्बादी किस प्रकार बच्चे को एक खास मनोवैज्ञानिक अवस्था के अधीन ले आती है। अतः इस बात को ध्यान में रखते हुए पीड़ित बच्चे को आवश्यक भावनात्मक और मनोवैज्ञानिक सहयोग प्रदान किया जाना चाहिए।

आजकल भारतीय मीडिया में, विद्यालयों में यौन उत्पीडन, बहुशाखित और उत्तर-भूमंडलीकृत चर्चा का एक विषय बन चुका है। बच्चों के यौन शोषण से जुड़े मुद्दों और इसके विभिन्न पहलुओं पर उन वाद-विवादों के एक हिस्से के रूप में चर्चा की जाती है जो लोकतंत्र को मजबूत और गहरा बनाते हैं। इस प्रकार ये वाद-विवाद बच्चों के अधिकारों और उनके आत्मसम्मान के बारे में सोचने में सहायता करते हैं। इस प्रकार ये चर्चाएँ शैक्षिक चिंतन और व्यवहारों की सीमाओं से संबंधित वृहत्तर प्रश्न उठाती हैं। इसने इस चीज की जाँच की कि क्या शोषण के इन रूपों को संबोधित करने के लिए हमारे शैक्षिक विचार गलत और अक्षम हैं। बच्चों का यौन उत्पीड़न, इस प्रकार, परिवारों से लेकर सार्वजनिक क्षेत्रों तक प्रबल रूप में विद्यमान है।

हालाँकि बच्चों के यौन उत्पीड़न में बढ़ोतरी यह दर्शाती है कि सार्वजनिक चेतना पर इसका कोई खास प्रभाव नहीं पड़ा है। हालाँकि भारतीय विधिक विमर्श ने यौन उत्पीड़न के बारे में ठोस समझ पैदा की है तथा इसने इस संदर्भ में मूल्यवान सुझाव और विधिक उपचार उपलब्ध कराए हैं।

बच्चे समाज का कमजोर वर्ग होने के कारण शारीरिक, मनोवैज्ञानिक और यौन संबंधी दुरुपयोग के लिए शीघ्र प्रभावित होने वाले होते हैं। भारत सरकार ने बच्चों के

विरुद्ध यौन अपराधों की रोकथाम हेतु एक विशेष कानून "बाल यौन शोषण संरक्षण अधिनियम, 2012" (POCSO Act, 2012) बनाया है, जिसका मुख्य उद्देश्य बच्चों को विभिन्न यौन संबंधी अपराधों से बचाना है तथा त्वरित निर्णय के लिए विशेष अदालत का गठन करना है, ताकि यौन अपराधियों को सख्त सजा मिल सके। इस अधिनियम के तहत कोई भी व्यक्ति जिसकी उम्र 18 साल से कम है बच्चे की श्रेणी में रखा गया है।

इस अधिनियम के अंतर्गत पाँच प्रकार के यौन अपराध माने गए हैं। जिनमें भेदन यौन हमला (धारा 3), उत्तेजित भेदन यौन हमला (धारा 5), यौन हमला (धारा 7), उत्तेजित यौन हमला (धारा 9) व यौन उत्पीड़न (धारा 11) हैं।

अधिनियम की धारा 11 के अनुसार बार-बार या लगातार पीछा करना, निगरानी रखना, सीधा इलेक्ट्रॉनिक व अंकीय या किसी साधन से बालक से संबंध स्थापित करना, यौन उत्पीड़न है जो कि इस अधिनियम के तहत दंडनीय अपराध है। इसी प्रकार किसी बालक को अश्लील सामग्री के लिए प्रयुक्त करना जैसे यौन अंगों का प्रदर्शन करना, उत्तेजित यौन कार्य में बालक को संलिप्त कर प्रयोग करना, बालक का अभद्र एवं अश्लील प्रदर्शन करना भी इस अधिनियम की धारा 13 के अंतर्गत अपराध है। जो लोग लैंगिक प्रयोजनों के लिए बच्चों के दुर्व्यवहार (तस्करी) में लिप्त हैं, उन्हें भी अधिनियम में बहलाने-फुसलाने से संबंधित प्रावधानों के अंतर्गत दंड दिया जाएगा। यह अधिनियम अपराध की गुरुता के आधार पर श्रेणीकृत किए गए, कठोर दंडों को निर्धारित करता है, जिसमें अधिकतम सजा कठोर (उम्र कैद और जुर्माना) है।

राष्ट्रीय बाल अधिकार संरक्षण आयोग लैंगिक अपराधों से बालकों का संरक्षण (POCSO) अधिनियम की धारा 44 और पोक्सो नियमावली के नियम 6 के अंतर्गत निम्नलिखित पहलुओं के बारे में भी जाँच-पड़ताल करता है–

(1) लैंगिक अपराधों से बालकों का संरक्षण अधिनियम, 2012 के प्रवर्तन की निगरानी करना।

(2) राज्य सरकारों द्वारा विशिष्ट न्यायालयों को ओहदा दिए जाने की निगरानी करना।

(3) राज्य सरकारों द्वारा लोक अभियोजकों की नियुक्ति किए जाने की निगरानी करना।

(4) बच्चे के जाँच परीक्षण से पूर्व तथा जाँच परीक्षण के स्तर पर उसकी सहायता करने हेतु उससे जोड़े जाने के प्रयोजन से गैर-सरकारी संस्थाओं, पेशेवरों तथा विशेषज्ञों या फिर मनोविज्ञान, समाज विज्ञान, शारीरिक स्वास्थ्य, मानसिक स्वास्थ्य तथा बाल चिकित्सा का ज्ञान रखने वालों के प्रयोग के लिए राज्य सरकारों द्वारा अधिनियम की धारा 39 में वर्णित दिशा-निर्देशों के निर्माण की निगरानी करने तथा इन दिशा-निर्देशों के अनुपालन की निगरानी करने के लिए।

(5) केंद्र सरकार और राज्य सरकारों के अधिकारियों और अन्य संबद्ध व्यक्तियों (जिसके अंतर्गत पुलिस अधिकारी भी हैं) को अधिनियम के उपबंधों के कार्यान्वयन

से संबंधित विषयों पर आवधिक प्रशिक्षण के अभिकल्पन (डिजाइनिंग) और उस प्रशिक्षण को लागू किए जाने की निगरानी करना।

(6) साधारण जनता, बालकों के साथ ही उनके माता-पिता और संरक्षकों को इस अधिनियम के उपबंधों के प्रति जागरूक बनाने के लिए इस अधिनियम के उपबंधों का मीडिया, जिसके अंतर्गत टेलीविजन, रेडियो और प्रिंट मीडिया भी सम्मिलित हैं, के माध्यम से नियमित अंतराल पर व्यापक प्रचार किए जाने की निगरानी और उनका सहयोग करना।

(7) सी.डब्ल्यू.सी. की अधिकारिता में आने वाले बाल यौन दुर्व्यवहार के किसी विशिष्ट मामले का प्रतिवेदन मँगवाना।

(8) अपनी तरफ से या प्रासंगिक अभिकरणों के माध्यम से, यौन दुर्व्यवहार के प्रतिवेदित मामलों के संबंध में सूचनाएँ और आँकड़े एकत्रित करना और अधिनियम द्वारा स्थापित प्रक्रियाओं के जरिए ऐसे मामलों का निपटान करना। जो सूचनाएँ एकत्रित की जाती हैं, उनमें निम्नलिखित विषयों पर सूचनाएँ भी सम्मिलित हैं–

(क) अधिनियम के अंतर्गत प्रतिवेदित किए गए मामलों की संख्या और उनका विस्तृत विवरण,

(ख) क्या अधिनियम के अंतर्गत निर्धारित की गई प्रक्रियाओं का पालन किया गया था, इसमें समयबद्धता के आधार पर पालन की जाने वाली प्रक्रियाएँ भी सम्मिलित हैं,

(ग) अपराधों के शिकार लोगों की, इस अधिनियम के अंतर्गत, देखभाल और सुरक्षा करने के लिए की गई व्यवस्था का विस्तृत विवरण, जिसमें आपातकालीन चिकित्सकीय सेवाओं तथा चिकित्सकीय परीक्षण के लिए की गई व्यवस्थाएँ भी सम्मिलित हैं, और

(घ) किसी विशिष्ट मामले में संबद्ध सी.डब्ल्यू.सी. द्वारा किसी बच्चे की देखभाल और उसकी सुरक्षा करने की आवश्यकता का मूल्यांकन करने से संबंधित विवरण।

(9) अधिनियम के प्रावधानों के प्रवर्तन का मूल्यांकन करना तथा संसद में पेश किए जाने वाले इसके वार्षिक प्रतिवेदन में अलग से बनाए गए एक अध्याय में प्रतिवेदन को सम्मिलित करना।

अतः बच्चों के अधिकारों और उनसे जुड़े कानूनों से संबंधित विद्यालयी पाठ्यक्रम में यौन उत्पीड़न के ऐसे वाद-विवादों को शामिल करना महत्त्वपूर्ण है। सभी सरकारी और निजी विद्यालयों के लिए इसे अनिवार्य बनाया जाना चाहिए। इसके साथ ही एक अनिवार्य विषय के रूप में नैतिक शिक्षा भी पढ़ाई जानी चाहिए जिससे स्वस्थ समाज का निर्माण करने हेतु बच्चों के मनोमस्तिष्क में मूल्यों और नैतिकता का संचार होगा।

प्रश्न 5. निम्नलिखित पर संक्षिप्त टिप्पणी लिखिए–

(i) जेंडर रूढ़िवादिताओं की पारगम्यता एवं इष्टतम क्षमता की वृद्धि

अथवा

क्या आप सोचते हैं कि जेंडर रूढ़िवादिता को तोड़ने में शिक्षकों की महत्त्वपूर्ण भूमिका होती है? विश्लेषण कीजिए।

उत्तर– विद्यालय का प्रभाव भी जेंडर आधारित पहचान के विकास में देखा जाता है। विद्यालयों की जेंडरीकृत समझ विद्यालय के भीतर लिंगवादी प्रत्यक्षणों (sexist perceptions) से एक परिवर्तन (shift) है। दूसरे शब्दों में, शिष्यों को श्रेणीकृत करने के लिए लैंगिक विभाजन करने की बजाय किसी लड़की/लड़के/ट्रांसजेंडर की सामाजिक निर्मिति पर ध्यान देना शिक्षा, विकास और लोकतंत्र के लिए एक नवीन और सकारात्मक परिवर्तन होगा। ऐसा दृष्टिकोण कक्षा-कक्ष के भीतर अनेक प्रकार की पहचानों (identities) को समझने का प्रयास करता है तथा विविध प्रकार के विद्यार्थियों के लिए शिक्षा के अधिकार को सुनिश्चित करता है। इस प्रकार, जीव-वैज्ञानिक विशिष्टताओं के आधार पर विद्यार्थियों का विभाजन करना हर मामले में प्रतिक्रियापूर्ण होता है। शिक्षा के लोकतंत्रीकरण के लिए यह आवश्यक है कि विद्यार्थियों की विविध पहचानों को संबोधित करने का प्रयास किया जाए। जेंडर के हिसाब से विद्यार्थियों को नए तरीके से देखने के अतिरिक्त, शिक्षक समुदाय को जेंडर, वर्ग, जाति, प्रजाति और नृजातीयता आदि के आधार पर अनेक पहचानों की अंतरप्रतिच्छेदात्मक (intersectionalist) समझ उत्पन्न करनी चाहिए। उदाहरण के लिए, पाठ्यपुस्तकें इस तरह समाज के बहुलतावाद के समावेशी पाठ के लिए एक महत्त्वपूर्ण स्थल हो सकती हैं तथा शैक्षिक क्षेत्रों के भीतर की विविध आवाजों की समानता की ऐसी समझ शैक्षिक न्याय की एक व्यापक परिभाषा की तरफ ले जाएगी। इस प्रकार पुरुषों का समाजीकरण आलोचनात्मक विश्लेषण के अध्यधीन होता है और शिक्षकों को चाहिए कि वे विद्यार्थियों को उन तरीकों से परिचित कराएँ जिनके भीतर उनकी सामाजिक अवस्थितियों/पहचानों को गढ़ा जाता है। ऐसा करने से बंद/नृजातिकेंद्रित शैक्षिक वातावरण का विखंडन करने में सहायता मिलेगी। परिणामस्वरूप, विद्यार्थीगण आलोचनात्मक शिक्षणशास्त्र के एक ऐसे खुले क्षेत्र से परिचित हो जाएँगे जो विविध और जेंडरीकृत अवस्थितियों को अपने भीतर समाहित रखता है। शिक्षाविदों को ऐसी विचारधाराओं की पहचान करनी चाहिए जो पितृसत्तात्मक तथा अन्य प्रभुत्वशाली विचारधाराओं को मजबूत बनाती हैं और जिनके कारण महिलाओं, लड़कियों आदि के दमन को बल मिलता है। पितृसत्ता को वैध बनाने वाली वर्चस्वशाली संस्कृति का विध्वंस विद्यार्थियों के बीच वैकल्पिक सांस्कृतिक रूपों को प्रस्तुत करके किया जा सकता है ताकि शिक्षा के सशक्तिकरण से संबंधित एक नए भावबोध का संचार हो सके। ये वैकल्पिक सांस्कृतिक रूप इस प्रकार हो सकते हैं – जेंडर संवेदी पाठ्यपुस्तकें, संगीत, निष्पादन इत्यादि।

विद्यार्थियों के नेतृत्व को जेंडर रूढ़िवादिता से मुक्त होना चाहिए तथा विद्यार्थियों को उन सामाजिक आंदोलनों के इतिहास से परिचित कराया जाना चाहिए जिन्होंने

वैश्विक और राष्ट्रीय स्तरों पर जेंडर समानता को संबोधित किया हो। विद्यार्थियों को वैसी सभ्य भाषा का प्रयोग करने के मामले में संवेदनशील बनाना चाहिए जो शिष्यों के दैनन्दिन विद्यालयी जीवन की जेंडर रूढ़िवादिता को परिभाषित करती हो। ज्ञान की निर्मिति को आमतौर पर समाज की पितृसत्तात्मक दृष्टि से देखा जाता है। पुरुष केंद्रित दृष्टिकोण के आधार पर रचे गए ज्ञान का अध्ययन ज्ञान के उत्पादन में महिलाओं की अवस्थिति को हाशिए पर धकेल देता है। इस प्रकार लड़कियों का और ज्ञान के उत्पादन में उनके योगदान का उस समाज में अवमूल्यन कर दिया जाता है, जहाँ लड़कों को भाग्य, ज्ञान आदि का अग्रदूत माना जाता हो। शिक्षकों के लिए यह आवश्यक है कि वे उन प्रतिक्रियावादी विचारधाराओं के प्रति आलोचनात्मक रहें जो लड़कों को ज्ञान के वाहक के रूप में चित्रित करती हैं तथा लड़कियों की विशाल क्षमता और किसी समाज में ज्ञान के विविध रूपों में उनके योगदान पर ध्यान नहीं देतीं। शिक्षकों और विद्यार्थियों को ज्ञान-उत्पादन के वृहत्तर वाद-विवादों और पितृसत्ता के साथ इसके संबंधों से परिचित कराया जाना आवश्यक है। सीखने वाली लड़कियों की सामाजिक अवस्थितियों को समझना भी जरूरी है ताकि समाज के विविध क्षेत्रों में उनके योगदान का संज्ञान लिया जा सके।

(ii) जेंडर समानता का व्यवहार करने वाले विद्यालय के लिए दृष्टि

उत्तर– विद्यालयी शिक्षा को जेंडर समावेशी बनाने के लिए विद्यालयी संस्कृति को परिवर्तित करने की आवश्यकता है। जो विद्यालय जेंडर समानता का व्यवहार करता है, वह स्वस्थ शैक्षिक सिद्धांत और व्यवहार को संयुक्त करता है। लोकतंत्र, जो शिक्षा की कुंजी है, को सिर्फ जेंडर समानता के जरिए ही लागू किया जा सकता है। जेंडर समानता का संज्ञान लेने से लोकतंत्र का सामाजिक और राजनीतिक आयाम विस्तृत होता है। दूसरे शब्दों में, मानवाधिकारों की वृहत्तर राष्ट्रीय/वैश्विक रूपावलियों में लड़कियों का सामाजिक और राजनीतिक समावेशन इस संदर्भ में उल्लेखनीय होता है कि शिक्षा के विस्तृत क्षेत्र के भीतर कुछ सही और उचित कार्य किए जा सकें। संतुलित शैक्षिक वातावरण के निर्माण के लिए शैक्षिक संस्थाओं को औपचारिक और तात्विक समानता से जुड़े प्रश्नों पर पुनर्विचार करना चाहिए। शैक्षिक अध्ययनों में नीतिगत प्रशासन ऐसा संवेदनशील कार्यक्रम सामने ला सकता है, जिसके कारण पाठ्यक्रम को विविधीकृत बनाया जा सकता हो। बिल्कुल पाठ के स्तर से या शैक्षिक संस्थाओं के बिल्कुल व्यवहार के स्तर से जेंडर समानता को प्रस्तुत किया जा सकता है। किसी भी ऐसे समाज में शिक्षा का क्षेत्र आमतौर पर जेंडरीकृत होता है, जो पितृसत्ता की प्रभुत्वशाली विचारधारा से संक्रमित हो।

उदाहरण के लिए, प्रार्थना सभा में भी लड़कों की पंक्ति लड़कियों से अलग बनवाई जाती है। समय-समय पर अध्यापिकाओं द्वारा यह हिदायत दी जाती है कि लड़के व लड़कियाँ अलग बैठें व पढ़ें। शैक्षिक विशेषज्ञों का तर्क है कि ऐसी

संगठनात्मक रूढ़िवादिता पितृसत्तात्मक होती है और इसे समाप्त कर देना चाहिए। इसके अतिरिक्त अध्येताओं ने सौंपे जाने वाले कार्यों की संस्कृति की राजनीति के बारे में भी विश्लेषण किया है।

अध्येताओं ने विश्लेषण किया है कि विद्यार्थियों को कार्य आमतौर पर पितृसत्तात्मक तरीके के हिसाब से ही सौंपे जाते हैं। उदाहरण के लिए, अंतर्विद्यालय स्तर पर जब कोई प्रतियोगिता जैसे विज्ञान ओलंपियाड, प्रदर्शनी, वाद-विवाद एवं निबंध जैसी प्रतियोगिताएँ आयोजित की जाती हैं तो बालिकाओं की उपेक्षा कर बालकों का चयन प्रतियोगिता के लिए किया जाता है। क्योंकि यह माना जाता है कि बालक, बालिकाओं की तुलना में विद्यालय के आस-पास तथा नजदीकी समुदायों एवं राज्यों के परिवेश से अधिक परिचित हैं तथा प्रतियोगिता के दौरान उत्पन्न होने वाली बाधाओं का बालिकाओं की तुलना में अधिक साहसपूर्ण ढंग से सामना कर सकते हैं। यह विद्यालयी रीतियाँ समाज में विद्यमान इस अवधारणा को संवर्धित करती हैं कि स्त्रियाँ, पुरुषों की तुलना में कम साहसी तथा सक्षम होती हैं। उनका कार्य क्षेत्र अपने घर या अधिक-से-अधिक आस-पड़ोस तक ही सीमित होता है। उन्हें नजदीकी समुदायों तथा राज्यों के परिवेश, शिक्षा एवं प्रशासन व्यवस्था की जानकारी पुरुषों की तुलना में बहुत कम होती है। अतः बालिकाएँ अंतरराजकीय तथा अंतरसामुदायिक स्तर पर आयोजित होने वाली विद्यालयी प्रतियोगिताओं के लिए अयोग्य मानी जाती हैं।

नीति-निर्माताओं ने शिक्षक समुदाय की इस समझ का विश्लेषण किया है और पाया है कि यह समझ महिला विद्यार्थियों की क्षमता का आंकलन करने में सीमित और नकारात्मक रही है। उदाहरण के लिए, विद्यार्थी क्लब द्वारा जब कोई कार्यशाला, प्रदर्शनी, मेला आदि गतिविधियों का आयोजन किया जाता है तो बालकों को सामान खरीदने, प्रदर्शनी या कार्यशाला का प्रारूप तैयार करने, मॉडल या चार्ट का अवधारणा मानचित्रण करने एवं इसके कठिन अवयवों की रूपरेखा तैयार करने तथा तकनीकी व्यवस्था उपलब्ध करने का कार्य प्रदत्त किया जाता है, वहीं बालिकाओं को भोजन परोसने, कमरे की सजावट करने, सभी के बैठने की व्यवस्था करने तथा मॉडल या चार्ट आदि में रंग भरने तथा अन्य कलाकारी करने की जिम्मेदारी दी जाती है। इस प्रकार की परंपरा के संवर्धन को रोकने की आवश्यकता है।

उपर्युक्त विवरण से यह स्पष्ट है कि विद्यालय पाठ्यचर्या, शिक्षणशास्त्र एवं विद्यालयी गतिविधियों में स्त्रीवादी तत्त्वों को समावेशित कर बच्चों में समाज में विद्यमान जेंडररूढ़ियों के प्रति आलोचनात्मक दृष्टिकोण पैदा किया जा सकता है तथा उन्हें इनसे निदान के उपाय भी सुझाए जा सकते हैं ताकि बालक एवं बालिकाएँ एक-दूसरे का सम्मान करें तथा समाज द्वारा प्रदत्त अपनी अस्मिता की व्यापक समीक्षा कर सकें।

☐☐☐

प्रश्न पत्र

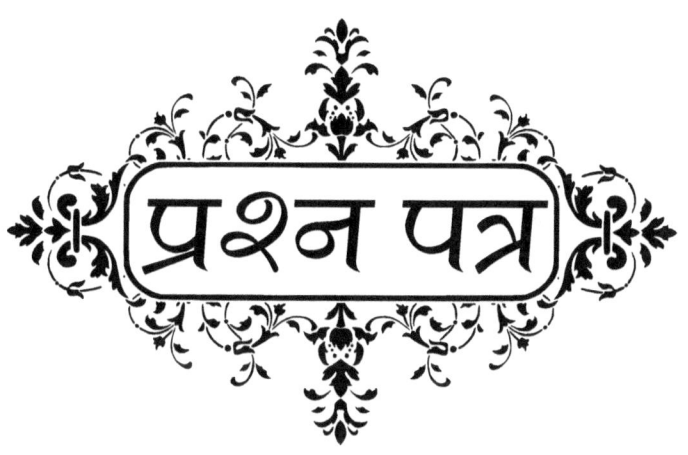

जेंडर, विद्यालय और समाज: बी.ई.एस.-129
जून, 2018

नोट: सभी प्रश्न अनिवार्य हैं। सभी प्रश्नों की भारिता समान है।

प्रश्न 1. निम्नलिखित प्रश्न का उत्तर लगभग 600 शब्दों में दीजिए।
Answer the following question in about 600 words:
पितृसत्ता एवं मातृसत्ता संप्रत्ययों का वर्णन कीजिए।
Describe the concepts of patriarchy and matriarchy.
उत्तर– देखें अध्याय-2, प्रश्न सं.-2

अथवा

विद्यालय पाठ्यपुस्तकों में पाए जाने वाले जेंडर संबंधी भेदभाव की प्रकृति की उदाहरणों सहित चर्चा कीजिए।
Discuss the nature of gender bias prevailing in school textbooks with examples.
उत्तर– देखें अध्याय-5, प्रश्न सं.-4

प्रश्न 2. निम्नलिखित प्रश्न का उत्तर लगभग 600 शब्दों में दीजिए–
Answer the following question in about 600 words:
विद्यालयों में जेंडर संबंधी द्वंद्वों का समाधान कैसे हो सकता है? उचित युक्तियों तथा उदाहरणों सहित व्याख्या कीजिए।
How can gender conflicts in school be resolved? Explain with suitable strategies and examples.
उत्तर– देखें अध्याय-4, प्रश्न सं.-2

अथवा

विभिन्न संकायों (शास्त्रों) के शिक्षण के माध्यम से जेंडर संवेदनशीलता को कैसे प्रोत्साहित कर सकते हैं? चर्चा कीजिए।
How can gender sensitivity be promoted through teaching of different disciplines? Discuss.
उत्तर– देखें अध्याय-7, प्रश्न सं.-2

प्रश्न 3. निम्नलिखित में से किन्हीं चार प्रश्नों के उत्तर लगभग 150 शब्दों (प्रत्येक) में दीजिए–

Answer any four of the following questions in about 150 words each:

(क) कक्षाकक्ष अंतरण में जेंडर लेखा से आपका क्या तात्पर्य है? चर्चा कीजिए।

What do you mean by gender auditing of classroom transaction? Discuss.

उत्तर– देखें अध्याय-7, प्रश्न सं.-1

(ख) जेंडर संबंधी संवैधानिक प्रावधानों एवं नियमों की संक्षिप्त चर्चा कीजिए।

Discuss briefly constitutional provisions and laws related to gender.

उत्तर– देखें अध्याय-8, प्रश्न सं.-1

(ग) जेंडर विश्लेषण क्या है? इसकी विभिन्न रूपरेखाओं की संक्षिप्त चर्चा कीजिए।

What is gender analysis? Discuss its different frameworks in brief.

उत्तर– देखें अध्याय-1, प्रश्न सं.-5

(घ) दृष्टिकोण के अर्थ की व्याख्या कीजिए। प्राथमिक एवं द्वितीयक दृष्टिकोण क्या हैं?

Explain the meaning of standpoint. What are primary and secondary standpoints?

उत्तर– देखें अध्याय-6, प्रश्न सं.-1, 2

(ङ) मानवाधिकार एवं महिलाधिकार क्या हैं?

What are Human rights and Women's rights?

उत्तर– देखें अध्याय-8, प्रश्न सं.-3

(च) क्या समाज (जेंडर) एक सामाजिक निर्मिती है? उदाहरणों सहित आलोचनात्मक चर्चा कीजिए।

Is gender socially constructed? Discuss critically with examples.

उत्तर– देखें अध्याय-1, प्रश्न सं.-1

प्रश्न 4. निम्नलिखित प्रश्न का उत्तर लगभग 600 शब्दों में दीजिए–

Answer the following question in about 600 words:

अपने विद्यालय में जेंडर समानता को प्रोत्साहित करने के लिए आप कौन-से उपाय करेंगे? एक प्रस्थिति अध्ययन की सहायता से चर्चा कीजिए।

What are the measures you will take to promote gender equality in your school? Discuss with the help of a case study.

उत्तर– देखें अध्याय-8, प्रश्न सं.-5 (ii)

प्रस्थिति अध्ययन (केस स्टडी)–वर्ष 2014 में "स्कूल" के उत्तरी कैलीफोर्निया संघ की मेजबानी में "हार्वर्ड" बिजनेस स्कूल में महिलाओं के 50 वर्ष पर आयोजित एक बड़े कार्यक्रम में जेंडर समानता के मिशन के अंतर्गत "स्कूल" के प्रस्थिति अध्ययनों में महिला नायकों की संख्या को दो गुना करने के ठोस लक्ष्य की घोषणा की गई थी। इससे पूर्व "बिजनेस स्कूल" द्वारा तैयार किए गए मामलों में से केवल 9 से 10 प्रतिशत मामलों में ही किसी महिला नायक को दर्शाया जाता था अर्थात् किसी ऐसे परिदृश्य के बारे में लिखा गया हो जिसमें केंद्रीय निर्णायक भूमिका किसी महिला को दी गई हो।

इस विसंगति के लिए मोटे तौर पर इस तथ्य को जिम्मेदार माना गया कि अधिकतर मामले उच्चतम स्तर के प्रबंधन से जुड़े हुए थे जो क्षेत्र पुरुषों के आधिपत्य से जुड़ा होने के लिए कुख्यात था। फिर भी वर्ष 2015 में एम.बी.ए. कक्षा में 41% महिलाएँ थीं – एक ऐसी संख्या जो उन महिला नायकों से कहीं अधिक थी जिनके बारे में उन्हें पढ़ाया गया था और ऐसी विसंगति केवल बिजनेस स्कूल के विद्यार्थियों की संख्या में देखने को नहीं मिली थी। अब बिजनेस स्कूल वैश्विक स्तर पर प्रस्थिति अध्ययन के मामले में अग्रणी हैं जो पूरे विश्व के बिजनेस स्कूलों के 80 प्रतिशत प्रस्थिति अध्ययनों को तैयार करता है। वैश्विक पहुँच से तात्पर्य है कि इस बिजनेस स्कूल का प्रभाव एल्सटन कैम्पस के बाहर भी फैला हुआ है।

महिला नायकों को बढ़ाना एक बड़ी समस्या की दिशा में उठाया गया एक छोटा कदम है। किंतु विद्यार्थी तथा फैकल्टी सहित विभिन्न लोगों ने कहा कि यह महिला विद्यार्थियों के लिए "प्रतीकात्मक" है।

महिला नायकों के लक्ष्य को प्राप्त करने की दिशा में नोहरिया का कथन है कि इस बिजनेस स्कूल ने "पहले ही काफी प्रगति कर ली है" तथा रुझान पूरी तरह से सकारात्मक है। यदि इन रुझानों को दृष्टि में रखा जाए तो मुझे यह पूर्ण विश्वास है कि हम इन लक्ष्यों को प्राप्त कर लेंगे।

जेंडर समानता को पोषित करने के लिए अन्य कदम कक्षाकक्ष में लिए गए थे, यथा–नोट करने वालों को नियुक्त करना जो हर कक्षा में प्रतिभागिता पर नजर रखते हैं। फ्रे ने कहा कि ऐसे नोट करने वाले व्यक्ति प्रथम वर्ष के विद्यार्थियों की हर कक्षा में हैं तथा प्रोफेसर के अनुरोध पर दूसरे वर्ष की कुछ कक्षाओं में भी उपलब्ध कराए जाते हैं।

पहले ऐसा होता था कि कक्षाएँ अधिक अनौपचारिक रूप से आयोजित की जाती थीं जिसमें प्रोफेसर सामने खड़ा होता था और विद्यार्थी अपने नाम की पट्टी लगाकर सामने बैठे होते थे और प्रशिक्षक किसी भी छात्र को पुकार कर उत्तर देने के लिए कहते थे। यह अध्यापन की पारंपरिक पद्धति है जिसे बिजनेस स्कूलों में प्रयोग में लाया जाता है।

हालाँकि विद्यार्थी ने कक्षा में जो कहा, आमतौर पर प्रोफेसर उस पर तत्काल अपनी प्रतिक्रिया नहीं देते, बल्कि कक्षा के पश्चात् जब वे ग्रेडिंग के लिए बैठते हैं तो प्रोफेसर अपनी

स्मरण शक्ति से याद करेगा कि प्रत्येक विद्यार्थी का कार्यनिष्पादन कैसा था। फ्रे का कथन है कि अधिकतर समय में पुरुष विद्यार्थी महिला विद्यार्थियों की तुलना में अधिक मुखर होते हैं जिसके कारण उन्हें बेहतर प्रतिभागिता के ग्रेड प्राप्त होते हैं। इसके साथ ही फ्रे ने यह भी कहा कि बिजनेस स्कूल के पाठ्यक्रम में विभिन्न प्रारूप भी जोड़ दिए गए हैं। उनका कहना था कि पहले स्कूल बड़ी परिचर्चाओं का आयोजन करता था किंतु अब अपेक्षाकृत छोटी प्रयोगात्मक परिचर्चाओं का आयोजन किया जाता है जिसमें अधिक लोगों को बेहतर प्रदर्शन कर पाने का अवसर मिलता है।

इस प्रकार एक अध्यापक के रूप में हम निम्न साधनों से जेंडर समानता को प्रोत्साहित कर सकते हैं—

- यह सुनिश्चित करें कि लड़कों तथा लड़कियों — दोनों की ही अच्छी गुणवत्ता वाली शिक्षा तक पहुँच हो, दोनों के अधिकार बराबर हों तथा दोनों को विद्यालय की पढ़ाई सफलतापूर्वक पूरी करने तथा शैक्षिक विकल्पों को चुनने के समान अवसर प्राप्त हों।
- समीक्षा करना तथा जहाँ पर आवश्यक हो, विद्यालय तथा बचपन की शिक्षा के पाठ्यक्रम, अध्यापन तथा विद्यालय क्रियाओं का अनुकूलन करना ताकि जेंडर और रूढ़िवादिता के भेदभाव को समाप्त किया जा सके।
- विज्ञान, प्रौद्योगिकी, इंजीनियरिंग, गणित, वित्तीय तथा उद्यमशीलता से संबंधित मुद्दों के साथ-साथ शिक्षा, कला तथा मानविकी को भी समान रूप से शामिल करके तथा लड़के और लड़कियों — दोनों के लिए आकर्षक बनाते हुए उनमें पढ़ने की मजबूत आदतों के विकास को प्रोत्साहित करना।
- रूढ़िवादी जेंडर प्रवृत्तियों के बारे में युवा पुरुषों तथा महिलाओं, अभिभावकों, अध्यापकों तथा कर्मचारियों को अभियान द्वारा जागरूक बनाना ताकि उनके अकादमिक कार्य निष्पादन को इस तरह बढ़ाया जा सके ताकि व्यवसाय में प्रगति तथा आय के अर्जन के लिए रोजगार तथा उद्यमशीलता के अवसरों को बढ़ाने हेतु समग्र शैक्षिक विकल्पों के प्रयोग हेतु उचित परिणाम मिल सकें।
- जिन महिलाओं ने गणित, प्रौद्योगिकी, इंजीनियरिंग तथा गणित (STEM) का अध्ययन पूरा कर लिया हो उन्हें इन क्षेत्रों में व्यावसायिक रोजगार यथा रोजगार परामर्श, व्यस्क शिक्षा, इंटर्नशिप प्रशिक्षुता तथा लक्षित वित्तीय सहायता आदि के लिए आगे बढ़ना चाहिए।

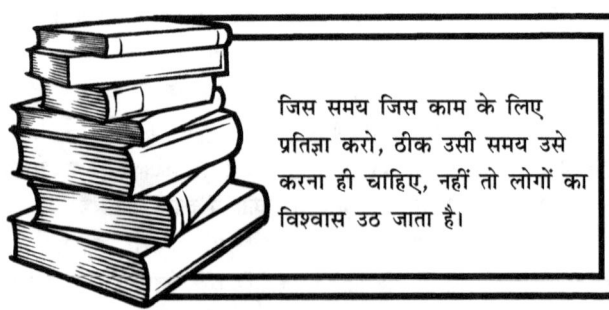

जिस समय जिस काम के लिए प्रतिज्ञा करो, ठीक उसी समय उसे करना ही चाहिए, नहीं तो लोगों का विश्वास उठ जाता है।

जेंडर, विद्यालय और समाज: बी.ई.एस.-129
दिसम्बर, 2018

नोट: सभी प्रश्न अनिवार्य हैं। सभी प्रश्नों की भारिता समान है।

प्रश्न 1. निम्नलिखित प्रश्न का उत्तर लगभग 600 शब्दों में दीजिए।
Answer the following question in about 600 words:
भारतीय पितृसत्ता के सिद्धांतों एवं लक्षणों की चर्चा कीजिए।
Discuss the theories and features of Indian partiarchy.

अथवा

सामाजिक वास्तविकताओं के सूक्ष्म रूप में विद्यालय की विस्तृत चर्चा कीजिए।
Discuss in detail school as a microcosm of social realities.

प्रश्न 2. निम्नलिखित प्रश्न का उत्तर लगभग 600 शब्दों में दीजिए–
Answer the following question in about 600 words:
"शिक्षक ज्ञान का प्रेषक है।" क्या आप इस कथन से सहमत हैं? आलोचनात्मक परीक्षण कीजिए।
'Teacher as a transmitter of knowledge'. Do you agree with the statement? Examine critically.

अथवा

शिक्षा के भागीदारों के लिए दृष्टिकोण सिद्धांत की उपादेयताओं की चर्चा कीजिए।
Discuss the implications of standpoint theory for Stake holders of Education.

प्रश्न 3. निम्नलिखित में से किन्हीं चार प्रश्नों के उत्तर दीजिए। प्रत्येक लगभग 150 शब्दों में हो।
Write short notes on any four of the following in about 150 words each:

(a) जेंडर समानता और समता से आप क्या समझते हैं? व्याख्या कीजिए।
What do you mean by gender equality and equity? Explain.

(b) जेंडर भूमिकाएँ कैसे सीखी जाती हैं? अपने उत्तर के समर्थन में कुछ पंक्तियाँ लिखिए।

How are Gender roles learned? Write few sentences in support of your answer.

(c) प्राथमिक दृष्टिकोण सिद्धांत की संक्षिप्त व्याख्या कीजिए।

Explain briefly the primary standpoint theory.

(d) विद्यालय में जेंडर द्वंद्वों का निराकरण आप कैसे करेंगे? संक्षिप्त चर्चा कीजिए।

Discuss briefly how you resolve gender conflicts in school.

(e) विद्यालय में आप जेंडर समानता को कैसे प्रोत्साहित करेंगे? संक्षिप्त चर्चा कीजिए।

How do you promote gender equality in schools? Discuss briefly.

(f) जेंडर गतिशीलता से आप क्या समझते हैं? उदाहरण सहित व्याख्या कीजिए।

What do you mean by gender dynamics? Explain with examples.

प्रश्न 4. निम्नलिखित प्रश्न का उत्तर लगभग 600 शब्दों में दीजिए:

Answer the following question in about 600 words:

उचित उदाहरणों की सहायता से पाठ्यपुस्तकों में जेंडर पक्षपात तथा भागीदारी की प्रकृति की चर्चा कीजिए।

Discuss the nature of gender biases and representations in text books with suitable examples.

जेंडर, विद्यालय और समाजः बी.ई.एस.-129
जून, 2019

नोट: सभी प्रश्न अनिवार्य हैं। सभी प्रश्नों की भारिता समान है।

प्रश्न 1. निम्नलिखित प्रश्न का उत्तर लगभग 600 शब्दों में दीजिए।
Answer the following question in about 600 words:
'पितृसत्ता और मातृसत्ता' के सम्प्रत्ययों का विस्तृत वर्णन कीजिए।
Describe the concepts of patriarchy and matriarchy in detail.
उत्तर– देखें अध्याय-2, प्रश्न सं.-2

अथवा

लिंग विश्लेषण क्या है? इसकी विविध रूपरेखाओं का वर्णन कीजिए।
What is gender analysis? Discuss its different frameworks.
उत्तर– देखें अध्याय-1, प्रश्न सं.-5

प्रश्न 2. निम्नलिखित प्रश्न का उत्तर लगभग 600 शब्दों में दीजिए।
Answer the following question in about 600 words:
लिंग समानता के लिए विविध नीतियों एवं कार्यक्रमों का वर्णन कीजिए।
Discuss various policies and programmes addressing gender equality.
उत्तर– देखें अध्याय-8, प्रश्न सं.-2

अथवा

विद्यालयों में लैंगिक समानता को कैसे प्रोत्साहित किया जा सकता है? उचित उदाहरणों सहित चर्चा कीजिए।
How can gender equality can be promoted in schools? Discuss with appropriate examples.
उत्तर– देखें अध्याय-8, प्रश्न सं.-5(ii)

प्रश्न 3. निम्नलिखित में से किन्हीं चार प्रश्नों के उत्तर प्रत्येक लगभग 150 शब्दों में दीजिए।
Answer any four of the following questions in about 150 words each:
(a) लैंगिक संबंधों को संक्षिप्त में परिभाषित कीजिए।
Define gender relations in brief.
उत्तर– देखें अध्याय-4, प्रश्न सं.-1

(b) सैक्स और जेंडर में अंतर की व्याख्या कीजिए।
Explain difference between sex and gender.
उत्तर– देखें अध्याय-1, प्रश्न सं.-1

(c) सेकेन्ड-वेव स्टैन्डप्वांइट सिद्धांत की व्याख्या कीजिए।
Explain briefly second-wave stand point theory.
उत्तर– देखें अध्याय-6, प्रश्न सं.-2

(d) कक्षाकक्ष अंतरण के लैंगिक परीक्षण से आप क्या समझते हैं? उचित उदाहरण सहित व्याख्या कीजिए।
What do you mean by gender auditing of classroom transaction? Explain with suitable examples.
उत्तर– देखें अध्याय-7, प्रश्न सं.-1

(e) गणित शिक्षण के माध्यम से आप लैंगिक संवेदना को कैसे प्रोत्साहित करेंगे?
How will you promote gender sensitivity through teaching of mathematics?
उत्तर– देखें अध्याय-7, प्रश्न सं.-2

(f) महिलाओं के प्रति अपराधों की कम-रिपोर्टिंग के कारणों को सूचीबद्ध कीजिए।
Enlist various reasons for under-reporting of crimes against women.
उत्तर– देखें अध्याय-2, प्रश्न सं.-4

प्रश्न 4. निम्नलिखित प्रश्न का उत्तर लगभग 600 शब्दों में दीजिए।
Answer the following question in about 600 words:
पाठ्य-पुस्तकों में लैंगिक भेदभाव और उसके प्रस्तुतीकरण की प्रकृति की उचित उदाहरणों सहित चर्चा कीजिए।
Discuss the nature of gender biases and their representation in text books with suitable examples.
उत्तर– देखें अध्याय-3, प्रश्न सं.-3

जेंडर, विद्यालय और समाजः बी.ई.एस.-129
दिसम्बर, 2019

नोटः सभी प्रश्न अनिवार्य हैं। सभी प्रश्नों की भारिता समान है।

प्रश्न 1. निम्नलिखित प्रश्न का उत्तर लगभग 600 शब्दों में दीजिए—
Answer the following question in about 600 words:
भारतीय पितृसत्ता के सिद्धांतों और अभिलक्षणों पर चर्चा कीजिए।
Discuss the theories and features of Indian Patriarchy.
उत्तर— देखें अध्याय-2, प्रश्न सं.-3 (पेज नं.-26)

अथवा

विद्यालय पाठ्यपुस्तकों में पाए जाने वाले जेंडर संबंधी भेदभाव की प्रकृति की उचित उदाहरणों सहित चर्चा कीजिए।
Discuss the nature of gender biases prevailing in school text books with suitable examples.
उत्तर— देखें अध्याय-3, प्रश्न सं.-3 (पेज नं.-48), फिर देखें अध्याय-5, प्रश्न सं.-4 (पेज नं.-73)

प्रश्न 2. निम्नलिखित प्रश्न का उत्तर लगभग 600 शब्दों में दीजिए—
Answer the following question in about 600 words:
शिक्षा के हितधारकों के लिए दृष्टिकोण सिद्धांत के निहितार्थों की चर्चा कीजिए।
Discuss the implications of stand point theory for stake holders of Education.
उत्तर— देखें अध्याय-6, प्रश्न सं.-7 (पेज नं.-116)

अथवा

जेंडर-संवेदी शिक्षण तथा अधिगम वातावरण निर्माण के उपागमों की चर्चा कीजिए।
Discuss approaches for creating gender sensitive teaching-learning environment.
उत्तर— देखें अध्याय-7, प्रश्न सं.-2 (पेज नं.-126)

प्रश्न 3. निम्नलिखित में से किन्हीं चार पर संक्षिप्त टिप्पणियाँ प्रत्येक लगभग 150 शब्दों में लिखिए—

Answer any four of the following questions in about 150 words each:

(a) लैंगिक भूमिकाएँ कैसे सीखी जाती हैं? व्याख्या कीजिए।
How are Gender roles learned? Explain.
उत्तर– देखें अध्याय-2, प्रश्न सं.-1 (पेज नं.-20)

(b) "पाठ्यपुस्तक लिंग निरपेक्ष होनी चाहिए।" कथन पर टिप्पणी कीजिए।
"Text books should be gender neutral"- Comment on this statement.

उत्तर– शिक्षकों के लिए यह आवश्यक रहा होगा कि वे पाठों के संबंध में वस्तुनिष्ठ व्यवहार करें और अपने मूल्यों, पूर्वाग्रहों और अनुभवों को बीच में न आने दें। लिंगों के बीच के जीव-वैज्ञानिक अंतरों की व्याख्या करने के लिए वे जैव-चिकित्सकीय अनुसंधानों के निष्कर्षों का उपयोग कर सकते थे। कथा या गल्प की व्याख्या करने के दौरान अवस्थिति और समयकाल के आधार पर साहित्य के पाठों को संदर्भीकृत किया जा सकता है। कक्षा-कक्ष के प्रतीकात्मक (typical) प्रतिमान में विद्यार्थी स्वयं को अपनी सामाजिक-सांस्कृतिक पृष्ठभूमि के आधार पर पहचानों से संदर्भित कर लेंगे। नर विद्यार्थी अपनी पहचान पुरुषवाची तरीके से कर सकते हैं। यह अध्ययन-कक्ष में उनके सीखने में, चीजों को करने और उन्हें जानने में प्रतिबिंबित हो सकता है।

(c) प्राथमिक एवं द्वितीयक स्टैंड प्वाइंट सिद्धांत क्या हैं? संक्षिप्त व्याख्या कीजिए।
What are primary and secondary standpoint theory? Explain briefly.
उत्तर– देखें अध्याय-6, प्रश्न सं.-2 (पेज नं.-82)

(d) भाषा शिक्षण द्वारा लिंग संवेदना कैसे विकसित कर सकते हैं? चर्चा कीजिए।
How can develop gender sensitivity through teaching of languages? Discuss.
उत्तर– देखें अध्याय-7, प्रश्न सं.-2 (पेज नं.-126)

(e) "प्रतिष्ठा उत्पादन" के संप्रत्यय की व्याख्या कीजिए। इसके क्या लक्षण हैं?
Explain the concept of "Status Production". What are its various characteristics?
उत्तर– देखें अध्याय-2, प्रश्न सं.-7 (पेज नं.-37)

(f) लिंगभेद से निपटने में संचार माध्यमों की क्या भूमिका है?
What is the role of media of communications in addressing the issue of gender difference.
उत्तर– देखें अध्याय-4, प्रश्न सं.-4 (पेज नं.-61)

प्रश्न 4. निम्नलिखित प्रश्न का उत्तर लगभग 600 शब्दों में दीजिए–

Answer the following question in about 600 words:

एक शिक्षक के रूप में ऐसे उपागम/विधियाँ सुझाइए जिनसे कक्षा में लिंग संवेदी ज्ञान का निर्माण हो सके? अपने उत्तर की उचित उदाहरणों द्वारा पुष्टि कीजिए।

As a teacher what approaches/techniques would you suggest so that gender sensitive knowledge could be constructed in the classroom? Give suitable examples in support of your answer.

उत्तर– देखें अध्याय-7, प्रश्न सं.-2 (पेज नं.-126)

जेंडर, विद्यालय और समाजः बी.ई.एस.-129
जून, 2020

नोट: सभी प्रश्न अनिवार्य हैं। सभी प्रश्नों की भारिता समान है।

प्रश्न 1. निम्नलिखित प्रश्न का उत्तर लगभग 600 शब्दों में दीजिए–
सामाजिक वास्तविकताओं के एक सूक्ष्म तंत्र के रूप में विद्यालय की विस्तृत चर्चा कीजिए।

उत्तर– देखें अध्याय-3, प्रश्न सं.-3

अथवा

विद्यालयों में लैंगिक द्वंद्वों का कैसे समाधान कर सकते हैं? उचित युक्तियों की चर्चा कीजिए।

उत्तर– देखें अध्याय-4, प्रश्न सं.-2

प्रश्न 2. निम्नलिखित प्रश्न का उत्तर लगभग 600 शब्दों में दीजिए–
स्टैंड प्वाइंट सिद्धांत के ऐतिहासिक विकास का वर्णन कीजिए। विद्यालय के लिए इसकी उपयोगिता की चर्चा कीजिए।

उत्तर– देखें अध्याय-6, प्रश्न सं.-2

अथवा

लैंगिक समानता से जुड़ी विभिन्न नीतियों तथा कार्यक्रमों की चर्चा कीजिए।

उत्तर– देखें अध्याय-8, प्रश्न सं.-2

प्रश्न 3. निम्नलिखित में से किन्हीं चार प्रश्नों के उत्तर दीजिए। प्रत्येक लगभग 150 शब्दों में हो–

(a) लैंगिक गतिकी के संप्रत्यय की संक्षिप्त व्याख्या कीजिए।

उत्तर– देखें अध्याय-1, प्रश्न सं.-3

(b) पर्यावरण अध्ययन के शिक्षण द्वारा लैंगिक समानता को कैसे प्रोत्साहित कर सकते हैं?

उत्तर– देखें अध्याय-7, प्रश्न सं.-2

(c) भारतीय संविधान की धारा-15 के विषय में वर्णन कीजिए।

उत्तर– देखें अध्याय-8, प्रश्न सं.-1

(d) क्या लिंग सामाजिक अवधारणा है? उचित उदाहरणों सहित आलोचनात्मक विवेचन कीजिए।

उत्तर— देखें अध्याय-1, प्रश्न सं.-1

(e) परिवार में लिंग आधारित भेदभाव क्या है? चर्चा कीजिए।

उत्तर— देखें अध्याय-3, प्रश्न सं.-3

(f) उचित उदाहरणों की सहायता से समाज में लैंगिक भिन्नता से निपटने में संचार माध्यमों की भूमिका की चर्चा कीजिए।

उत्तर— देखें अध्याय-8, प्रश्न सं.-4

प्रश्न 4. निम्नलिखित प्रश्न का उत्तर लगभग 600 शब्दों में दीजिए–
एक शिक्षक के रूप में उन उपयुक्त उपागमों/विधियों को सुझाइए जो विद्यालय में लैंगिक संवेदना को विकसित कर सकते हैं।

उत्तर— देखें अध्याय-7, प्रश्न सं.-2, 3

Feedback is the breakfast of Champions.

Ken Blanchard

You can Help other students.
"Inform any error or mistake in this book."

We and Universe
will reward you for Your Kind act.

Email at : feedback@gullybaba.com
or
WhatsApp on 9350849407

जेंडर, विद्यालय और समाज: बी.ई.एस.-129
दिसम्बर, 2020

नोट: (i) सभी प्रश्न अनिवार्य हैं।
(ii) सभी प्रश्नों की भारिता समान है।

प्रश्न 1. निम्नलिखित प्रश्न का उत्तर लगभग 600 शब्दों में दीजिए–
भारतीय पितृसत्ता के सिद्धांतों एवं लक्षणों की चर्चा कीजिए।
उत्तर– देखें अध्याय-2, प्रश्न सं.-3

अथवा

उचित उदाहरणों की सहायता से पाठ्य-पुस्तकों में लिंग पक्षपात की प्रकृति की चर्चा कीजिए।
उत्तर– देखें अध्याय-3, प्रश्न सं.-3

प्रश्न 2. निम्नलिखित प्रश्न का उत्तर लगभग 600 शब्दों में दीजिए–
लिंग समानता के लिए विविध नीतियों तथा कार्यक्रमों का वर्णन कीजिए।
उत्तर– देखें अध्याय-8, प्रश्न सं.-2

अथवा

विद्यालयों में लैंगिक समानता को कैसे प्रोत्साहित किया जा सकता है? उचित उदाहरणों सहित चर्चा कीजिए।
उत्तर– देखें अध्याय-8, प्रश्न सं.-5(ii)

प्रश्न 3. निम्नलिखित में से किन्हीं चार प्रश्नों के उत्तर लिखिए। प्रत्येक लगभग 150 शब्दों में हो–
(क) क्या लिंग (जेंडर) एक सामाजिक निर्मिती है? उचित उदाहरण सहित चर्चा कीजिए।
उत्तर– देखें अध्याय-1, प्रश्न सं.-1

(ख) दृष्टिकोण (Standpoint) के अर्थ की व्याख्या कीजिए। प्राथमिक तथा द्वितीयक दृष्टिकोण (Standpoint) क्या है?
उत्तर– देखें अध्याय-6, प्रश्न सं.-1, 2

(ग) लिंग गतिशीलता से आप क्या समझते हैं? उदाहरण सहित व्याख्या कीजिए।
उत्तर— देखें अध्याय-1, प्रश्न सं.-3

(घ) लिंग भूमिकाएँ कैसे सीखी जाती हैं? अपने उत्तर के समर्थन की व्याख्या संक्षिप्त में कीजिए।
उत्तर— देखें अध्याय-2, प्रश्न सं.-1

(ङ) लिंग आवश्यकताओं से आप क्या समझते हैं? उचित उदाहरण दीजिए।
उत्तर— देखें अध्याय-1, प्रश्न सं.-4

(च) लिंग संवेगी अप्रत्यक्ष पाठ्यचर्या कैसे बनाई जा सकती है? व्याख्या कीजिए।
उत्तर— देखें अध्याय-7, प्रश्न सं.-1

प्रश्न 4. निम्नलिखित प्रश्न का उत्तर लगभग 600 शब्दों में दीजिए—
अपने विद्यालय में लिंग समतुल्यता लाने के लिए आप कौन-से उपाय करेंगे? प्रत्येक उपाय की विस्तृत चर्चा कीजिए।
उत्तर— देखें जून-2018, प्रश्न सं.-4

Must Read   अवश्य पढ़ें

G Gullybaba.com

GULLYBABA PUBLISHING HOUSE PVT. LTD.

New Syllabus Based

100%
Guidance for IGNOU EXAM

IGNOU HELP BOOKS

BAG, BCOMG, BA (Hons.), BSCG, BSC (Hons.) B.A., B.Com., M.A. M.Com., BED, BCA, MCA and many more...

IAS, PCS, UGC & All University Examinations

Chapterwise Researched
QUESTIONS & ANSWERS
Solved papers & very helpful for your assignments preparation

Hindi & English Medium

G GULLYBABA PUBLISHING HOUSE PVT. LTD.
2525/193, 1st Floor, Onkar Nagar-A, Tri Nagar, Delhi-110035, (From Kanhaiya Nagar Metro Station Towards Old Bus Stand)

Email : hello@gullybaba.com
Web : www.gullybaba.com

Join us on Facebook at /gphbooks

For any Guidance & Assistance Call:
9350849407

www.ingramcontent.com/pod-product-compliance
Lightning Source LLC
LaVergne TN
LVHW021237080526
838199LV00088B/4562